Nombres
QUE DEJARON
huella

Antonio Machado

Federico García Lorca

CLUB INTERNACIONAL DEL LIBRO

Prólogo, diseño y maquetación:
Equipo Editorial CIL

Avda. de Manoteras, 50
28050 Madrid

ISBN: 978-84-407-2897-5 (O.C.)
ISBN: 978-84-407-2899-9
Depósito legal: M-2287-2019

Impreso en España por: Rol-Press, S.L. Barcelona

ANTONIO MACHADO

PRÓLOGO

En este tomo ofrecemos al lector las biografías de dos «primeros espadas» de la literatura española que además, tuvieron la oportunidad de ser amigos. Ambos se conocieron en Baeza en 1917 y su amistad se prolongó hasta que Federico fue asesinado. En su honor, salieron del corazón de Antonio Machado las bellas palabras que componen la elegía a Federico García Lorca: «El crimen fue en Granada».

Fue su época un tiempo nada fácil en este país, pues una gran guerra entre hermanos hizo que todo saltara por los aires. Frente a la barbarie de la guerra, la poesía –como alimento del alma– crecía enhiesta, avivada por las armónicas letras de autores como los que aquí nos ocupan y conseguía trascender hasta nuestros días como testimonio vivo de su genialidad.

Antonio Machado, hombre humilde pero con profundas convicciones y de una extraordinaria sensibilidad, nació en Sevilla –de donde guardaba los recuerdos de un patio y un huerto con limonero– pero varias ciudades fueron jalonando su experiencia vital. Madrid, la primera, donde pasó de los ocho a los 32 años –intercalando los dos viajes a la capital francesa en 1899 y 1902–. Allí empezó estudiando en la Institución Libre de Enseñanza y, aunque reconoce el calvario de su vida académica, el autor adora la capital y volverá a ella una y otra vez («¡Madrid, Madrid! ¡Qué bien tu nombre suena, rompeolas de todas las Españas!»). De ida y vuelta fueron sus estancias en Soria, Baeza, Segovia y París, ciudad que como ya hemos dicho visitó en varias ocasiones. De todo este periplo se hablará en las siguientes páginas, por lo que no tiene cabida insistir en ninguna de sus etapas, aunque hay que destacar que cada una de ellas le aportó al escritor experiencias que nutrirán su repertorio lírico. Lugares y personas que fueron marcando al poeta y que condicionaron su obra de manera más o menos explícita.

Entre ese círculo de amistades se encuentran el poeta nicaragüense Rubén Darío y el escritor irlandés Oscar Wilde, a quienes conoció en París al comienzo de su singladura literaria. El primero le dedicó el poema *«Oración por Antonio Machado»*, que encabeza sus *Poesías completas*, aunque no fue el único. Juan Ramón Jiménez, otro de sus amigos, elogió su primer libro de poemas, *Soledades*. No obstante, Jiménez dirigía la revista *Helios* en la que empezó el poeta a publicar sus primeros poemas en 1903. La amistad con dos grandes filósofos, como el francés Henri Bergson –a quien conoció en París– y Miguel de Unamuno –con quien se carteaba en su etapa soriana–, pudo marcar su inclinación por esta disciplina y, desde su plaza de profesor en Baeza, comenzó a estudiar Filosofía y Letras, carrera que concluyó en 1918.

Tras la proclamación de la República, el nuevo gobierno le ofrece una cátedra en Madrid desde donde tendrá mayor significación pública, lo que le permitió codearse con grandes figuras del momento en el ámbito de la cultura y la política. Dos de estas figuras, Rafael Alberti y León Felipe, fueron los encargados en noviembre de 1936 de invitarle a abandonar el país, algo nada fácil para nuestro autor que «concentrado y triste» se resistía a marchar. Rocafort y Barcelona fueron sus últimos destinos en la Península.

Machado tuvo muchos amigos, sí, pero nunca se olvidó de sus grandes amores: Leonor, su primera mujer, y su amada Guiomar. Tampoco desconectó de su familia: con su hermano Manuel escribió teatro y disfrutó de la vida bohemia madrileña y con el resto siempre mantuvo buenas relaciones. En el Madrid republicano vivió además de con su madre, con su hermano José y su familia. Hasta al destierro le acompañó su madre, Ana Ruiz, quien murió a los tres días de que el escritor falleciera. Hasta que esto se produjo, Machado dio numerosos testimonios de su calidad humana, que también quedó patente en su obra.

CAPÍTULO PRIMERO

MI INFANCIA SON RECUERDOS DE UN PATIO DE SEVILLA Y UN HUERTO CLARO DONDE MADURA EL LIMONERO

A lo largo de toda la obra poética de Antonio Machado puede comprobarse con evidente nitidez la profunda huella que cada ciudad, cada rincón, deja en él, ya sea en unos casos para bien o, en otros, para mal. Sevilla pertenece al primer grupo. En Sevilla vivió nuestro poeta tan solo ocho años, pero su recuerdo le acompañará siempre como la reafirmación de una infancia querida y muchas veces añorada. Los escritos del poeta son en gran medida autobiográficos, son, en definitiva, la estela que va dejando su propia vida y el sentimiento directo y sencillo de un hombre. Quizás sea precisamente esa la razón por la cual Machado sigue estando tan cerca de todos nosotros.

El propio poeta relata por boca de su personaje «*Juan de Mairena*» cómo surgió su venida al mundo: «...Unos delfines, equivocando su camino y a favor de la marea, se habían adentrado por el Guadalquivir, llegando hasta Sevilla. De toda la ciudad acudió mucha gente, atraída por el insólito espectáculo, a la orilla del río, damitas y galanes, entre ellos los que fueron mis padres, que allí se vieron por vez primera. Fue una tarde de sol, que yo he creído o he soñado recordar alguna vez».

Ella, Ana Ruiz, sevillana, hija de un armador de la ciudad, mujer enérgica y voluntariosa que, andando el tiempo, permanecería junto a su hijo hasta el destierro y la muerte. Él, Antonio Machado Álvarez, abogado, licenciado en Letras y estudioso folclorista.

Los Machado viven en una parte del hermoso palacio de Las Dueñas, puesto en alquiler por sus propietarios, los duques de Alba. Con el joven matrimonio viven también los abuelos paternos, don Antonio Machado Núñez y doña Cipriana Álvarez. En la casa se respira siempre un ambiente cálido y de honda preocupación por la cultura en un sentido claramente progresista, que influirá en la educación recibida por todos los hijos.

El abuelo Antonio era toda una personalidad científica, licenciado en Medicina y colaborador en París del famoso doctor Orfila, licenciado en Ciencias, catedrático de la Universidad de Sevilla llegando a ser rector de la misma. Incluso la vida política le interesó: formó parte de la Junta Revolucionaria de Sevilla en 1868 y, posteriormente, fue Gobernador de la provincia hasta que la monarquía de los Borbones volvió a restaurarse. Era hombre de talante abierto y liberal, perteneciente a esa corriente intelectual de fines del siglo XIX conocida como «krausismo español».

La casa solía estar casi siempre llena de gente: catedráticos, artistas, intelectuales... que concurrían en animada tertulia presidida por el abuelo Antonio. Allí se discutía de todo, particularmente de cultura. No en vano don Antonio Machado Núñez había seguido con gran interés la creación de la Institución Libre de Enseñanza, inspirada por don Francisco Giner de los Ríos desde su prisión gaditana.

Un Real Decreto de febrero de 1875 vino a anular en la práctica la libertad de cátedra, planteando la posibilidad de que los organismos oficiales intervinieran en la enseñanza de manera partidista. Numerosos profesores e intelectuales protestaron contra la medida y, en particular, Giner de los Ríos, quien se atrevió a afirmar públicamente que «jamás consentiría en someter su enseñanza a otro criterio que el de su conciencia». De nuevo llovieron las protestas por la detención de Giner de los Ríos, motivada por su categórica afirmación que, en realidad, era todo un desafío a la intolerancia oficialista. Entre las protestas por la Universidad de Sevilla destaca la firma del catedrático Antonio Machado Núñez.

Ese año de 1875, en una noche de julio y en medio de ese ambiente, nace nuestro poeta. Es el segundo de los cuatro hijos del matrimonio: Manuel, Antonio, Joaquín y José. También nació una niña, Cipriana, que moriría poco tiempo después.

Antonio aprende a observar, a amar su tierra, su paisaje, sus cantares, su colorido:

> ....
> Sí, te recuerdo, tarde alegre y clara,
> casi de primavera,
> tarde sin flores, cuando me traías
> el buen perfume de la hierbabuena,
> y de la buena albahaca,
> que tenía mi madre en sus macetas.
> Que tú me viste hundir mis manos puras
> en el agua serena,
> para alcanzar los frutos encantados
> que hoy en el fondo de la fuente sueñan...[1]

Con el aire de Sevilla y sus olores Antonio aprende a contemplar los patios floridos de las casas, los pequeños huertos que a veces prolongan la extensión de los edificios, capta los rumores de las fuentes, los silencios de las calles, los naranjos y los limoneros. Y siempre será el paisaje, fundido de uno u otro modo con las personas. Machado jamás sentirá el paisaje aislado, como algo en sí mismo, sino en relación a los hombres y a las emociones que en ellos despierta:

> La plaza y los naranjos encendidos
> con sus frutas redondas y risueñas.
> Tumulto de pequeños colegiales
> que, al salir en desorden de la escuela,

[1] Publicado por primera vez en 1903 en la revista *Helios* bajo el título *«El poeta visita el patio de la casa en que nació»*.

llenan el aire de la plaza en sombra
con la algazara de sus voces nuevas.
¡Alegría infantil en los rincones
de las ciudades muertas!...
¡Y algo nuestro de ayer, que todavía
vemos vagar por estas calles viejas!

(Poema III)

Los dos hermanos mayores, Manuel y Antonio, aprenden a leer en el *Romancero general* elaborado por su tío Agustín Durán. Juntos ingresan en el colegio de Antonio Sánchez y muy juntos permanecerán a lo largo de su vida hasta la fatal guerra civil. Antonio también recuerda las aulas, los niños, las lecciones:

Una tarde parda y fría
de invierno. Los colegiales
estudian. Monotonía
de lluvia tras los cristales.
....
Con timbre sonoro y hueco
truena el maestro, un anciano
mal vestido, enjuto y seco,
que lleva un libro en la mano.
Y todo un coro infantil
va cantando la lección:
«mil veces ciento, cien mil;
mil veces mil, un millón».

(Poema V)

Junto con el padre y el abuelo, los niños recorren la ciudad y realizan frecuentes excursiones. Antonio escucha las coplas que su padre le enseña y que a menudo vuelven a repetirse por las calles:

Yo escucho los cantos
de viejas cadencias
que los niños cantan
cuando en corro juegan,
....
En los labios niños,
las canciones llevan
confusa la historia
y clara la pena;
....

(Poema VIII)

Todo lo cotidiano, las moscas, el reloj, las macetas, la casa, la escuela, es evocado por Machado con especial destreza. Tiene sin duda nuestro poeta la capacidad de hacer sublimes las cosas más sencillas, las más cercanas al hombre y a su vida diaria:

Vosotras, las familiares,
inevitables golosas,
vosotras, moscas vulgares,
me evocáis todas las cosas.
....
de siempre... Moscas vulgares,
que de puro familiares
no tendréis digno cantor:
yo sé que os habéis posado
sobre el juguete encantado,
sobre el librote cerrado,
sobre la carta de amor,
sobre los párpados yertos
de los muertos.

(Poema XLVIII)

La imagen del padre, en su estudio, trabajando o caminando, permanecerá siempre viva en Antonio con la admiración que siente un niño por su padre a esa edad. Con él iba a menudo de caza, siguiendo la orilla del Guadalquivir, adentrándose por caminos y ríos, sorprendiéndose ante la naturaleza, hablando con los caminantes y parándose en las fondas y posadas. Todo ello pasaría a ser, con el tiempo, una de sus aficiones más queridas:

> Mi padre, cazador –en la ribera
> del Guadalquivir ¡en un día tan claro!–,
> –es el cañón azul de su escopeta
> y del tiro certero el humo blanco. (*«En el tiempo. Mi padre»*)

Pero sin duda, la mejor pieza evocadora de su infancia es el magnífico soneto dedicado a su padre. La versión del poema de 1916, aparece así titulada: *«1882, 1890, 1892. Mi padre»*. Ello es significativo por cuanto que las tres fechas son consideradas por Machado como claves. En 1882, contaba nuestro poeta siete años y su recuerdo se despliega en torno al trabajo del padre en su habitación del palacio de Las Dueñas. En 1890, el padre decidió marchar a Puerto Rico como registrador de la propiedad ante la penuria económica que atraviesa la familia y 1892 marca la fecha de su prematura muerte, debido a la tuberculosis, ocurrida en Sevilla sin que Antonio volviera a verle tras su marcha a América. El poema destaca por la fidelidad de los recuerdos y el hondo sentimiento con que está escrito. La propia descripción del padre. («aún joven», señala el poeta) nos acerca con exactitud a su forma de vida, a su actividad. También la angustia de la salida hacia América queda reflejada, así como la muerte. Todo ello con un dinamismo casi cinematográfico, debido a la cuidadosa superposición de planos que permite combinar distintas visiones del tiempo en un solo poema:

> Esta luz de Sevilla... Es el palacio
> donde nací, con su rumor de fuente.
> Mi padre en su despacho. –La alta frente,

la breve mosca y el bigote lacio–.
Mi padre, aún joven. Lee, escribe, hojea
sus libros y medita. Se levanta;
va hacia la puerta del jardín. Pasea.
A veces habla solo, a veces canta.
Sus grandes ojos de mirar inquieto
ahora vagar parecen sin objeto
donde puedan posar, en el vacío.

Ya escapan de su ayer a su mañana:
ya miran en el tiempo ¡padre mío!
piadosamente mi cabeza cana.

El primer recuerdo del padre en el poema data de 1882. Por entonces la política gubernativa con respecto a la enseñanza y a la cultura va tomando un nuevo rumbo. El ministro liberal Albareda decide levantar las sanciones a todos los intelectuales y profesores represaliados. En 1883, don Antonio Machado Núñez es nombrado catedrático de la Universidad Central. Padre y abuelo piensan en la educación de los niños y ambas familias deciden trasladarse a Madrid, donde podrán seguir sus estudios en la Institución Libre de Enseñanza.

Antes de partir para Madrid, Machado recuerda por medio de Juan de Mairena una anécdota sucedida en Sevilla y que nuestro poeta considera de suma trascendencia: «El acontecimiento más importante de mi historia es el que voy a contaros. Era yo muy niño y caminaba con mi madre, llevando una caña dulce en la mano. Fue en Sevilla y en ya remotos días de Navidad. No lejos de mí caminaba otra madre con otro niño, portador de otra caña dulce. Yo estaba muy seguro de que la mía era la mayor. ¡Oh, tan seguro! No obstante, pregunté a mi madre –porque los niños buscan confirmación aun de sus propias evidencias–: "La mía es mayor, ¿verdad?" "No, hijo –me contestó mi madre–. ¿Dónde tienes los ojos?" He aquí lo que he seguido preguntándome toda mi vida».

Con esta veta de ironía, muy frecuente en sus escritos en prosa, Machado pretende autodefinirse de algún modo. Ese «¿dónde tienes los ojos?» sintetiza su duda permanente y las vacilaciones frecuentes de su espíritu, la búsqueda constante de un objetivo que nunca llega a encontrarse del todo. A lo largo de su vida y de su obra parece que solo hay un hecho que él considera cierto e indudable: la personalidad humana y su valor. Oyó a un pastor en tierras de Castilla decir "nadie es más que nadie" y don Antonio desarrolló ese dicho popular a su manera. Y así, Juan de Mairena no se cansará de repetir:
«Por mucho que valga un hombre nunca tendrá valor más alto que el de ser hombre», recordándonos siempre que esa es su única certeza. Antes que poeta, que intelectual, que político, se es hombre. Y eso es don Antonio, hombre ante todo, después poeta.

CAPÍTULO SEGUNDO

Mi juventud, veinte años en tierras de Castilla

En el prólogo a la edición de sus poesías en 1917 escribe Machado: «...a los ocho años pasé a Madrid, adonde mis padres se trasladaron, y me eduqué en la Institución Libre de Enseñanza. A sus maestros guardo vivo afecto y profunda gratitud. Mi adolescencia y mi juventud son madrileñas».

Las familias llegaron a Madrid un otoño de 1883, instalándose en una casa de la calle Claudio Coello esquina a Villanueva. Enseguida comienzan las clases y a ellas asisten los dos hermanos Manuel y Antonio. La familia Machado consideraba que era la mejor enseñanza que podían recibir sus hijos, hasta el punto de que todos sus traslados de domicilio tuvieron como motivo el seguir a la Institución para que los niños pudieran asistir a las clases con facilidad. En carta que dirige por aquel entonces don Antonio Machado Álvarez a su amigo Luis Montoto puede leerse: «Los niños, buenos y contentos con la Institución, que es, con sus defectos y con nada que se le aproxime, el mejor Centro de educación de España. Es menester que traigas a tus hijos».

Don Francisco Giner de los Ríos había fijado en 1884 el objetivo que perseguía al crear la Institución: «entregar cada año a la sociedad algunos hombres honrados, de instintos nobles, cultos, instruidos hasta no serles extraño ningún elemento ni problema fundamental de la vida, laboriosos, varoniles de alma y de cuerpo, capaces de atender a sus necesidades materiales por medio de una profesión verdaderamente honrosa y libre».[1]

---

[1] *Obras Completas de Francisco Giner de los Ríos* (vol. XVI).

No cabe duda de que la Institución ejerció una gran influencia en nuestro poeta, pero no por ello puede concluirse que fuese un «institucionalista». De la Institución asimiló Machado su amor a la tolerancia, a la fidelidad, al sentido del trabajo, a la honestidad y a tener criterio propio, con lo que el niño Machado podía lanzarse al mundo con un equipaje bastante completo. Sin embargo, es importante reseñar la opinión del profesor Tuñón de Lara: «En primer lugar, no hay una, sino varias maneras de ser del "institucionalismo" según las épocas: la más combativa es la del primer decenio; la que sigue, más reposada, centrada sobre la pedagogía y los esfuerzos reformistas; y, por último, la que pudiera situarse a partir de los años veinte, de tónica más marcadamente minoritaria o, como se dice ahora, elitista. No cabe duda de que la trayectoria de Machado, si tiene siempre raíces en la ética de Giner, está muy lejos de compartir –es más, está en el polo opuesto– los propósitos de consagrarse a formar "minorías" para la nación. Precisamente entre esta actitud y la machadiana está probablemente todo el debate de la cultura española en la primera mitad del siglo XX».[1]

Don Antonio guardó vivo cariño a la Institución, pero más aun a su fundador, don Francisco Giner de los Ríos: «Los párvulos aguardábamos, jugando en el jardín de la Institución, al maestro querido. Cuando aparecía don Francisco corríamos a él con infantil algazara y lo llevábamos en volandas hasta la puerta de la clase (...) En su clase de párvulos, como en su cátedra universitaria, don Francisco se sentaba siempre entre sus alumnos y trabajaba con ellos familiar y amorosamente (...) Su modo de enseñar era socrático: el diálogo sencillo y persuasivo. Estimulaba el alma de sus discípulos –de los hombres o de los niños– para que la ciencia fuese pensada, vivida por ellos mismos (...) Don Francisco Giner no creía que la ciencia es el fruto del árbol paradisíaco, el fruto colgado de una alta rama, maduro y dorado, en espera de una mano atrevida y codiciosa, sino una semilla que ha de germinar y florecer y madurar en las almas. (...) Era

[1] Manuel Tuñón de Lara, *Antonio Machado, poeta del pueblo.*

don Francisco Giner un hombre incapaz de mentir e incapaz de callar la verdad; pero su espíritu fino, delicado, no podía adoptar la forma tosca y violenta de la franqueza catalana; derivada necesariamente hacia la ironía, una ironía desconcertante y cáustica, con la cual no pretendía nunca herir o denigrar a su prójimo, sino mejorarle. Como todos los grandes andaluces, era don Francisco la viva antítesis del andaluz de pandereta, del andaluz mueble, jactancioso, hiperbolizante y amigo de lo que brilla y de lo que truena. Carecía de vanidades, pero no de orgullo; convencido de ser, desdeñaba el aparentar».[1]

De la conducta de Don Francisco Giner, Machado aprendió mucho, pero la Escuela de Sabiduría Popular de Juan de Mairena se distanciaría bastante de la Institución. Machado fue descubriendo que la pedagogía no tenía ese carisma del que se la rodeaba en la Institución. Juan de Mairena no vacila en dirigirse a sus alumnos de forma un tanto irreverente: «Vosotros sabéis que yo no pretendo enseñaros nada, y que solo me aplico a sacudir la inercia de vuestras almas, a arar el barbecho empedernido de vuestro pensamiento, a sembrar inquietudes, como se ha dicho muy razonablemente, y yo diría mejor, a sembrar preocupaciones y prejuicios; quiero decir juicios y ocupaciones previos a toda ocupación zapatera y a todo juicio de pan llevar».

En la Institución, el sistema pedagógico era complementado con el interés por la naturaleza. Con frecuencia, alumnos y profesores marchaban al Guadarrama o a realizar excursiones por distintas partes de Castilla. Machado no olvida en sus escritos a hombres como Salmerón, Azcárate o Pi y Margall. Con ellos comparte su espíritu renovador, su afán por dejar a un lado:

> La España de charanga y pandereta,
> cerrado y sacristía,
> devota de Frascuelo y de María.
>
> (Poema CXXXV)

[1] Francisco Giner de los Ríos, *Idea Nueva*. Baza, 1915.

Pero por quien siente verdadero cariño y admiración es por su maestro Giner. Pocos días después de su muerte, el 21 de febrero de 1915, Machado dedica un hermoso poema al hombre que fue el alma de la Institución. El dolor es sentido y, sin embargo, predomina el recuerdo, como será habitual en él:

Como se fue el maestro,
la luz de esta mañana
me dijo: Van tres días
que mi hermano Francisco no trabaja.
¿Murió?... Solo sabemos
que se nos fue por una senda clara,
diciéndonos: Hacedme
un duelo de labores y esperanzas.
....
Vivid, la vida sigue,
los muertos mueren y las sombras pasan,
lleva quien deja y vive el que ha vivido.
....
...¡Oh, sí!, llevad, amigos,
su cuerpo a la montaña,
a los azules montes
del ancho Guadarrama.
....
Allí el maestro un día
soñaba un nuevo florecer de España.

(Poema CXXXIX)

En 1892 surge la noticia de la muerte del padre. Antonio contaba entonces diecisiete años y desde que marchó a Puerto Rico no había vuelto a encontrarse con él, pero para Antonio no morirá jamás porque pertenece a los hombres que han vivido y, como dice en el poema dedicado a su maestro, «vive el que ha vivido»:

Pasea, oh padre mío, ¡todavía!
estás ahí, el tiempo no te ha borrado.
Yo soy más viejo que eras tú, padre mío, cuando me besabas.
Pero en el recuerdo soy también el niño que tú llevabas de la mano.[1]

Manuel y Antonio ya conocen bien la ciudad. Antonio visita con frecuencia el Museo del Prado y lee con espíritu incansable: Shakespeare, Bécquer, Dickens, Manrique:

Entre los poetas míos
tiene Manrique un altar.

(Poema LVIII)

Con particular entusiasmo lee y descubre a Lope de Vega, de quien ama sobre todo la frescura de su palabra y su gracia popular. Explica Juan de Mairena a sus alumnos:

«El cielo estaba más negro
que un portugués embozado,

dice Lope de Vega, en su *Viuda Valenciana,* de una noche sin luna y anubarrada.

»Tantos papeles azules
que adornan letras doradas,

dice Calderón de la Barca, aludiendo al cielo estrellado.

[1] *«En el tiempo. Mi padre».*

»Reparad en lo pronto que se amojama un estilo y en la insuperable gracia de Lope».

Los dos hermanos se apasionan juntos por el teatro, asisten a toda clase de tertulias y cafés, van a los toros, juegan al frontón en Jai-Alai. Tienen amigos comunes, con los hijos del actor Ricardo Calvo leen y repasan las obras del teatro español. Incluso participan en representaciones y aprenden de memoria parlamentos enteros. Asisten a conciertos y se interesan por la política. En aquella época recuerda haber escuchado en el Retiro a Pablo Iglesias, sin poder precisar la fecha: «de lo único que puedo responder es de la emoción que en mi alma iban despertando las palabras encendidas de Pablo Iglesias. Al escucharle hacía yo la única honda reflexión que sobre la oratoria puede hacer un niño: "Parece que es verdad lo que ese hombre dice". La voz de Pablo Iglesias tenía para mí el timbre inconfundible e indefinible de la verdad humana.

»Porque antes de Pablo Iglesias habían hablado otros oradores, tal vez más cultos, tal vez más enterados o de elocuencia más hábil, de los cuales solo recuerdo que no hicieron en mí la menor impresión. Debo advertir que, aunque nacido y educado entre universitarios, nada había en mi educación, digámoslo en loor de ella, que me inclinara a pensar que la palabra de un cajista había de ser necesariamente menos interesante que la autorizada por la sabiduría oficial. Quiero decir que no había en mí el menor asombro ante el hecho de que un tipógrafo hablase bien. La palabra es un don –pensaba yo entonces– que reparte Dios algo a capricho, y que no siempre coincide con el reparto de diplomas académicos que hacen los hombres. Para un niño, esto es una verdad muy clara. El tiempo se encarga de enturbiárnosla con múltiples reservas.

»Lo cierto es que las palabras de Iglesias tenían para mí una autoridad que el orador había conquistado con el fuego que en ellas ponía y que implicaban una revelación muy profunda para el alma de un niño. De todo el discurso, en que sonaba muchas veces el nombre de Marx y de algunos otros pensadores no menos ilustres, que no podía yo entonces valorar –hoy acaso tampoco–, sacaba yo esta ingenua conclusión infantil: "El mundo en que vivo está mucho peor de lo yo creía". Mi propia existencia de señorito pobre reposa, al fin, sobre una injusticia. ¡Cuántas existencias más pobres que la mía hay en el mundo, que ni siquiera pueden aspirar, como yo aspiro, a entreabrir, algún día, por la propia mano, las puertas de la cultura, de la gloria, de la riqueza misma! Todo mi caudal, ciertamente, está en mi fantasía, más no por ello deja de ser un privilegio que se debe a la suerte más que al mérito propio».

Machado asegura haber meditado siempre en torno a esta reflexión de adolescente. Y es cierto que en esa época de juventud nuestro poeta ya hace notar su preocupación por todo lo humano, pero sin que ello suponga una posición política definida. Más bien, esta se va generando en el curso de su vida, al compás de los acontecimientos sociales. La época de su juventud estuvo mucho más dedicada a todos los fenómenos culturales, siendo un joven que, por tradición familiar y por la educación recibida, era liberal y republicano, sin más. Posteriormente, en una entrevista publicada en *La Vanguardia* en plena Guerra Civil, diría: «Yo siento mucho no haber meditado bastante sobre política. Pertenezco a una generación que se llamó a sí misma "apolítica", que cometió el grave error de no ver sino el aspecto negativo de la política, de ignorar que la política podía ser algún día una actividad esencialísima, de vida o muerte para nuestra patria...».

En 1893, los dos hermanos comienzan a colaborar en un pequeño periódico que publica en Madrid Enrique Paradas, llamado *La Caricatura.*

Antonio firma sus artículos con el seudónimo de «Cabellera» y su hermano Manuel como «Polilla». Cuando escribían juntos, era rubricado como «Tablante de Ricamonte». Eran artículos sobre arte, la afición a los toros, el teatro, la poesía de moda, la vida de bohemia...

Es la década de 1890 a 1900. El modernismo va tomando cuerpo. Los Machado son amigos de otros jóvenes aún poco conocidos: Paradas, Villaespesa, Juan Ramón Jiménez, Gómez Carrillo, Zayas, Valle Inclán...

«Conocí a don Ramón del Valle, suyas son las admirables páginas que hoy se imprimen, cuando él era un hombre en plena juventud y yo poco más que un adolescente. Don Ramón había aparecido en Madrid, a su vuelta de América, con un sombrero a la mejicana, negra y lustrosa melena, barbas tan crecidas como bien peinadas y un cuello de pajarita, como era uso –aunque con menos desmesura– en aquellos días. Madrid, algo curioso y novelero, como todas las grandes ciudades, había reparado en don Ramón por su apariencia extravagante. La ingenuidad madrileña, o su inventiva, no exenta de ironía, había hecho correr esta voz: "Es el hijo de Julio Verne"».[1]

El hermano marcha a Sevilla para acabar su carrera de Filosofía y Letras. El abuelo paterno había muerto en 1895 y las necesidades económicas acucian cada vez más. Antonio y Manuel trabajan con ahínco en toda clase de encargos literarios. Benot, ministro durante la Primera República y amigo de la familia, les encarga un laborioso trabajo para su *Diccionario de ideas afines* y a duras penas consiguen subsistir.

Son años duros para el pueblo español:

> ...Fue un tiempo de mentira, de infamia. A España toda,
> la malherida España, de Carnaval vestida
> nos la pusieron, pobre y escuálida beoda,
> para que no acertara la mano con la herida.
> Fue ayer; éramos casi adolescentes;
> ....
> Ya entonces, por el fondo de nuestro sueño –herencia
> de un siglo que vencido sin gloria se alejaba–
> un alba entrar quería; con nuestra turbulencia
> la luz de las divinas ideas batallaba.
> Mas cada cual el rumbo siguió de su locura;
> ....
> y dijo: "El hoy es malo, pero el mañana... es mío».
>
> (Poema CXLIV)

El 21 de abril de 1898 la guerra con los Estados Unidos es una realidad. El frágil barquillo de aquel imperio de Carlos V se venía a pique irremisi-

[1] Antonio Machado. Prólogo a *La corte de los milagros.*

blemente. En aquellos momentos Antonio y su hermano Manuel están en Sevilla, adonde habían ido a pasar la Feria. Era la primera vez que regresaba a su ciudad natal desde que fuera a vivir a Madrid:

¿Sevilla?... ¿Granada?... La noche de luna.
Angosta la calle, revuelta y moruna,
de blancas paredes y oscuras ventanas.
Cerrados postigos, corridas persianas...
El cielo vestía su gasa de abril.

(Poema LII)

En un santiamén el Imperio se había acabado. Realmente ¿era solo ese ocaso de Imperio o se trataba de algo más? «Todo ha terminado –señala Tuñón de Lara–. No hay barcos (¿los había, en realidad, después de Trafalgar?). No hay colonias. No hay Imperio. El sueño se acabará en París, el día 10 de diciembre, al firmar Montero Ríos, en nombre de España, la renuncia a Cuba, Puerto Rico, Filipinas, Carolinas, Marianas y Palaos. A España entera le llegaba el cruel despertar de un obstinado sueño colonial.

»A esto se ha llamado el "Noventa y ocho". Era el punto máximo de la crisis del Estado y de una manera de concebir la vida. Los viejos valores se habían hundido, al hundirse la flota en aguas del Pacífico y del Caribe. Hay, entonces, en España una auténtica situación de crisis. Sin colonias, sin dinero o casi arrastrando el peso de viejas estructuras y de no menos viejos mitos, había que plantar cara al presente y al porvenir. Resultaba inevitable el acto de repensar España».[1]

De este caos político, social y económico surge la que se ha dado en llamar Generación del 98. Generación en cuanto a que vivieron una época similar, pero no porque se conserve entre los brillantes escritores e intelectuales, encasillados bajo este epígrafe, una identidad común ni mucho menos un objetivo común. A la pregunta de si se puede hablar o no seria-

[1] Tuñón de Lara, *Antonio Machado, poeta del pueblo.*

mente –desde un punto de vista literario– de Generación del 98, responde muy acertadamente Unamuno en un artículo publicado en 1918:

«Solo nos unían el tiempo y el lugar, y acaso un común dolor: la angustia de no respirar en aquella España, que es la misma de hoy. El que partiéramos casi al mismo tiempo, a raíz del desastre colonial, no quiere decir que lo hiciéramos de acuerdo».

La influencia del desastre también llegó a nuestro poeta. Él también se vio inmerso en la necesidad de «repensar España», de amar a la patria y ser patriota. de amar a España...

> Mas otra España nace,
> la España del cincel y de la maza,
> ....
> Una España implacable y redentora,
> España que alborea
> con un hacha en la mano vengadora,
> España de la rabia y de la idea.
>
> (Poema CXXXV)

Más tarde, Juan de Mairena dirá a sus alumnos: «La patria es, en España, un sentimiento sencillamente popular, del cual suelen jactarse los señoritos. En los trances más duros, los señoritos la invocan y la venden, el pueblo la compra con su sangre y no la mienta siquiera. Si algún día tuviereis que tomar parte en una lucha de clases, no vaciléis en poneros al lado del pueblo, que es el lado de España, aunque las banderas populares ostenten los lemas más abstractos».

Machado pertenecía a la «España de la rabia y de la idea». A los jóvenes intelectuales de entonces la España «zaragatera» les causaba un hondo pesar. Unos se decidieron por olvidarse de lo cotidiano y sublimar la vida, otros se limitaron a explicar lo que veían y, por fin, otro grupo, aunque sin adoptar bandera política, decidió vivir dando la cara al mundo. Antonio Machado está entre estos últimos.

CAPÍTULO TERCERO

Converso con el hombre que siempre va conmigo

En el prólogo a sus Poesías de 1931, don Antonio escribe: «De Madrid a París a los veinticuatro años (1899). París era todavía la ciudad del affaire Dreyfus en política, del simbolismo en poesía, del impresionismo en pintura, del escepticismo elegante en crítica. Conocí personalmente a Oscar Wilde y a Jean Moréas. La gran figura literaria, el gran consagrado, era Anatole France».

Esta lacónica descripción que el propio poeta nos ofrece es altamente significativa de los temas que esencialmente le preocupaban. Su marcha a París se debió a un doble factor: sin duda, para cualquier artista casi era un pecado no conecer París, pero las perspectivas económicas que se presentaban en España no eran nada halagüeñas para las necesidades de la familia Machado. Algunos meses antes, en primavera, Manuel había partido hacia París con el fin de trabajar como traductor en la casa Garnier. En junio, Antonio se le une y juntos preparan la elaboración de un diccionario, tarea que no les resultaba nada grata.

Vivían en un pequeño hotel situado en pleno barrio latino, en la *rue Monsieur le Prince*, el mismo lugar donde años antes viviera el gran Verlaine, abanderado de los nuevos poetas de entonces. Desde aquel punto de referencia resultaba fácil conocer toda la pasión cultural y política que hervía en París. Continuas manifestaciones a causa del *affaire Dreyfus*, cafés y tertulias donde asistían junto al fantástico Gómez Carrillo, guatemalteco, amante de la vida bohemia y de la poesía, bulevares por donde caminaba Oscar Wilde como una sombra:

«Oscar Wilde era alto, demasiado alto, con un cuerpo de hombre grande y un tanto destartalado. Iba vestido de gris; llevaba un sombrero blando, una indumentaria vulgar. Tenía la cara larga, pálida y un poco caballuna; las manos, enormes, así como fláccidas y muertas, y los pies, por el estilo. Sabiendo quién era, daba la impresión de un fantasma. No sabiéndolo, parecía un hombrón vulgar. No tenía nada de ese aire trágico y dramático que tienen a veces las ruinas humanas. En el tiempo que le vi no contaba más que cuarenta y tres años, pero parecía un hombre de cincuenta...».[1]

También en esta primera estancia en París conoció Antonio Machado a Baroja:

En Londres o Madrid, Ginebra o Roma,
ha sorprendido, ingenuo paseante,
el mismo *taedium vitae* en vario idioma,
en múltiple careta igual semblante.
Atrás las manos enlazadas lleva
y hacia la tierra, al pasear, se inclina;

(Pío Baroja)

Y juntos formaron una tertulia en un cafetín cercano a la *gare* de Saint Lazare. Antonio todavía no conoce personalmente a Rubén Darío, el gran poeta modernista que marcó la pauta de toda una época, pero lee sus escritos con pasión y no cabe duda de que ejercen cierta influencia en su primera poesía:

....
Quiso el poeta recordar a solas,
las ondas bien amadas, la luz de los cabellos
que él llamaba en sus rimas rubias olas.

(Poema XLIX)

El mismo poeta se encarga de aclararnos que, efectivamente, sentía honda admiración por la poesía de Rubén Darío. En el prólogo a su

[1] Pio Baroja, *Obras Completas;* t. VII.

libro *Soledades,* Antonio se explica del siguiente modo: «Las composiciones de este primer libro, publicado en enero de 1903, fueron escritas entre 1899 y 1902. Por aquellos años, Rubén Darío, combatido hasta el escarnio por la crítica al uso, era el ídolo de una selecta minoría. Yo también admiraba al autor de *Prosas profanas,* el maestro incomparable de la forma y de la sensación, que más tarde nos reveló la hondura de su alma en *Cantos de vida y esperanza*».

En ningún caso, don Antonio reniega de esta influencia que queda palmariamente reconocida en unos versos de su *«Retrato»*:

> ....
> Adoro la hermosura, y en la moderna estética
> corté las viejas rosas del huerto de Ronsard;
>
> (Poema XCVII)

Afirma su admiración en unos versos magníficos dedicados *«Al maestro Rubén Darío»*:

> Este noble poeta, que ha escuchado
> los ecos de la tarde y los violines
> del otoño en Verlaine, y que ha cortado
> las rosas de Ronsard en los jardines
> de Francia, hoy, peregrino
> de un Ultramar de Sol, nos trae el oro
> de su verbo divino.
>
> (Poema CXLVII)

Sin embargo, ya desde esa época Antonio pensaba elegir caminos bien distintos a los modernistas, y así prosigue en su *«Retrato»*:

> ....
> mas no amo los afeites de la actual cosmética,

ni soy un ave de esas del nuevo gay-trinar.
....
A distinguir me paro las voces de los ecos,
y escucho solamente, entre las voces, una.

(Poema XCVII)

De alguna manera, es la reafirmación de las ideas que expresa en su prólogo a *Soledades,* tras indicar su admiración por Rubén Darío: «Pero yo pretendí –y reparad que no me jacto de éxitos, sino de propósitos– seguir camino bien distinto. Pensaba yo que el elemento poético no era la palabra por su valor fónico, ni el color, ni la línea, ni un complejo de sensaciones, sino una honda palpitación del espíritu; lo que pone el alma, si es que algo pone, o lo que dice, si es que algo dice, con voz propia, en respuesta al contacto del mundo. Y aun pensaba que el hombre puede sorprender algunas palabras de un íntimo monólogo, distinguiendo la voz viva de los ecos inertes; que puede también, mirando hacia dentro, vislumbrar las ideas cordiales, las universales del sentimiento. No fue mi libro la realización sistemática de este propósito; mas tal era mi estética de entonces».

De hecho, la mayoría de los poemas que Antonio Machado escribe entonces y que publicaría más tarde en el libro *Soledades* no comulgan con la corriente modernista, caracterizada por el sensorialismo, la importancia de la imagen y de la forma, la musicalidad del texto... Machado ya se está planteando la necesidad de la palabra como instrumento capaz de expresar sentimientos universales a partir de elementos muy concretos de la vida diaria, la necesidad de conversar «con el hombre que siempre va conmigo» como paso necesario e imprescindible hacia los demás, hacia el tú, hacia la comunicación. El primer poema que aparecerá más tarde en *Soledades* está escrito por estas fechas y denota ya que nuestro poeta iba a tomar un rumbo distinto al de los modernistas:

....
y pedantones al paño

que miran, callan, y piensan
que saben, porque no beben
el vino de las tabernas.
Mala gente que camina
y va apestando la tierra...
Y en todas partes he visto
gentes que danzan o juegan,
cuando pueden, y laboran
sus cuatro palmos de tierra.
....
Son buenas gentes que viven,
laboran, pasan y sueñan,

(Poema II)

Vuelve en otoño a Madrid, impulsado por la nostalgia. Madrid en aquel otoño vive la fiebre modernista con verdadera pasión. Como más tarde diría Juan Ramón Jiménez: «El modernismo no fue solamente una tendencia literaria... Era el encuentro de nuevo con la belleza, sepultada durante el siglo XX por un tono general de poesía burguesa. Eso es el modernismo: un gran movimiento de entusiasmo y libertad hacia la belleza».

En realidad, la guerra literaria se ha desencadenado con toda su virulencia. Tanto la llamada Generación del 98 como los modernistas hacen frente común contra lo que ellos entienden como concepciones retrógradas del arte y la literatura y que, en definitiva, se les aparecen como viva imagen de una España no deseada:

....
Esa España inferior que ora y bosteza,
vieja y tahúr, zaragatera y triste;
esa España inferior que ora y embiste,
cuando se digna usar de la cabeza,

(Poema CXXXV)

Manuel Machado explica así en *La guerra literaria* el desarrollo de aquellos momentos en los albores del nuevo siglo: «Su obra (la de las nuevas generaciones literarias) en un principio tuvo que ser negativa y demoledora. Jamás una juventud tuvo que sacar fuerzas de flaqueza... Apenas aparecieron los primeros innovadores, la indiferencia general se convirtió en unánime zumba atronadora. La palabra "modernista", que hoy denomina vagamente la última etapa de nuestra literatura, era entonces un dicterio completo de toda clase de desprecios. El vulgo, contrario a toda novedad, aulló buenamente, como los perros a la luna, y prorrumpió en ineptas risotadas... Más dura fue la lucha con escritores, críticos y literatos. Estos, lejos de iluminar a la opinión sobre las nuevas tendencias, que debían conocer, se mostraron sorprendidos e indignados como la masa general... Tronaron contra el abominable modernismo».

Antonio, como casi todos los grandes escritores de entonces: Juan Ramón Jiménez, Valle Inclán, Baroja, Unamuno... se alineó junto a los progresistas, pues así se les puede denominar en un primer momento dada su oposición a las viejas concepciones. Tras su llegada a Madrid desde París colabora asiduamente con la revista *Electra,* nombre que se debe a la obra teatral de Pérez Galdós estrenada en Madrid en enero de 1901 y que causó verdadera conmoción por su temática crítica en cuanto a las presiones religiosas sobre la vida de las familias. Baroja describe en sus *Memorias* cómo se desarrolló el estreno de la obra: «Don Benito y Maeztu fueron los que dirigieron la distribución estratégica de los amigos en la sala del teatro Español cuando llegó el estreno. Yo tenía una butaca cerca de Azorín. Maeztu dijo que iba a ir al "paraíso"... Comenzó el drama en medio de una gran expectación. El público temía que pasara algo. En uno de los momentos en que aparece un fantasma, Azorín me agarró del brazo y vi que estaba conmovido. Cuando el joven ingeniero derriba a Pantoja, Maeztu, desde el "paraíso", con voz tronante, dio un terrible grito de "¡Abajo los jesuitas!"... Entonces, todo el público comenzó a estremecerse, y algunas señoras de los palcos se levantaron para marcharse. Afortunadamente, la representación acabó sin ninguna turbulencia».

En *Electra* colaboran los Machado, Villaespesa, Valle Inclán, Baroja, Rueda, Juan Ramón Jiménez, Castrovido, Bello, Maeztu... Realmente constituye una bandera para todos los artistas de la época. Allí publica Antonio algunos de los poemas que posteriormente aparecerían en su libro *Soledades,* a veces con el seudónimo de «César Lucanor».

Está enfrascado con la elaboración de sus poemas, pero no por ello renuncia a la vida social, pues a pesar de mirar hacia sí mismo siempre encuentra tiempo para frecuentar las tertulias de la casa de Villaespesa, del café Fornos, del Gato Negro o del Lyon d'Or. Antonio y Villaespesa son muy amigos. Este le recuerda en un poema titulado *«Maison Dorée»,* tras evocar a Manuel y a Gómez Carrillo:

> ....
> A su lado, indolente,
> sobre el verde diván arrellanado,
> está Antonio Machado,
> que con su rictus grave, adusto y serio,
> de padre mercedario,
> devora en un diario
> líricos ditirambos a la Imperio,
> la gitana ideal, que cuando avanza
> agitando en el baile su melena
> de tempestad, parece que en la escena
> es el alma española la que danza...

Su hermano Manuel Machado publica el libro *Alma,* ampliamente elogiado por todos los «nuevos». Manuel tiene un carácter bien opuesto al de Antonio, es alegre, mujeriego, dicharachero y juerguista. Por entonces, Antonio es el hermano de Manuel Machado, pero nuestro poeta pronto tendría el sitio que por sí mismo le correspondía. Trabaja incansablemente. Su hermano José recuerda que solía hacerlo por las noches hasta el alba: «Sus versos no fueron nunca improvisados, sino la consecuencia de muchas cuartillas escritas y tiradas al cesto de los papeles, para dejar al fin sobre la mesa de trabajo cuatro versos, todavía con infinitas correcciones. Y para ello había visto amanecer, lo que ocurría casi siempre, y no se acostaba satisfecho... Ningún poeta fue tan celoso de su obra, tan exigente consigo mismo, inflexible crítico de su propia obra. En los primeros tiempos corrigió y seleccionó con gran cuidado y muchas veces. Ningún poeta escribió tanto y publicó menos».

Antonio deambula a menudo solo por los parques de Madrid, hace caminatas por la sierra cercana y, junto a ese mundo que bulle, se enfrasca en su soledad y en una cierta «hipocondria», como diría él:

> ....
> Lejos la ciudad dormía
> como cubierta de un mago fanal de oro transparente.
> Bajo los arcos de piedra el agua clara corría.
> Los últimos arreboles coronaban las colinas
> manchadas de olivos grises y de negruzcas encinas.
> Yo caminaba cansado,
> sintiendo la angustia que hace el corazón pesado.

(Poema XIII)

Es curioso señalar que en los poemas de estos años, la presencia de la tarde es una constante; siempre es la tarde que se va, la tarde que muere, la tarde clara, la tarde polvorienta... como un símbolo de la angustia que le recorre y de la necesidad de mirar hacia sí mismo:

> ....
> Pregunté a la tarde de abril que moría:
> ¿Al fin la alegría se acerca a mi casa?
> La tarde de abril sonrió: La alegría
> pasó por tu puerta –y luego, sombría:
> Pasó por tu puerta. Dos veces no pasa.

(Poema XLIII)

Tal vez le obsesiona la idea de una juventud que declina y de la que no ha obtenido todo lo que esperaba. El tema de la muerte le hace reflexionar con fuerza, bañado de una duda que le acompañará siempre y que tiene unos tintes casi filosóficos:

> ....
> Un golpe de ataúd en tierra es algo
> perfectamente serio.
>
> (Poema IV)

> Al borde del camino un día nos sentamos.
> Ya nuestra vida es tiempo, y nuestra sola cuita
> son las desesperantes posturas que tomamos
> para aguardar... Mas Ella no faltará a la cita.
>
> (Poema XXXV)

Esa introspección de Machado en sus dolores y sentires no es sino la antesala de su proyección hacia los demás. No se trata del poeta «intimista» que se refugia en su yo para olvidar lo ajeno, sino del hombre que pretende así darse a los demás. Meses más tarde le escribiría a Juan Ramón Jiménez: «No creas que soy un agriado por la soledad. No; santa soledad. Ni mucho menos un despechado. No es cuestión de amor propio, sino de amor al prójimo».

¿Amores? Tal vez los tuviera entonces, aunque ninguno debió de dejarle una huella profunda. En cualquier caso, no era hombre que se enamorara con facilidad:

> ....
> Ni un seductor Mañara ni un Bradomín he sido
> –ya conocéis mi torpe aliño indumentario–,
>
> (Poema XCVII)

Sin embargo, en algunos de los poemas escritos entonces la presencia del amor está viva. ¿Ensoñaciones del poeta? ¿Recuerdos? Por la concreción de algunos detalles, más puede pensarse que se trate del recuerdo de algo vivido, aunque no con demasiada pasión:

....

La calle en sombra. Ocultan los altos caserones
el sol que muere; hay ecos de luz en los balcones.
¿No ves, en el encanto del mirador florido,
el óvalo rosado de un rostro conocido?

....

¡Oh, angustia! Pesa y duele el corazón... ¿Es ella?

(Poema XV)

A la desierta plaza
conduce un laberinto de callejas.
A un lado, el viejo paredón sombrío
de una ruinosa iglesia;
a otro lado, la tapia blanquecina
de un huerto de cipreses y palmeras,
y, frente a mí, la casa,
y en la casa la reja
ante el cristal que levemente empaña
su figurilla plácida y risueña.

(Poema X)

Las descripciones de estos poemas pueden cocresponder a algún pueblo cercano a Madrid. Sea como fuere, en lo referente al amor y en esta época, sin duda Antonio sentía con más fuerza la nostalgia de un amor aún no vivido que sus propias experiencias personales:

Hay amores extraños en la historia
de mi largo camino sin amores.

(«*La fuente*»)

Por amistad con Gómez Carrillo, Antonio vuelve a París en la primavera de 1902. Aquel ha sido nombrado cónsul de Guatemala y nombra a

Antonio "canciller" del consulado, lo cual –a pesar del rimbombante nombre– era un simple cargo consistente en organizar la oficina, por otro lado muy poco ajetreada. Gana lo suficiente para mantenerse. Manuel también ha vuelto a París. Antonio sigue trabajando en su libro *Soledades.* En junio aparece el libro *Ninfeas* de Juan Ramón Jiménez; a nuestro poeta le entusiasma y le dedica unos versos:

Un libro de amores,
de flores
fragantes y bellas,
de historia de lirios
que amasen estrellas.

En este mismo tiempo, Antonio conece personalmente a Rubén Darío en París, trabando con él una amistad que durará hasta la muerte del maestro modernista. Rubén Darío ya conocía a Manuel Machado, a quien admiraba por su libro *Alma,* pero sin duda la poesía de Antonio debió de cautivarle. Edelberto Torres, biógrafo de Rubén Darío, explica que al oír recitar a Antonio sus primeros poemas, exclamó «¡Admirable, admirable!».

Que realmente fue así lo prueba el magnífico poema que el autor de *Azul* dedicaría más tarde a Antonio Machado, poema que constituye un modelo en cuanto a la capacidad del poeta nicaragüense para captar el modo de ser de Antonio Machado:

Misterioso y silencioso
iba una y otra vez.
Su mirada era tan profunda
que apenas se podía ver.
Cuando hablaba tenía un dejo
de timidez y de altivez.
Y la luz de sus pensamientos

casi siempre se veía arder.
Era luminoso y profundo
como era hombre de buena fe.
Fuera pastor de mil leones
y de corderos a la vez.
Conduciría tempestades
o traería un panal de miel.
Las maravillas de la vida
y del amor y del placer,
contaba en versos profundos
cuyo secreto era de él.
Montado en un raro Pegaso,
un día al imposible fue.
Ruego por Antonio a mis dioses,
ellos le salven siempre. Amén.

(*«Oración por Antonio Machado»*)

En julio de aquel año llegó a París otro hermano Machado, Joaquín, procedente de Guatemala. Allí había ido hacía algunos años en busca de mejor fortuna y ahora regresaba bastante enfermo. A primeros de agosto, Antonio y Joaquín regresan a Madrid. A él le dedica el poema «*El viajero*» que incluirá ese mismo año en sus *Soledades*. Por entonces vive con su madre, doña Ana, en la calle Fuencarral 148, junto con los otros dos hermanos, Joaquín y José.

Está en la sala familiar, sombría,
y entre nosotros, el querido hermano
que en el sueño infantil de un claro día
vimos partir hacia un país lejano.
....
¿Lamentará la juventud perdida?
Lejos quedó –la pobre loba– muerta.

¿La blanca juventud nunca vivida
teme, que ha de cantar ante su puerta?
....
Y este dolor que añora o desconfía
el temblor de una lágrima reprime,
y un resto de viril hipocresía
en el semblante pálido se imprime.

En Madrid, Antonio encuentra una buena noticia. La revista *Electra* había dejado de publicarse con el noveno número, pero ahora aparecía *La Revista Ibérica,* donde ya publican Pérez de Ayala, Unamuno, Benavente, Villaespesa, Juan Ramón Jiménez... En ella colaborará Antonio nada más regresar de París. Conoce a Juan Ramón personalmente, al que también le unirá una profunda amistad. El poeta de Moguer sentía especial predilección por los escritos de Antonio, a pesar de las notables diferencias entre uno y otro. Juntos paseaban por Madrid y discutían sobre lo divino y lo humano. Juan Ramón Jiménez en un artículo titulado «*Antonio Machado*» describe así a nuestro poeta:

«Era corpulento, un corpachón naturalmente terroso..., y vestía su tamaño con unos ropones negros, ocres y pardos. Chaqué nuevo quizá, comprado de prisa por los toledos, pantalón perdido y abrigo de dos fríos, deshecho todo..., y se cubría con chapeo de alas desflecadas y caídas».

Villaespesa, los Machado y Juan Ramón formaban por aquel entonces un cuarteto muy compenetrado. «Nosotros cuatro –diría Juan Ramón– nos considerábamos los cuatro». A fines de ese año, Antonio entrega a la imprenta, para su publicación, el libro *Soledades* en cuyos poemas tanto había trabajado. En diciembre, Manuel le envió a Jiménez –que había regresado a Moguer– los versos de su hermano: «El lunes o el martes le enviaré los versos de Antonio, *Soledades,* que son hermosísimos, aunque esté mal el decirlo. Escribimos algo sobre ellos para ayudar al buen público a saborear».

El libro aparece a finales de 1902, pero con pie de imprenta de 1903. Su autor no está entonces en Madrid; había acudido con Valle Inclán a

Granada, ciudad donde se estrenaba *Andrea Doria.* El éxito del libro fue grandioso, rápidamente circula de mano en mano por los cenáculos literarios. Desde las páginas de *El País,* Juan Ramón lo elogió con entusiasmo: «Un libro como este de Antonio Machado necesitaba encontrar un ambiente algo más fragante y más puro que este sucio ambiente español, infectado por las rimas de caminos, canales y puertos de los señores premiados en el concurso de *El Liberal.* En las actuales circunstancias tendrá que contentarse con el cariño de unos cuantos corazones. La verdad es que tampoco necesita de más... Tranquilos, dichosos en nuestro retiro, en nuestra soledad de alma, abramos este libro de soledades, libro de abril, amargo y azul, lleno de ráfagas y de ascensiones, de música de fuentes y de aroma de lirios. Y que nuestra alma se aleje hacia poniente, acariciada por esta lira que tiene la melancolía vieja y castellana de las coplas de don Jorge Manrique y el bello ritmo, rico y diamantino de los romances de Góngora».

Soledades era la síntesis poetizada de una honda y personal reflexión, algo nuevo entre las rimas modernistas y sonoras, aunque las huellas de Darío estuvieran presentes. Machado, al hacer latir su alma, estaba haciendo latir el alma del ser humano:

> Y no es verdad, dolor, yo te conozco,
> tú eres nostalgia de la vida buena y
> soledad de corazón sombrío,
> de barco sin naufragio y sin estrella.
>
> (Poema LXXVII)

Esa sentimentalidad universal, así como el tratamiento poético de lo sencillo acercan a nuestro poeta a don Miguel de Unamuno y le diferencian notablemente de Rubén Darío o de Juan Ramón, si exceptuamos su *Platero y yo.* Dice Machado: «Lo anecdótico, lo documental humano, no es poético por sí mismo. Tal era exactamente mi parecer de hace veinte años. En mi composición *«Los cantos de los niños»,* escrita en el año 98, se proclama el derecho de la lírica a «contar» la pura emoción, borrando la totalidad de la historia humana. El libro *Soledades* fue el primer libro español del cual estaba íntegramente proscrito lo anecdótico».

Cuando salió *Soledades,* Antonio remitió un ejemplar a don Miguel de Unamuno con la siguiente dedicatoria: «A don Miguel de Unamuno, al sabio y al poeta. Devotamente. Antonio Machado».

Unamuno le agradeció personalmente el envío del libro visitando al poeta en su casa de la calle Fuencarral. En la revista *Helios,* donde también colaboraba Machado, don Miguel escribió refiriéndose a Antonio: «Huye, sobre todo, del "arte de arte", del arte de los artistas, hecho por ellos para ellos solo...». ¡Qué cerca estaba Antonio Machado de estas palabras del rector de Salamanca!

Al sabio don Miguel dedica un poema con el título *Luz,* precedido de las siguientes palabras: «A don Miguel de Unamuno, en prueba de mi admiración y de mi gratitud»:

> ¿Será tu corazón un arpa al viento,
> que tañe el viento?... Sopla el odio y suena
> tu corazón; sopla tu corazón y vibra...
>
> (Poema CXC III)

Unamuno y él compartían la preocupación por España. Más tarde, Machado seguiría caminando hacia el futuro mientras los ojos de don Miguel se volvían devotamente hacia el pasado. En 1905, Antonio escribe *«Divagaciones»*, un artículo dedicado al último libro de don Miguel, donde nuestro poeta lanza un vigoroso canto a la esperanza, surgido precisamente de la mediocridad que invade España:

«...En su hermoso libro *Vida de Don Quijote y Sancho* enaltece Unamuno la locura, el ímpetu generoso. Sóbrale razón. ¿Necesita maestros de cordura esta tierra de vividores, de fríos y discretos bellacones? Locos necesitamos, que siembren para no cosechar. Cuerdos que talen el árbol para alcanzar el fruto abundan por desdicha. ¿Dónde están los lunáticos, los idealistas, los renunciadores, los ascetas, los románticos, que apenas se ven por ninguna parte? ¿Qué fantasmas son esos? En estas luchas de parásitos, que es la vida española, ¿quién ha visto a caballeros de la muerte? Tierra es esta de vividores. Venga, en último caso, quien enseñe y ayude a bien morir.

»Mas no es esta la misión de Unamuno, que sus bellos sermones no son voces de apocalipsis, sino palabras vivificadoras, como él dice, que exhortan a una interna renovación. Y fuerza es confesar que algo, aunque poco, se adelanta. Existe hoy más trajín espiritual, y buen deseo de saber, de enseñar, de trabajar, que en la época anterior a nuestros desastres definitivos. Injusticia sería negar la labor que realiza la juventud: todos, aunque por diversos caminos, vamos en busca de mejor vida. Los gestos de protesta, de rebeldía, de iconoclasticismo, de injusticia, si queréis, que tanto asustan y escandalizan a unos cuantos pobres de espíritu, ¿qué son en el fondo sino ese noble deseo de renovación?».

Ese deseo de renovación se iría perfilando con la vida, alcanzando concreciones distintas a las de Unamuno. Pero el afán unamuniano por ponerlo todo en tela de juicio, por atreverse a dudar y a ser valiente con la duda es ya ampliamente compartido por Antonio. Así, Machado señala en una carta dirigida a don Miguel: «No quiero que se me acuse de falta de sinceridad, porque eso sería calumniarme. Soy algo escéptico y me contradigo con frecuencia. ¿Por qué hemos de callarnos nuestras dudas y vacilaciones? ¿Por qué hemos de aparentar más fe en nuestro pensamiento, o en el ajeno, de la que en realidad tenemos? ¿Por qué nos las hemos de dar de hombres convencidos antes de estarlo?». Por entonces dedica otro poema a don Miguel por su libro *Vida de Don Quijote y Sancho:*

> Este donquijotesco
> don Miguel de Unamuno, fuerte vasco,
> ....
> A un pueblo de arrieros,
> lechuzos y tahúres y logreros

dicta lecciones de Caballería.

(Poema CLI)

A la vez, mantiene los lazos con Juan Ramón, mientras sigue su colaboración en revistas literarias y continúa escribiendo nuevos versos que añadirá a *Soledades* bajo el título *Soledades, galerías y otros poemas.* Juan Ramón le envió los poemas que aparecerán en su libro *Arias tristes* y, a su vez, Antonio le envió los suyos a Moguer. Discuten y polemizan por carta:

"Queridísimo Juan Ramón: He recibido su libro admirable, que leo y releo para empaparme de él y poder escribir algo a mi gusto. Estoy dispuesto a que esa obra se critique y a enterar a las gentes de muchas cosas que no saben. Lo que haga quisiera publicarlo en *Helios* o en cualquier otra revista donde hubiera espacio. Preferiría que fuera en *Helios.* ¿Y por qué no? ¿Acaso no es ahí donde elaboramos el arte de mañana? ¿No es esa la única revista que mantiene la juventud y el amor de la belleza?...

"Yo trabajo también. Creo en mí, creo en V., creo en mi hermano, creo en cuantos hemos vuelto la espalda al éxito, a la vanidad, a la pedantería, en cuantos trabajamos con nuestro corazón. Pero pienso, queridísimo amigo, que es necesario afrontar una gran lucha contra la ignoble chusma nutrida de la bazofia ambiente. Pero hay que luchar sabiendo que los fuertes somos nosotros, no esa pobre canalla que escribe en términos minúsculos contrahechos".

Para aquellos hombres, que combatían a su modo contra la "bazofia ambiente", el hecho de que le fuera concedido el Premio Nobel a Echegaray hace saltar más aún sus resortes. En 1905 se publica un manifiesto donde los "nuevos" afirman rotundamente que sus "ideales artísticos son otros y nuestras admiraciones muy distintas". Entre otros, firman el documento Unamuno, Darío –por entonces representante diplomático de su país en Madrid–, Maeztu, Melchor Almagro, Grandmontagne, Antonio de Zayas, Valle Inclán, Gómez Carrillo, Villaespesa y, naturalmente, los dos Machado.

Antonio ya es un poeta consagrado, aunque ello no le sirve para resolver sus necesidades económicas. Las colaboraciones en *Renacimiento,*

Blanco y Negro y *La República de las Letras* no le reportan lo mínimo para vivir dignamente. La España contra la que arremetía no le facilitaba las cosas, hasta el punto de que intenta encontrar un empleo en el Banco de España, sin lograrlo. Es el año 1906. Decide hacer uso de lo único que puede servirle para sostenerse económicamente: su conocimiento del idioma francés; y se presenta ante el Tribunal de Oposiciones de Francés para institutos de segunda enseñanza. Consigue la cátedra, a pesar del extraño dejo andaluz de su francés, en la primavera de 1907. Pocos días después aparece su segundo libro *Soledades, galerías y otros poemas*. Escoge su destino de profesor de francés: Soria.

CAPÍTULO CUARTO

¡Oh, sí! Conmigo vais, campos de Soria

A Soria llega en la primavera de 1907, pero dado lo avanzado del curso regresa a Madrid, donde pasa todo el verano. En septiembre está de nuevo en la ciudad castellana, donde ejercerá como «catedrático numerario» de Lengua Francesa del Instituto General y Técnico. Poco podía suponer, para alguien como Antonio, el alejamiento de Madrid. En Soria, se consagrará definitivamente como poeta de nuestro tiempo.

«Con su plena luna amoratada sobre la plomiza sierra de Santana, en una tarde de septiembre de 1907, se alza en mi recuerdo la pequeña y alta Soria. "Soria pura", dice su blasón. Y ¡qué bien le va este adjetivo! Toledo es, ciertamente, imperial, un gran expoliario de imperios; Ávila, la del perfecto muro torreado, es, en verdad, mística y guerrera, o acaso mejor, como dice el pueblo, ciudad de cantos y de santos; Burgos conserva todavía la gracia juvenil de Rodrigo y la varonía de su guante mallado, su ceño hacia León, y su sonrisa hacia la aventura de Valencia; Segovia, con sus arcos de piedra, guarda las vértebras de Roma. Soria... Sobre un paisaje mineral, planetario, telúrico, Soria, la del viento redondo" con nieve menuda, que siempre nos da en la cara, junto al Duero adolescente, casi niño, es pura y nada más».

Se hospeda primero en una pensión de la calle Collado, propiedad de Isidoro Martínez Ruiz, pero en diciembre tiene que trasladarse a otra casa porque Martínez Ruiz marcha a San Pedro Manrique. Esta se encuentra en la calle de los Estudios y pertenece a una cuñada del anterior patrón, doña Isabel Cuevas.

Asiste puntualmente a dar sus clases y procura escaparse de los habituales dimes y diretes provincianos para practicar sus aficiones de toda la vida: leer y pasear. La pequeña ciudad de Soria, ahogada entre lomas grises, repleta de piedras románicas, le impresionará. En una entrevista publicada en *La Voz de España* en 1938, diría: «Soy hombre extraordinariamente sensible al lugar en que vivo. La geografía, las tradiciones, las costumbres de las poblaciones por donde paso me impresionan profundamente y dejan huella en mi espíritu. Allá, en 1907, fui destinado como catedrático a Soria. Soria es lugar rico en tradiciones poéticas. Allí nace el Duero, que tanto papel juega en nuestra historia. Allí, entre San Esteban de Gormaz y Medinaceli, se produjo el monumento literario del Poema del Cid».

Vivirá en Soria cinco años solamente, pero su huella permanecerá imborrable en el alma de nuestro poeta. No se escapa del ambiente de la ciudad, a él no le interesan los árboles porque son bellos o las pequeñas iglesias románicas por su grandiosa sencillez. Camina de un lado para otro buscando al hombre. Pasa por los cafés, por el Casino, por la Plaza Mayor: los tipos humanos vivos son fuente inagotable para el poeta. A la par, nada más llegar, comienza a colaborar en la prensa soriana –y lo seguirá haciendo mucho tiempo después de dejar la ciudad– y continúa enviando algunos trabajos a las revistas literarias de Madrid.

En la entrevista anteriormente mencionada, relata don Antonio: «Por si ello fuera poco, guardo de allí el recuerdo de mi breve matrimonio con una mujer a la que adoré con pasión y que la muerte me arrebató al poco tiempo. Y "viví" y "sentí" aquel ambiente con toda intensidad».

Ella era Leonor Izquierdo Cuevas, sobrina de los dueños de la pensión donde se hospedaba. Cuando Machado la conoce iba a cumplir quince años y se enamora de ella con verdadera pasión. Era menuda y trigueña y de profundos ojos negros. Antonio escucha su voz por la casa, mientras ríe y juega con otros adolescentes. Durante algún tiempo no se decide, ¿timidez? ¿miedo al rechazo? ¿temor por la diferencia de edad?:

....

¡Y la niña que yo quiero,

ay, preferirá casarse
con un mocito barbero!

(Poema CX)

Antonio descubre el amor con mayúsculas. Ya no se trata de admiraciones o ensueños, ahora siente que una nueva dimensión despierta en él, es algo nuevo e inexplorado que se hará más dolorosamente profundo con la temprana muerte de Leonor. Mientras se decide a expresar sus sentimientos, Antonio la sigue con la vista a todas partes. Corre el año 1908 y prosigue, infatigable, descubriendo Soria y sus campos y, a través de ellos, Castilla y sus hombres, sus tierras, sus pensares. Escribe intensamente. Ahora mira menos hacia sí mismo para intentar abrazar con fuerza el mundo que le rodea. En un escrito de 1917 titulado *«Problemas de la lírica»*, Machado expresa con nitidez su sentir frente a lo exterior:

«El sentimiento no es una creación del sujeto individual, una elaboración cordial del Yo con materiales del mundo externo. Hay siempre en él una colaboración del Tú, es decir, de otros sujetos. No se puede llegar a esta simple fórmula: mi corazón enfrente del paisaje, produce el sentimiento. Una vez producido, por medio del lenguaje lo comunico a mi prójimo. Mi corazón, enfrente del paisaje, apenas sería capaz de sentir el terror cósmico, porque aún este sentimiento elemental necesita, para producirse, la congoja de otros corazones enteleridos en medio de la naturaleza no comprendida. Mi sentimiento ante el mundo exterior, que aquí llamo paisaje, no surge sin una atmósfera cordial. Mi sentimiento no es, en suma, exclusivamente mío, sino más bien NUESTRO. Sin salir de mí mismo, noto que en mi sentir vibran otros sentires y que mi corazón canta siempre en coro, aunque su voz sea para mí la voz mejor timbrada. Que lo sea también para los demás, este es el problema de la expresión lírica».

Cuando Antonio Machado escribe en estos años sabe ya con claridad que es a todos nosotros a quienes quiere trasmitirnos su sentir. Solo, asciende por los montes de Soria, identificándose plenamente con la tierra castellana, buscando en cada rincón la razón de una España triste, pero con futuro. Así nacería su magistral obra *Campos de Castilla:*

Mediaba el mes de julio. Era un hermoso día.
Yo, solo, por las quiebras de pedregal subía,
buscando los recodos de sombra, lentamente.
....
Yo divisaba, lejos, un monte alto y agudo,
y una redonda loma cual recamado escudo,
y cárdenos alcores sobre la parda tierra
–harapos esparcidos de un viejo arnés de guerra–,
las serrezuelas calvas por donde tuerce el Duero
para formar la corva ballesta de un arquero
en torno a Soria. –Soria es una barbacana,
hacia Aragón, que tiene la torre castellana–.
....
Castilla miserable, ayer dominadora,
envuelta en sus andrajos, desprecia cuanto ignora.

(Poema XCVIII)

No es el paisaje castellano lo que Machado pretende trasmitir, es algo que va más allá, hacia un modo de vida decrépito que tiene el espejo en sus yermas colinas, en sus páramos solitarios, en el vuelo de un halcón o en el pardo traje de sus campesinos. Es, en definitiva, la angustia de una tierra enmudecida y pobre:

El numen de estos campos es sanguinario y fiero:
al declinar la tarde, sobre el remoto alcor,
veréis agigantarse la forma de un arquero,
la forma de un inmenso centauro flechador.
Veréis llanuras bélicas y páramos de asceta

–no fue por estos campos el bíblico jardín–:
son tierras para el águila, un trozo de planeta
por donde cruza errante la sombra de Caín.

(Poema XCIX)

Mientras escribe y pasea, Antonio tiene el alma puesta en Leonor. Por fin, se lo dice y ella, feliz, dice que sí. Corre el año 1909 cuando su compromiso se formaliza y deciden fijar la fecha de la boda para el 30 de julio de ese mismo año. Antonio y Leonor se casan en la iglesia de Santa María la Mayor de Soria. La ceremonia fue sencilla, aunque quizás menos de lo que deseara Machado, a quien ese día acompañaban madre y hermanos venidos de Madrid. Al día siguiente, el periódico *Tierra soriana* publicó, en su sección de «*Noticias*», la siguiente nota:

«Ayer se celebró en la iglesia de la Mayor de esta ciudad el matrimonio del inspirado poeta y catedrático de francés don Antonio Machado, con la señorita Leonor Izquierdo Cuevas.

»A la ceremonia nupcial asistieron el claustro de profesores del Instituto General y Técnico y buen número de amigos y familiares de los contrayentes.

»Los invitados fueron espléndidamente obsequiados en casa de los padres de la novia.

»Fue padrino el conocido cirujano-dentista de esta capital, nuestro querido amigo don Gregorio Cuevas Acebes, tío de la novia».

Los recién casados emprenden viaje por tren hacia Barcelona. Esta vez Antonio no viaja solo:

¡Y alegría de
un viajar en compañía!

(Poema CXXVII)

Al llegar a Zaragoza las comunicaciones están cortadas; se dice que hay revolución en Barcelona. La *Semana trágica* ha estallado debido a la decisión del gobierno de Maura de movilizar a los reservistas para la guerra con Marruecos. La protesta es general en toda España, pero en Barcelona adquiere el carácter de una huelga general con tintes insurreccionales. La represión no se dejó esperar y el levantamiento fue duramente aplastado por las fuerzas gubernamentales.

Pero Antonio está demasiado feliz como para darse cuenta de lo que sucede. Así que ambos deciden variar sus planes y marchar hacia Fuenterrabía y allí, junto al verde oleaje del Cantábrico pasan solos casi todo el verano. A finales de verano parten hacia Madrid, para pasar unos días con la familia de Antonio. El tren se va acercando a Madrid por la sierra de Guadarrama:

> ¿Eres tú, Guadarrama, viejo amigo,
> la sierra gris y blanca,
> la sierra de mis tardes madrileñas
> que yo veía en el azul pintada?
>
> (Poema CIV)

Regresan a Soria en otoño, a su casa de balcones en la plaza de los Teatinos. Trabaja en sus poemas para *Campos de Castilla* y colabora en *Tierra soriana* y *La Lectura.* En *La Lectura* aparecen muchos de los poemas que luego contendrá su futuro libro. Antonio está seguro de que la felicidad es eso que siente entonces; se encuentra profundamente unido a Leonor y más que nunca hasta entonces nota que su corazón y su cerebro dirigen juntos a su pluma.

La ciudad en otoño tiene una luminosidad rojiza y transparente y el limpio Duero corre frío y alegre entre San Saturio y la colina del viejo castillo. El paseo entre San Polo, hermosa ruina románica de una fortaleza templaria, y San Saturio, cueva donde se retiró a vivir un noble godo sobre la cual construyó un pequeño santuario en honor del santo anacoreta, es de una belleza excepcional. Por él baja el Duero hacia Castilla y Antonio lo recorre una y otra vez, en muchas ocasiones con su Leonor:

He vuelto a ver los álamos dorados,
álamos del camino en la ribera
del Duero, entre San Polo y San Saturio.
....
Estos chopos del río, que acompañan
con el sonido de sus hojas secas
el son del agua, cuando el viento sopla,
tienen en sus cortezas
grabadas iniciales que son nombres
de enamorados, cifras que son fechas.
¡Álamos del amor que ayer tuvisteis
de ruiseñores vuestras ramas llenas;
álamos que seréis mañana liras
del viento perfumado en primavera;
álamos del amor cerca del agua
que corre y pasa y sueña,
álamos de las márgenes del Duero,
conmigo vais, mi corazón os lleva!

(*Campos de Soria* VIII)

Sigue fiel a sus convicciones y observa atentamente los hombres de aquellas tierras, los hombres de la España «que bosteza», a quienes puede verse apoltronados en los casinos, deambulantes por las calles, muchas veces ociosos y con la cabeza hueca... Refleja ese presente lastimoso para él con la confianza de que acabará algún día. Ahora es:

Este hombre del casino provinciano
que vio a Carancha recibir un día,
tiene mustia la tez, el pelo cano,
ojos velados por melancolía;
bajo el bigote gris, labios de hastío,
y una triste expresión, que no es tristeza,

sino algo más y menos: el vacío del mundo
en la oquedad de su cabeza.

....

Bosteza de política banales
dicterios al gobierno reaccionario,
y augura que vendrán los liberales,
cual torna la cigüeña al campanario.

....

Este hombre no es de ayer ni es de mañana.
sino de nunca; de la cepa hispana no
es el fruto maduro ni podrido,
es una fruta vana
de aquella España que pasó y no ha sido,
esa que hoy tiene la cabeza cana.

(Poema CXXXII)

Es de este modo como el poeta entiende el paisaje. «En estas viejas ciudades de Castilla, abrumadas por la tradición, con una catedral gótica y veinte iglesias románicas, donde apenas encontráis un rincón sin leyenda ni una casa sin escudo, lo bello es siempre y no obstante –¡oh, poetas, hermanos míos!– lo vivo actual, lo que no está escrito, ni ha de escribirse nunca...». Pero él lo escribió y fue capaz de fundir así toda su poesía en el tiempo, en un tiempo concreto y a la vez abstracto y atemporal. Más tarde, nuestro poeta pondría en boca de Juan de Mairena: «La poesía es el diálogo del hombre, de un hombre con su tiempo. Eso es lo que el poeta pretende eternizar, sacándolo fuera del tiempo, labor difícil y que requiere mucho tiempo, casi todo el tiempo de que el poeta dispone».

Antonio continúa sus excursiones por tierras sorianas, tratando de aprender de las gentes de sus pueblos: labradores, mesoneros, viejecillas arrugadas, hombres adustos y mujeres escondidas. Sin haber presumido nunca de «poeta popular», llega a serlo porque camina siempre pensando que tiene mucho que aprender del pueblo, aunque demuestre a veces sus tradiciones o critique determinadas costumbres. Juan de Mairena reproduce fielmente el pensamiento del poeta:

«Escribir para el pueblo –decía mi maestro– ¡qué más quisiera yo! Deseoso de escribir para el pueblo, aprendí de él cuanto pude, mucho menos, claro está, de lo que él sabe. Escribir para el pueblo es escribir para el hombre de nuestra raza, de nuestra tierra, de nuestra habla, tres cosas inagotables que no acabamos nunca de conocer. Escribir para el pueblo es llamarse Cervantes, en España; Shakespeare, en Inglaterra; Tolstoy, en Rusia. Es el milagro de los genios de la palabra. Por eso yo no he pasado de folclorista, aprendiz, a mi modo, de saber popular. Siempre que advirtáis un tono seguro en mis palabras, pensad que os estoy enseñando algo que creo haber aprendido del pueblo».

En octubre de 1910 marcha hacia las fuentes del Duero, en Urbión. Es un hermoso viaje desde Soria pasando por Cidones y el maravilloso pueblecito de Vinuesa. Los frondosos y elevados pinares sorianos se alternan con riachuelos saltarines y lagunas sosegadas y aún hoy corren leyendas fabulosas como la que inspiró a Machado su obra *La tierra de Alvargonzález.* Los vecinos de los pueblos cercanos a la impresionante y profunda Laguna Negra cuentan con naturalidad relatos de hombres solitarios, habitantes de las oscuras cuevas que existen en lo alto del Urbión, que comían carne cruda de grandes toros bravos que por allí había. El paisaje impresiona de tal modo que Machado no debió de encontrar demasiadas dificultades para penetrar en él y en las lejanas leyendas que circulan con temor de boca en boca.

«Una mañana de los primeros días de octubre decidí visitar la fuente del Duero y tomé en Soria el coche de Burgos que había de llevarme hasta Cidones. Me acomodé en la delantera, cerca del mayoral y entre dos viajeros: un indiano que tornaba de Méjico a su aldea natal, escondida en tierra de pinares, y un viejo campesino que venía de Barcelona, donde embarcara a dos de sus hijos para el Plata. No cruzaréis la alta estepa de Castilla sin encontrar gentes que os hablen de Ultramar... El indiano solo me hablaba de Veracruz, mas yo escuchaba al campesino que discutía con el mayoral sobre un crimen reciente... En las pequeñas ciudades las gentes se apasionan del juego y de la política como en las grandes del arte y de la pornografía –ocios de mercaderes–, pero en los campos solo interesan las labores que reclaman la tierra y los crímenes de los hombres.

»—¿Va usted muy lejos? –pregunté al campesino.

»—A Covaleda, señor –me respondió–. ¿Y usted?

»—El mismo camino llevo, porque pienso subir a Urbión y tomaré el valle del Duero...

»—Mal tiempo para subir al Urbión. Dios le libre de una tormenta por aquella sierra.

»Llegados a Cidones, nos apeamos el campesino y yo, despidiéndonos del indiano, que continuaba su viaje en la diligencia hasta San Leonardo, y emprendimos en sendas caballerías el camino a Vinuesa.

»Siempre que trato con hombres del campo pienso en lo mucho que ellos saben y nosotros ignoramos, y en lo poco que a ellos importa conocer cuanto nosotros sabemos».[1]

La venta de Cidones está en la carretera
que va de Soria a Burgos. Leonarda, la ventera,
que llaman la Ruipérez, es una viejecita
que aviva el fuego donde borbolla la marmita.

(Poema CXVII)

En aquel camino hacia Vinuesa, el Duero, casi niño, está atravesado por numerosos puentes de madera. Al cruzar uno de ellos, pasada una aldea que llaman la Muedra, el campesino explicó a nuestro poeta que las tierras que se extendían por un sendero a la derecha eran las tierras malditas de Alvargonzález, antiguamente las mejores de la comarca y enton-

[1] Antonio Machado, *La tierra de Alvargonzález.*

ces yermas porque los hijos del labrador se enzarzaron para matar al padre. Aún hoy se escucha su voz entre las temibles rocas de la Laguna Negra, adonde arrojaron el cadáver y a cuyo fondo fueron ellos a parar. Las hayas y los pinos de la sierra dejan sentir la sangre de Caín, pues «mucha sangre de Caín tiene la gente labradora».

A Machado le impresionó la leyenda, que recogió primero en prosa y posteriormente en verso. El cuento-leyenda en prosa apareció por primera vez en la revista *Mundial* de París en enero de 1912. El extenso poema del mismo título se lo dedicó Machado a su amigo Juan Ramón Jiménez. Por entonces, Antonio recibió desde Moguer un hermoso saludo del poeta:

¡Amistad verdadera, claro espejo
en donde la ilusión se mira!
...Parecen esas nubes
más bellas, más tranquilas.
¡Siento esta tarde, Antonio,
tu corazón entre la brisa!
....
Antonio, ¿sientes esta tarde ardiente
mi corazón entre la brisa?

(*«A Antonio Machado»*)

Antonio ya ha terminado *Campos de Castilla* y se lo entrega a Gregorio Martínez Sierra para su publicación en la editora *Renacimiento*. Tardaría más de un año en salir y Machado recibió entonces la cantidad de trescientas pesetas por derechos de autor. Su vida transcurre calmosamente con Leonor, a quien ha hablado muchas veces de París. Antonio deseaba ir con ella algún día; ese año solicitó una beca a la Junta de Ampliación de Estudios para ampliar estudios de filología francesa en París. Le es concedida en diciembre y en enero de 1911, Leonor y Antonio marchan entusiasmados a la Ciudad de la Luz.

Por aquel entonces, Manuel escribe a Juan Ramón:

«Mi hermano Antonio vive por todo este año en París, pensionado del Estado, como catedrático de francés que es en el Instituto de Soria. Lo acompaña su mujer, de quien está contentísimo y enamorado. Casó hace dos años. Trabaja siempre mucho y publica muy poco. ¡Qué divino poeta! El mejor de todos, ¿verdad? Su próximo libro, *Tierras de Castilla,* maravilloso».

Manuel está en Sevilla donde ha contraído matrimonio con su prima, Eulalia Cáceres. Hace tiempo que los dos hermanos no se ven, pero continúan fieles a su amistad y cariño mutuos, escribiéndose con frecuencia.

Antonio y Leonor han llegado a París. Se instalan en un pequeño hotel de la *rue* Perronet y desde allí recorren día tras día el invierno parisino.

CAPÍTULO QUINTO

SEÑOR, YA ME ARRANCASTE LO QUE YO MÁS QUERÍA

Antonio redescubre la ciudad junto a Leonor. Su mujer se queda extasiada ante el enjambre inmenso de París. Visitan los museos, dan grandes paseos, se apasionan con la plaza de los Vosgos y la pequeña placita de Furstenberg. Pérez Ferrero hace referencia a que Machado caminaba entonces con cierta lentitud, por lo que solía llevar bastón. Al ir a entrar a los Inválidos, el portero le detuvo ya que estaba prohibido pasar con bastón. Luego, al verle andar con tanta dificultad, se acercó a él y pidiéndole excusas, se lo devolvió. «Entonces era la época en que Antonio no se cansaba jamás de caminar, por mucho que anduviese».

Machado se siente cada vez más atraído por la filosofía. En La Sorbona asiste a los cursillos de Bedier y Bergson, en el Colegio de Francia. En particular se interesa por Bergson, cuya cátedra estaba siempre llena de atentos oyentes. Más tarde, le recordará con cierta sorna en un largo poema titulado «*Meditaciones rurales*»:

....
Enrique Bergson: *Los datos*
inmediatos
de la conciencia. ¿Esto es
otro embeleco francés?
Este Bergson es un tuno;
¿verdad, maestro Unamuno?

(Poema CXXVIII)

Mientras tanto, trabaja en la leyenda de Alvargonzález. Será en París donde se publique por primera vez en prosa y donde termine el extenso romance. Dirá más tarde en el prólogo en 1917 a *Campos de Castilla,* que ya incluirá en esa edición el poema «*La tierra de Alvargonzález*»: «Me pareció el romance la suprema expresión de la poesía y quise escribir un nuevo Romancero. A este propósito responde *"La tierra de Alvargonzález"*. Muy lejos estaba yo de pretender resucitar el género en su sentido tradicional. La confección de nuevos romances viejos –caballerescos o moriscos– no fue nunca de mi agrado, y toda simulación de arcaísmo me parece ridícula. Cierto que yo aprendí a leer en el *Romancero general* que compiló mi buen tío don Agustín Durán; pero mis romances no emanan de las heroicas gestas, sino del pueblo que las compuso y de la tierra donde se cantaron; mis romances miran a lo elemental humano, al campo de Castilla y al libro primero de Moisés, llamado *Génesis*».

En París visitan a Rubén Darío, quien cesó en el cargo diplomático que ostentaba en Madrid, y a su compañera, Francisca Sánchez del Pozo. Con la pareja vivía también María, hermana de Francisca. Ambas acompañaban a menudo a Leonor a conocer la ciudad mientras Antonio trabajaba.

El matrimonio había decidido pasar el verano en Bretaña. El 14 de julio, fiesta nacional en toda Francia, ambos salen a dar un paseo y a contemplar el gran jolgorio que reina ese día en París. Leonor se siente muy mal, un vómito de sangre acude a su garganta como síntoma de que la tuberculosis iba a poder con su cuerpo. Antonio, desesperado, busca en vano un médico: nadie está en casa el catorce de julio en París.

Hasta el día siguiente no consigue ingresarla en una clínica de la *rue* Saint-Denis. Los médicos ordenan reposo absoluto y allí permanece Antonio, angustiado, junto a su lecho. El día 17, escribe una nota a Darío por no haber ido a su casa tal como le había prometido:

«Querido y admirado maestro:

»Una enfermedad de mi mujer, que me ha tenido muy preocupado y convertido en enfermero, ha sido la causa de que no haya ido a visitarle como le prometí. Afortunadamente, hoy, más tranquilo, puedo anunciarle mi visita para dentro de unos cuantos días, a fin de semana. Le quiere y admira».

El clima húmedo de París no beneficia en nada a Leonor. En septiembre, los médicos se muestran de acuerdo con que regrese a España. Antonio se ha quedado sin dinero y, con toda franqueza, no vacila en recurrir a Darío:

«Querido amigo y admirado maestro: Le supongo al tanto de nuestras desventuras por Paca y Mariquita, que tuvieron la bondad de visitarme en este sanatorio. Leonor se encuentra algo mejorada y los médicos me ordenan que me la lleve a España, huyendo del clima de París, que juzgan para ella mortal.

»Así pues, yo he renunciado a mi pensión y me han concedido permiso para regresar a mi cátedra; pero los gastos de viaje no me los abonan hasta el próximo mes, en España.

»He aquí mi conflicto. ¿Podría usted adelantarme 250 ó 300 francos, que yo le pagaría a usted a mi llegada a Soria?

»Tengo algunos trabajos para la revista, que le remitiré si usted quiere.

»Le ruego que me conteste lo antes posible y que perdone tanta molestia a su mejor amigo».

Rubén Darío le hace llegar la cantidad solicitada y de inmediato parten los dos, Antonio y Leonor, hacia España, sin tiempo para despedirse de Darío. Al llegar a Irún, Antonio le envía una nota de disculpa. Allí permanecen unos días, se van a Madrid y el 20 de septiembre están de nuevo en Soria.

En los meses de octubre y noviembre Leonor parece encontrarse mejor, pero en diciembre vuelve a recaer. El poeta vive desesperado, ha abandonado todo: cátedra, colaboraciones, amigos... Solo está pendiente de su Leonor. Ella necesita respirar aire puro y Antonio, caminando pesadamente, empuja todos los días un carrito que conduce a Leonor hacia el Mirón. Allí alquila una casita para refugiarse cuando llueve. Cuando vuelven a su casa de la plaza de los Teatinos, Antonio permanece inmóvil junto a la joven enferma, atendiéndola amorosamente. De aquella época tristísima es el poema titulado «*A un olmo seco*»; intento desgarrado de esperanza por parte del poeta que aún confía en un milagro imposible:

Al olmo viejo, hendido por el rayo
y en su mitad podrido,
con las lluvias de abril y el sol de mayo,
algunas hojas verdes le han salido.
....
Mi corazón espera
también hacia la luz y hacia la vida,
otro milagro de la primavera.

(Poema CXV)

Pero el milagro no se producirá. Y Leonor empeora progresivamente. Nada le estimula, ni siquiera la publicación en el mes de julio de su libro *Campos de Castilla,* que tan resonante acogida iba a tener. Cuando lo recibe, entrega un ejemplar a la enferma con la siguiente dedicatoria «A mi Leonorina de mi alma». Ella hace esfuerzos por sonreír y alegrarse, pero la agonía ya ha comenzado. La madre del poeta ha llegado hasta Soria, para acompañarle en este trago amargo. El 1 de agosto, Antonio permanece junto a Leonor sosteniendo entre las suyas su frágil y blanca mano. Así dulcemente, víctima de un colapso cardiaco, muere su adorada esposa:

Una noche de verano
–estaba abierto el balcón
y la puerta de mi casa–
la muerte en mi casa entró.
Se fue acercando a su lecho
–ni siquiera me miró–,
con unos dedos muy finos,
algo muy tenue rompió.
Silenciosa y sin mirarme,

la muerte otra vez pasó
delante de mí. ¿Qué has hecho?
La muerte no respondió.
Mi niña quedó tranquila,
dolido mi corazón.
¡Ay, lo que la muerte ha roto
era un hilo entre los dos!

(Poema CXXIII)

El día 3, Antonio entierra a Leonor en su tierra soriana, sumido en una profunda desesperación:

Con los primeros lirios
y las primeras rosas de las huertas,
en una tarde azul, sube al Espino,
al alto Espino donde está su tierra.

(Poema CXXV)

Su estado de ánimo debía ser tal que, más tarde, le escribe a su amigo Juan Ramón Jiménez: «Cuando perdí a mi mujer pensé pegarme un tiro. El éxito de mi libro me salvó, y no por vanidad, ¡bien lo sabe Dios!, sino porque pensé que si había en mí una fuerza útil, no había derecho a aniquilarla. Hoy quiero trabajar humildemente, es cierto, pero con eficacia, con verdad».

Entre las brumas de la angustia, un rayo de esperanza se abre paso. A su reacción desgarradora e impregnada de tintes elegíacos...

Señor, ya me arrancaste lo que yo más quería.
Oye otra vez, Dios mío, mi corazón clamar.
Tu voluntad se hizo, Señor, contra la mía.
Señor, ya estamos solos mi corazón y el mar...

(Poema CXIX)

se enfrenta el deseo de seguir luchando, de proseguir a pesar de la soledad y el hondo dolor:

> ....
> Vive, esperanza, ¡quién sabe
> lo que se traga la tierra!
>
> (Poema CXXII)

Antonio, que por su carácter tímido no había manifestado poéticamente en vida de Leonor sus sentimientos amorosos, no teme ahora descubrir las heridas de su alma. Es como si el recuerdo de lo vivido se hiciera ahora vida misma, como si la nostalgia hiciera recuperar al ser amado. Le escribirá a su querido maestro Unamuno: «La muerte de mi mujer dejó mi espíritu desgarrado. Mi mujer era una criatura angelical segada por la muerte cruelmente. Yo tenía adoración por ella; pero sobre el amor está la piedad. Yo hubiera preferido mil veces morirme a verla morir, hubiera dado mil vidas por la suya. No creo que haya nada de extraordinario en este sentimiento mío. Algo inmortal hay en nosotros que quisiera morir con lo que muere. Tal vez por esto viniera Dios al mundo. Pensando en esto me consuelo algo. Tengo a veces esperanza. Una fe negativa es también absurda. Sin embargo el golpe fue terrible y no creo haberme repuesto. Mientras luché a su lado contra lo irremediable me sostenía la conciencia de sufrir mucho más que ella, pues ella, al fin, no pensó nunca en morirse y su enfermedad no era dolorosa. En fin, hoy vive en mí más que nunca y algunas veces creo firmemente que la he de recobrar. Paciencia y humildad».

Antonio se decide a abandonar inmediatamente el escenario de su tragedia. El recuerdo vivo de Soria puede con él y se traslada a Madrid casi con lo puesto. En los cajones de su escritorio quedan cientos de cuartillas escritas, corregidas, escritas... En la casa de la plaza de los Teatinos abandonó muebles, enseres personales, libros... Huye de los fantasmas que le atormentan y el día 8 de agosto toma el tren y se despide de la amada tierra soriana:

....

¡Adiós tierra de Soria; adiós el alto llano!

....

En la desesperanza y en la melancolía
de tu recuerdo, Soria, mi corazón se abreva.
Tierra de alma, toda, hacia la tierra mía,
por los floridos valles, mi corazón te lleva.

(Poema CXVI)

En Madrid pasa los meses de agosto, septiembre y octubre realizando gestiones para conseguir el traslado de su cátedra de francés a otra ciudad. Antonio observa ilusionado el éxito con que ha sido acogido su libro *Campos de Castilla,* cuyo ejemplar dedicado a Leonor ha traído consigo desde Soria. Unamuno, en carta dirigida a José María Palacio, lo elogia abiertamente: «Es todo un poeta Machado, y Soria le ha suscitado un fondo del alma que acaso de no haber ido aún dormiría en él».

Ortega escribe desde sus columnas de *El imparcial:* «...en este ominoso, gravitante, enorme silencio español, da el canto de unos *Campos de Castilla...* Yo encuentro en Machado un comienzo de esta novísima poesía, cuyo más fuerte representante sería Unamuno si no despreciara los sentidos tanto...».

Por fin, una Real Orden del 15 de octubre de 1912 decreta su traslado hacia la ciudad de Baeza. Hacia allí parte Antonio tomando el tren desde Madrid y ¡cómo no! en un vagón de tercera:

....

¡Y la unión
que ha roto la muerte un día!
¡Mano fría
que aprietas mi corazón!
Tren, camina, silba, humea...

(Poema CXXVII)

CAPÍTULO SEXTO

Y NUNCA MÁS LA TIERRA DE CENIZA
A PISAR VOLVERÉ, QUE EL DUERO ABRAZA

El 1 de noviembre llega Machado a Baeza, acompañado de su dolor y su tristeza. Baeza, ciudad provinciana, en la que abunda el «señorito», tipo tan desagradable para nuestro poeta, y donde las diferencias de clase resultan hirientes. Antonio escribe a Unamuno, comentándole la impresión que le produce este «poblachón moruno», como luego lo llamaría:

«Aquí no se puede hacer nada. Las gentes de esta tierra –lo digo con tristeza porque, al fin, son de mi familia– tienen el alma absolutamente impermeable.

»Tengo motivos que usted conoce para un gran amor a la tierra de Soria; pero tampoco me faltan para amar a esta Andalucía donde he nacido. Sin embargo, reconozco la superioridad espiritual de las tierras pobres del alto Duero. En lo bueno y en lo malo supera aquella gente. Esta Baeza, que llaman Salamanca andaluza, tiene un Instituto, un Seminario, una Escuela de Artes, varios colegios de segunda enseñanza, y apenas sabe leer un 30 por ciento de la población. No hay más que una librería donde se venden tarjetas postales, devocionarios y periódicos clericales y pornográficos. Es la comarca más rica de Jaén y la ciudad está llena de mendigos y de señoritos arruinados en la ruleta. La profesión de jugador de monte se considera muy honrosa. Es infinitamente más levítica y no hay un átomo de religiosidad. Se habla de política –todo el mundo es conservador– y se discute con pasión cuando la Audiencia de Jaén viene a celebrar algún juicio por jurados. Una población rural, encanallada por la Iglesia y completamente huera. Por lo demás, el hombre del campo trabaja y sufre resignado o emigra en condiciones tan lamentables que equivalen al suicidio».

Es fácil imaginarse la sensación que aquella ciudad causó a Antonio. Aún desconsolado, los campos de la «Andalucía manchega» –como se la llama– solo servían para reforzar con mayor énfasis sus recuerdos castellanos y evocar sus vivencias de Soria:

> En estos campos de la tierra mía,
> y extranjero en los campos de mi tierra
> –yo tuve patria donde corre el Duero...
>
> (Poema CXXV)

Durante los primeros meses, doña Ana, su madre, le acompaña. Se siente prisionero en aquella atmósfera de tedio y monotonía que se respira, pero no por ello se enclaustra en sí mismo. Antonio ya ha decidido que su vida de poeta tiene razón de ser en función del «tú», de los otros, y por ello se dispone a conocer, a entender a aquellas gentes, a aquellas tierras, nuevas para él. Aunque la presencia de Castilla y de Soria en particular, permanezca indeleblemente grabada en su pensamiento, se irá suavizando con el tiempo, a medida que profundice en lo que ahora le rodea. Este periodo de su vida que transcurre en Baeza, entre 1912 y 1919, será uno de los más importantes en la historia de nuestro poeta. De una parte, se entrega con pasión al estudio de la filosofía y sus escritos en prosa cobrarán mayor relevancia que en tiempos anteriores. De otra, puede decirse que don Antonio inicia una línea firmemente trazada en cuanto a su compromiso con España y lo español, con la España en la que confía y de la que espera el cambio social que cree necesario. Además, estos años le servirán para entrar en contacto con lo popular andaluz y su poesía también se verá influida por los metros cortos y rítmicos de las coplas del sur de España.

Antonio, como hiciera en Soria, acude puntualmente a sus clases y observa con detenimiento el desarrollo de la vida en Baeza:

Heme aquí ya, profesor
de lenguas vivas (ayer
maestro de gay-saber,
aprendiz de ruiseñor),
en un pueblo húmedo y frío,
destartalado y sombrío,
entre andaluz y manchego.

(Poema CXXVIII)

A menudo acude a las tertulias que se organizan en la rebotica de la farmacia de Almazán. Su dueño, don Adolfo, era farmacéutico en la ciudad y daba clases de Gramática y Gimnasia en el Instituto. Es muy posible que su personaje Juan de Mairena –profesor oficial de Gimnasia y que daba clases voluntarias y gratuitas de Retórica– fuese tomado de este don Adolfo. De hecho, fue en Baeza donde Machado dio cuerpo a esta figura literaria por la que hablaría el poeta, dando así cuenta de sus opiniones respecto a los temas más diversos.

La rebotica era una sala contigua a la farmacia donde se reunían personas «ilustres»: el abogado Fernández del Rincón, el médico Martínez Poyatos, concejales, el registrador Miguel Silvestre, el notario, profesores del Instituto, don Cristóbal Torres, el más cercano al poeta por sus ideas liberales... Esta tertulia de don Adolfo Almazán era seguida por Antonio con interés. Observa calladamente las opiniones de unos y otros y así dibuja luego con su pluma los perfiles de este trozo de España:

....

Es de noche. Se platica
al fondo de una botica.
–Yo no sé,
don José,
cómo son los liberales
tan perros, tan inmorales.
–¡Oh, tranquilícese usté!

Pasados los carnavales,
vendrán los conservadores,
buenos administradores de su casa.

(Poema CXXVIII)

La vaciedad de aquellas conversaciones, las opiniones reaccionarias y conformes de la mayoría de esos personajes están trazadas con magnífica destreza y no poca ironía:

Nada eterno:
ni gobierno
que perdure,
ni mal que cien años dure.
–Tras estos tiempos vendrán
otros tiempos y otros y otros.
Y lo mismo que nosotros
otros se jorobarán.
Así es la vida, don Juan.
—Es verdad, así es la vida.
—La cebada está crecida.
—Con estas lluvias...

(Poema CXXVIII)

Le escribe a Unamuno: «A primera vista parece esta ciudad mucho más culta que Soria, porque la gente acomodada es infinitamente discreta, amante del orden, de la moralidad administrativa y no faltan gentes leídas y coleccionistas de monedas antiguas. En el fondo no hay nada. Cuando se vive en estos páramos espirituales, no se puede escribir nada nuevo, porque necesita uno la indignación para no helarse también. Además, esto es España más que el Ateneo de Madrid».

Sí se podían escribir cosas nuevas y Antonio lo hizo. Desde Baeza pronto iniciará los paseos con detenimiento, apoyando su gran figura en su silencioso bastón. Por aquellas tierras descubre la España de «charanga y pandereta», consigue indignarse y escribir extraordinarios poemas en los que la presencia del ser humano es cada vez más frecuente. El paisaje y sus hombres se han fundido desde ese momento:

> Olivar, por cien caminos,
> tus olivitas irán
> caminando a cien molinos.
> Ya darán
> trabajo en las alquerías
> a gañanes y braceros,
> ¡oh buenas frentes sombrías
> bajo los anchos sombreros!...
>
> (Poema CXXXII)

Con frecuencia recorre el camino desde Baeza hasta Úbeda. Son nueve kilómetros a pie. Las gentes de Baeza se preguntaban para qué iría así hasta Úbeda. Caminaba casi siempre a solas, con la mirada fija en el paisaje, sustituyendo su querida encina castellana por el verdor de los olivares. Pero la nostalgia le sigue atrapando:

> Caminos de los campos...
> Ay, ya no puedo caminar con ella.
>
> (Poema CXII)

Su interés por la vida cultural y social es cada vez más vivo. Desde su rincón «moruno» permanece al corriente de lo que en Madrid se publica. La correspondencia con Juan Ramón y Unamuno es frecuente y Antonio va recuperando poco a poco su entusiasmo por las cosas. Comienza a colaborar con el periódico de Baeza y reanuda sus escritos en *La Lectura* y en el periódico de Soria, *El porvenir castellano.* Viaja a Madrid tres o cuatro veces al año, en vacaciones, Carnaval, Semana Santa... No se olvida de sus compañeros escritores y desde Baeza envía un extenso poema dedicado al maestro Azorín por su libro *Castilla,* con motivo de un homenaje que se le iba a rendir en Aranjuez:

....

¡Oh, tú, Azorín, escucha: España quiere
surgir, brotar, toda una España empieza!
¿Y ha de helarse en la España que se muere?
¿Ha de ahogarse en la España que bosteza?
Para salvar la nueva epifanía
hay que acudir, ya es hora,
con el hacha y el fuego al nuevo día.
Oye cantar los gallos de la aurora.

(CXLIII)

La esperanza es ya un hecho para nuestro poeta. Emprende ilusionado sus estudios de filosofía, decidiendo matricularse en la Universidad de Madrid. En carta a Federico de Onís le explicaría años más tarde: «Mis estudios de filosofía en Madrid han sido muy tardíos (1915-1917); cursé como alumno libre la sección de filosofía siendo ya profesor en la Universidad Central. La necesidad de un título académico fue, en verdad, el pretexto para consagrar unos cuantos años a una afición de toda mi vida».

Mientras estudia su filosofía, anota cuidadosamente en cuadernos escolares las meditaciones y reflexiones que se le vienen a la cabeza, así como decires y pequeñas sentencias. Todo ello será luego puesto en boca de Abel Martín, personaje anterior a Juan de Mairena y que Machado hará pasar por maestro de este. Bajo el epígrafe general *De un cancionero apócrifo* surge una obra escrita en prosa e intercalada de poemas, cuyo autor era Abel Martín, según dice Machado, un personaje «nacido en Sevilla en 1840, de profesión filósofo y poeta», y que murió en Madrid el año del desastre, 1898.

Machado no dará a la luz este personaje hasta 1926, pero lo irá pergeñando desde los años de Baeza. Este tipo de profesor apócrifo o filósofopoeta que se explica en cuanto a múltiples aspectos, al igual que Juan de Mairena, sirve a Machado para crear un espécimen literario verdaderamente original en nuestra literatura. De este modo, Machado tanto puede poner sus opiniones en boca de estos personajes como llevarles la contraria y, en cualquier caso, incitar a la polémica y al debate, promover la duda y rebatir lo que se supone plenamente seguro.

Sus estudios no le impiden seguir tomando contacto con la ciudad. Si no es en la tertulia de la rebotica, se le puede encontrar sentado en el casino o en el café La Perla, escribiendo algunos versos en su cuaderno de notas y fumando un cigarro tras otro. Fiel a Soria, desde Baeza remite a su amigo José María Palacio uno de los poemas más bellos que se hayan escrito nunca en lengua castellana:

Palacio, buen amigo,
¿está la primavera
vistiendo ya las ramas de los chopos
del río y los caminos?
....
Hay zarzas florecidas
entre las grises peñas,
y blancas margaritas
entre la fina hierba.
Por esos campanarios
ya habrán ido llegando las cigüeñas.
....

(Poema CXXVI)

Cuando estalla la Primera Guerra Mundial, Antonio está de vacaciones. En Madrid, la discusión es apasionada entre germanófilos y aliadófilos, categorías que –en líneas generales– corresponden a posiciones políticas de derecha y centro e izquierda respectivamente. Pablo Iglesias defendía en Las Cortes la posición de su partido, favorable a la neutralidad, pero que no ocultaba sus simpatías hacia los «aliados». Solo un pequeño sector de su partido sostenía que no se trataba de estar con unos o con otros, ya que, en definitiva, calificaban a aquella guerra como «guerra de rapiña» entre países capitalistas. Escribe Tuñón de Lara en su obra *La España del siglo XX:*

«Las simpatías populares por los Aliados, tal vez por asimilar su causa al progreso de las corrientes democráticas en España, eran sin duda fuertes, como lo probó el hecho de que, cuando los alemanes derribaron la estatua erigida a Ferrer Guardia en Bruselas, más de 10.000 personas desfilaron por la embajada de Alemania en Madrid para dejar tarjeta, en signo de protesta».

Antonio se queda asombrado al regresar a su Baeza. Vuelve agitado por los acontecimientos, pero allí nadie habla de aquello, la vida sigue como siempre y a la gente no parece preocuparle el problema de la guerra. Antonio también manifiesta su opinión a favor de los aliados. En carta a Unamuno, fechada en enero de 1915, le dice: «Yo también, en el fondo, acaso sea francófilo. Mi antipatía a Francia se ha moderado mucho con eso que usted llama estallido de barbarie de las derechas, y además fui siempre (...) por la Francia reaccionaria y, sobre todo, farsante, la Francia que, triunfadora, nos había de agobiar con la divinidad de Racine, cosa más lamentable que la guerra misma. La otra Francia es de mi familia y aun de mi casa, es la de mi padre y de mi abuelo y mi bisabuelo; que todos pasaron la frontera y amaron la Francia de la libertad y el laicismo, la Francia religiosa del "affaire" y de la separación de Roma, en nuestros días. Y esa será la que triunfe, si triunfa, de Alemania».

Antonio se alegra por el hecho de que en España se mantenga la paz, pero le preocupa esa neutralidad que, en su opinión, es tanto como desear vivir de espaldas al mundo, cerrar los ojos y no querer saber de nada. Mientras tanto, en Baeza los días transcurren para las «fuerzas vivas» del casino al café, mirando al cielo por si las lluvias, jugando a las cartas, hablando de las cosechas y de toros:

....

Desde un pueblo que ayuna y se divierte,
ora y eructa, desde un pueblo impío
que juega al mus, de espaldas a la muerte,
creo en la libertad y en la esperanza,
y en una fe que nace...

(Poema CXLIII)

Son estos años en los que quedará marcada definitivamente la trayectoria de nuestro poeta. Son los años en que comenzará a ser cada vez más frecuente el tema de las «dos Españas». Para él, la patria no es un concepto único, al igual que cuando habla de Francia en la carta a Unamuno, anteriormente citada, distingue entre la Francia reaccionaria y la Francia democrática. De este modo, Machado cristaliza perfectamente cuál sería ya para siempre su concepto de patria, que va ligado también a una aceptación de la política como una actividad no mala en sí misma, sino en función de quién, por qué y para qué se realice. En estas fechas, Antonio escribe el prólogo a un libro de poesía, *Helénicas,* cuyo autor es un hombre republicano llamado Manuel Ayuso, amigo del poeta. En él puede leerse:

«...Manuel Ayuso hace política y poesía. Ambas cosas son perfectamente compatibles. Me atreveré a decir más: ha sido casi siempre la poesía el arte que no puede convertirse en actividad única, en profesión... Manuel Ayuso no es profesional. De la política, de la filosofía, de su contacto con el pueblo, de sus luchas con los caciques, de sus viajes a través de las tierras de España, de su alma y de su vida, en suma, saca Ayuso la materia que trasforma en poesía».

La polémica en torno a la guerra continuaba exaltando los ánimos. De uno u otro modo, todos los intelectuales de la época tomaban posición ante la contienda y el debate se hacía cada vez más apasionado. Se acababa de fundar la revista *España,* dirigida por José Ortega y Gasset, en la que colaboraría Machado desde los primeros momentos. En la primavera de 1915 Italia entra en la conflagración y su tema de postura es saludada con entusiasmo por el joven «meditador» Ortega desde las páginas de *España:* «Bienaventurados los italianos, ante cuyas miradas una camisa o veste roja que se agita anuncia una esperanza ilimitada que se abre». A primeros de julio circula por todas partes un clamoroso manifiesto en favor de las naciones aliadas, firmado, entre otros, por Azcárate, Américo Castro, Azorín, Azaña, Cossío, Marañón, Menéndez Pidal, Ortega y Gasset, Pittaluga, Posada, Fernando de los Ríos, Turró, Zuloaga, Unamuno, Araquistáin, Maeztu, Martínez Sierra, Carner, Enrique de Mesa, Valle Inclán, Pérez Galdós, Pérez de Ayala, Palacio Valdés, Antonio Machado...

Es la primera ocasión en que la firma de Machado aparece comprometida públicamente en un documento política. Mientras tanto, Benavente clamaba en contra de la postura italiana y Pío Baroja mostraba su simpatía hacia los alemanes: «Si hay algún país que pueda sustituir los mitos de la religión, de la democracia, de la farsa de la caridad cristiana por la ciencia, por el orden y por la técnica es Alemania».

Antonio sigue con sumo interés «desde su rincón» el desarrollo de la contienda, preocupado por la «neutralidad» del gobierno español. Le escribe a Unamuno: «...Nuestra neutralidad hoy consiste, como me dice Manuel en carta que hoy me escribe, en no querer nada, en no entender nada. Lo verdaderamente repugnante es nuestra actitud ante el conflicto actual y épico, nuestra conciencia, nuestra mezquindad, nuestra cominería. Hemos tomado en espectáculo la guerra, como si fuese una corrida de toros, y en los tendidos se discute y se grita. Se nos arrojará un día a puntapiés de la plaza, si Dios no lo remedia. Los elementos reaccionarios, sin embargo, aprovechan la atonía y la imbecilidad ambiente para cometer a su sombra indignidades como la de que usted fue víctima (se refiere a su destitución como rector de la Universidad de Salamanca). Si no se enciende dentro la guerra, perdidos estamos. La juventud que hoy quiere intervenir en la política debe, a mi entender, hablar al pueblo y proclamar el derecho del pueblo a la conciencia y el pan, promover la revolución, no desde arriba ni desde abajo, sino desde todas partes».

Por aquellos años, Antonio seguramente ignoraba que la guerra entre naciones era la guerra de los diferentes capitales por la conquista de nuevos y mejores mercados, una guerra imperialista y de expansión por controlar mayor poder en el mundo. Esa no era la causa de los pueblos: ellos debían declarar «la guerra a la guerra», levantando sus armas contra quienes desataban la guerra en sus propios países: los gobiernos de signo capitalista. Y Antonio, desde otra óptica y conociendo la realidad de España, ya pensaba que, más que fuera, el verdadero problema estaba dentro, ¿había, pues, motivo para alegrarse tanto de la paz española, como proclamaba el gobierno? Remite desde Baeza a la revista *España* el poema titulado «*España, en paz*», síntesis de sus puntos de vista sobre el conflicto:

> En mi rincón moruno, mientras repiquetea
> el agua de la siembra bendita en los cristales,
> yo pienso en la lejana Europa que pelea,
> el fiero Norte, envuelto en lluvias otoñales.
>
> ....
>
> Es bárbara la guerra y torpe y regresiva;
> ¿por qué otra vez a Europa esta sangrienta racha
> que siega el alma y esta locura acometiva?
> ¿Por qué otra vez el hombre de sangre se emborracha?
>
> ....
>
> ¿Y bien? El mundo en guerra y en paz España sola.
> ¡Salud, oh buen Quijano! Por si este gesto es tuyo,
> yo te saludo. ¡Salve! Salud, paz española,
> si no eres paz cobarde, sino desdén y orgullo.
>
> ....
>
> Si eres vergüenza humana de esos rencores cabezudos
> con que se matan miles de avaros mercaderes,
> sobre la madre tierra que los parió desnudos;
>
> ....
>
> Entonces, paz de España, también yo te saludo...

(Poema CXLV)

Si bien la debilitada España no estaba en condiciones de sumarse a la guerra ni siquiera por el acicate de recuperar parte de las perdidas colonias, la verdad es que ninguno de los países beligerantes habría necesitado verdaderamente su apoyo. La consecuencia interior última que la neutralidad trajo consigo fue un considerable aumento de la especulación y del mercado negro; los beneficios se incrementaban con inusitada rapidez para los grandes capitalistas y, muy pronto, la meteórica ascensión de los precios traería como consecuencia numerosas revueltas sociales. Tuñón de Lara analiza en *La España del siglo XX* los datos referentes a la situación del Banco de España entre los años 1915 y 1919, sobre la base de las cifras oficialmente declaradas:

"Todos estos datos reclaman algunos comentarios. El primero es la simple comprobación de la gigantesca acumulación de capital que se produjo en aquellos años y que contenía en potencia el germen de profundas transformaciones de la economía española. En segundo lugar, se observa que el aumento de beneficios (tanto bajo este nombre, como el de los aumentos de capital y reserva) era infinitamente superior al aumento de precios. En tercero, la enorme progresión del control bancario sobre efectos industriales y financieros. En cuarto y último, se ve que las cuentas corrientes aumentan en mucha mayor proporción que la circulación fiduciaria, lo que prueba que, además de los beneficios de los bancos, había otros no menos pingües de numerosos capitalistas, negociantes, especuladores, etc.".

Sobre la base de los datos objetivos y el talante de Machado no es de extrañar que dijera a su querido maestro Unamuno: «Esta guerra me parece tan trágica y terrible como falta de nobleza y de belleza ideal».

Sabemos que a su sensibilidad de hombre y de poeta nada de lo que estaba sucediendo podía resultarle lejano. A su pena por esa guerra incomprensible hay que sumar el dolor que le produjo la noticia de la muerte de su maestro Giner de los Ríos, a quien dedicó un extenso artículo en un periódico de Baeza y un magnífico poema, ya comentados en páginas anteriores.

Ya había publicado por entonces Juan Ramón Jiménez su *Platero y yo*, que gustó mucho a Antonio. A Juan Ramón, por este libro, le dedica el poema titulado *«Mariposa de la sierra»*, escrito en metros cortos de estilo andaluz, versos «pobres» como los llamaría nuestro poeta, y que desde su estancia en Baeza utilizaría habitualmente:

....
¡Mariposa montés y campesina,
mariposa serrana,
nadie ha pintado tu color; tú vives
tu color y tus alas
en el aire, en el sol, sobre el romero,
tan libre, tan salada!...
Que Juan Ramón Jiménez
pulse por ti su lira franciscana.

(Poema (CXLII)

Su hermano Joaquín va a visitarle a Baeza. Con él realiza una excursión de varios días a las fuentes del Guadalquivir, igual que hiciera durante sus estancia en Soria al Duero. Aquí descubre otro paisaje de su tierra andaluza. El Guadalquivir nace en un profundo y silencioso valle, situado a mil trescientos metros sobre el nivel del mar:

¡Oh Guadalquivir!
Te vi en Cazorla nacer;
hoy, en Sanlúcar morir.
Un borbollón de agua clara,
debajo de un pino verde,
eras tú, ¡qué bien sonabas!

(*Proverbios y Cantares*)

Va hasta Cazorla, pasando por Úbeda, Torreperogil, Peal... y si del Urbión hizo poesía las leyendas, de aquí hará poesía las coplas populares, reales o supuestas, en breves poemillas que más parecen canciones alegres:

> En Alicún se cantaba:
> «Si la luna sale,
> mejor entre los olivos
> que en los espartales».
>
> («*A la manera de Juan de Mairena*»)

Junto con su hermano Joaquín y Almazán, Gómez Arenas y Cristóbal Torres toma la diligencia que les llevaría hasta Úbeda y de allí a Cazorla, iniciando la marcha a pie desde aquí hasta las alturas donde nace el Guadalquivir. Todos van en silencio, observando el paisaje que ya para Antonio tiene el desgarramiento de sus hombres pobres, de la beatería impuesta y del dolor. Repite la acritud que dejó plasmada en sus *Campos de Castilla,* pero aquí la rabia es más intensa: los ricos son más ricos y los pobres aún más pobres:

> A dos leguas de Úbeda, la Torre
> de Pero Gil, bajo este sol de fuego,
> triste burgo de España. El coche rueda
> entre grises olivos polvorientos.
> Allá, el castillo heroico.
> En la plaza, mendigos y chicuelos:
> una orgía de harapos...
> Pasamos frente al atrio del convento
> de la Misericordia.
> ¡Los blancos muros, los cipreses negros!
> Agria melancolía
> como asperón de hierro
> que raspa el corazón
> ¡Amurallada piedad erguida en este basurero!...
>
> (Poema CXXXII)

Continúa asistiendo a sus claustros de profesores y a sus clases. Le han subido el sueldo, nada menos que a 4.500 pesetas anuales. Pero no se acomoda a la vida de Baeza y hace intentos por marchar a otro lugar. Primero pensó en Salamanca, donde supo por Unamuno de la posible jubilación de un anciano profesor, pero no tuvo éxito. Luego le agradó la idea de Cuenca. Enrique Casamayor cita una carta enviada por Antonio a un profesor de francés del Instituto de esa ciudad: «Si el Instituto de Baeza fuese de su agrado y encontrase en él algún aliciente o ventaja». El intercambio de cátedras no se realizó y Machado no tiene más remedio que seguir en Baeza. En 1916 otro amigo querido deja de existir, Rubén Darío. Escribe *«A la muerte de Rubén Darío»*:

Si era toda en tu verso la armonía del mundo,
¿dónde fuiste, Darío, la armonía a buscar?
....
¿Te han herido buscando la soñada Florida,
la fuente de la eterna juventud, capitán?

(Poema CXLVIII)

Desde Baeza entrega, para su publicación, las *Poesías escogidas* y prepara nuevos poemas para *Poesías completas* y *Nuevas canciones.* Aquel año conoce a un jovencísimo poeta, al que también cantará su muerte veinte años más tarde. Se trata de García Lorca, que llegó a Baeza con un grupo de alumnos de Martín Domínguez Berrueta, profesor en Granada y amigo de Machado. Federico toca el piano divinamente y asombra a todos con una pieza de Manuel de Falla, *Danza de la vida breve.* El joven granadino, de aspecto agitanado, ya conoce algunos poemas de don Antonio y le manifiesta su admiración. Un año más tarde, cuando leyó las *Poesías completas* de nuestro poeta, escribió en el ejemplar de su libro:

Dejaría en este libro
toda mi alma.

Este libro que ha visto
conmigo los paisajes,
y vivido horas santas.
....
Dejaría en el libro
este, toda mi alma.

Cuando viene a Madrid procura no perderse las clases de Ortega y prosigue su labor como estudiante; la cercanía de los exámenes le tiene algo nervioso y preocupado. Se encierra en la casa de su madre, por entonces, en la calle del General Arrando y se enfrasca en las asignaturas. Finalmente, consigue licenciarse en Filosofía y Letras en 1916. De regreso a Baeza, le obsesiona la pugna que se establece entre su recuerdo y la realidad. Antonio desea ser fiel a su memoria, pero el tiempo y la vida fluyen: acontecimientos nuevos, gentes nuevas, otro paisaje... es como si la memoria le flaquease o se le enturbiase:

Los olivos grises,
los caminos blancos.
El sol ha sorbido
la calor del campo;
y hasta tu recuerdo
me lo va secando
este alma de polvo
de los días malos.

(«*Apuntes*»)

Marcha hacia el Puerto de Santa María para apadrinar a una sobrina. Por Andalucía la Baja vuelve a recuperar aquella luz perdida de Sevilla y los alegres caminos de Sanlúcar y Puerto Real:

....
¡Oh, enjauladitas hembras hispanas,
desde que os ponen el traje largo,

cuán agria espera, qué tedio amargo
para vosotras, entre las rejas
de las ventanas,
de estas morunas ciudades viejas,
de estas celosas urbes gitanas!

(Poema CLXXXII)

De regreso a Baeza se detiene en Sevilla. Quiere visitar la casa donde vivió su infancia, pero está cerrada y no encuentra al administrador que guarda la llave. Se contenta con mirar el patio desde la puerta enrejada. Otra vez su memoria no quiere serle fiel. Sevilla es otra ciudad, empiezan a surgir por todas partes edificios que pudieran ser de cualquier lugar:

Jardines de mi infancia
de clara luz, que ya me enturbia el tiempo

(«*Apuntes*»)

En la primavera de 1917 la tensión social amenaza con alcanzar en España su punto crítico. En mayo, la izquierda, convocada por la revista *España,* celebra un importante mitin en la plaza de toros de Madrid con la participación de Unamuno y en el que se solicita la ruptura de relaciones diplomáticas con Alemania. Pero la verdadera razón del descontento estaba en la injusta distribución de la renta y en las malas condiciones de vida que padecían las capas populares. La tensión crecía, sin duda, estimulada por las noticias que llegaban de la lejana Rusia sobre el inicio de la revolución y la caída del gobierno zarista. En agosto, la huelga era general en todo el país. Unamuno escribía en *La Publicidad* de Barcelona: «Las causas de la huelga hay que buscarlas en las profundas aspiraciones democráticas del país».

El 13 de agosto, Madrid, Barcelona, Bilbao, Oviedo, las zonas industriales de Valencia, Cataluña, Aragón y Andalucía estaban en huelga total. Tuñón de Lara refleja la situación así:

«La huelga duró, en general, hasta el sábado 18 de agosto, vencida, más que por la represión del Ejército, con ser esta durísima, por falta absoluta de dirección, la defección de los jefes políticos (republicanos y reformistas, salvo honrosas excepciones individuales), la ausencia de la lucha de los trabajadores agrícolas, prácticamente ignorados por los dirigentes del movimiento (cuya maduración revolucionaria se produjo solo unos meses después).

»El Gobierno dio la lista de 80 muertos y 150 heridos en toda España, cantidad evidentemente corta. En cuanto a los detenidos, estos pasaban de 2.000 el día 20 de agosto».

La lucha por la consecución de la amnistía iba a ser el caballo de batalla durante el periodo siguiente. Antonio participa en las manifestaciones que se producen en Madrid durante aquel otoño. Su espíritu se va acercando cada vez más al corazón de los acontecimientos y su sentimentalidad colectiva se vuelca hacia el futuro. La agitación social le sirve de acicate para conservar una confianza posible y realista. Escribe en *Los problemas de la lírica:*

«Pero amo mucho más la edad que se avecina y a los poetas que han de surgir cuando una tarea común apasione las almas. Cierto que la guerra no ha creado ideas nuevas –no pueden las ideas brotar de los puños–; pero ¿quién duda de que el árbol humano comienza a renovarse por la raíz, y de que una nueva oleada de vida camina hacia la luz, hacia la conciencia? Los defensores de una economía social definitivamente rota seguirán echando sus viejas cartas, y soñarán con toda suerte de restauraciones; les conviene ignorar que la vida no se restaura ni se compone como los productos de la industria humana, sino que se renueva o perece».

Los años de Baeza no han sido años de aislamiento. Aun en su soledad Antonio buscaba siempre la cercanía de la vida. Y en Baeza o en Madrid, nuestro poeta va enraizando con su tiempo de forma plena hasta pasar a ser un hombre comprometido del todo con los acontecimientos. Su realismo pasa de ser descriptivo a transformador. Dice por boca de Juan de Mairena: «Contra el prestigio desmesurado de lo pretérito hemos de estar en guardia y esgrimir todas las armas de nuestro escepticismo. Vivimos hacia el futuro, ante una inagotable caja de sorpresas, y el más hondo y veraz sentimiento del hombre es su inquietud ante la infinita imprevisibilidad del mañana».

Aún está en Baeza cuando por fin termina la primera gran guerra. Antonio lo celebra en un gracioso poemilla:

> ¡Qué gracia! En la Hesperia triste,
> promontorio occidental,
> en este cansino rabo
> de Europa, por desollar,
> y en una ciudad antigua,
> chiquita como un dedal,
> ¡el hombrecillo que fuma
> y piensa, y ríe al pensar:
> cayeron las altas torres;
> en un basurero están
> la corona de Guillermo,
> la testa de Nicolás!
>
> (*Proverbios y cantares*)

No oculta Antonio su alegría por la derrota del káiser Guillermo y del zar Nicolás, que parece ser el preludio de un cambio futuro. Antonio está más contento, ha solicitado el traslado de su cátedra y consigue que su futuro instituto sea Segovia, otra vez Castilla, su querida tierra castellana. Después del verano de 1919 se despide de la ciudad moruna, de su casino, de sus conocidos y de los blancos caminos, de las tediosas conversaciones en la rebotica:

> Tengo a mis amigos
> en mi soledad;
> cuando estoy con ellos
> ¡qué lejos están!
>
> (*Proverbios y cantares*)

Cuando parte de Baeza ya se han publicado sus *Poesías completas*. No solo es un poeta ampliamente conocido, sino que se ha convertido en un serio pensador. Con él parte una nueva alegría; ya no es la soledad desgarrada de cuando dejó Soria: es la agradable sensación de que aún tiene mucho que hacer y piensa hacerlo. Sonríe a la vida con cálida voluptuosidad.

CAPÍTULO SÉPTIMO

En Segovia, una tarde, de paseo

A finales de noviembre llega Antonio a Segovia. Aquí no encuentra la indiferencia de Baeza, pues casi toda la prensa local saluda la llegada del poeta, reproduciéndose algunos de sus poemas. Durante unos días se hospedó en el hotel Victoria, para pasar luego a vivir durante doce años en una modesta pensión de la calle de los Desamparados número 11, que hoy se conserva como museo. Mariano Grau, contertulio de Machado en la ciudad castellana, describe así la vivienda del poeta:

«Evoco su figura en aquella franciscana habitación, que los libros y papeles cubrían casi por entero; libros en las sillas, en la mesa, en el suelo, en la cómoda, en los rincones, hasta en la misma cama. Libros cuyas hojas, en su mayor parte, habían sido separadas con los dedos y ostentaban las barbas de la impaciencia, en flecos desiguales; libros también que el poeta no pensaba abrir nunca, llegados desde todos los lugares de España, con dedicatoria más o menos calurosas y altisonantes.

»En esta pequeña habitación, sentado frente a una mesa camilla pequeña, Machado trabajaba fumando incansable y cubriéndose con la ceniza de los cigarros, en tanto que un menguado braserillo se arrecía olvidado bajo las faldas del mueble. Algún tiempo más tarde, el poeta adquirió una estufa de petróleo que, si bien no consiguió calentarle, le puso en cambio en riesgo de perecer asfixiado por el humo. Para el proverbial desmaño de don Antonio, era demasiada complicación aquella estufa endiablada y pestilente, que todavía luce su empaque irónico en la un día habitación del poeta».

Desde la modesta habitación el balcón daba al tejado y para llegar hasta ella había que atravesar el comedor y un cuarto, donde vivía otro huésped, Recuero, que, a decir de Machado, rasgueaba con gracia la guitarra. De allí salía nuestro poeta todos los días a las nueve de la mañana para dar sus clases en el Instituto, muchas veces después de haber permanecido en vela toda la noche anotando reflexiones, elaborando artículos o escribiendo versos.

El año 20 va a comenzar y el Gobierno español, que presidió Allendesalazar, se adhiere a la Sociedad de Naciones. Desde 1917, España ha estado jalonada por los «gobiernos de concentración»: unos y otros acceden al poder sin poner los medios para resolver la grave crisis que azota al país. Las huelgas se redoblan y la agitación campesina adquiere cotas alarmantes en Andalucía, mientras en Barcelona el enfrentamiento entre la patronal y el movimiento sindical alcanza puntos trágicos. La guerra colonialista prosigue en Marruecos y dos años más tarde se producirá el «desastre de Annual». Las reivindicaciones de las nacionalidades se hacen cada vez más patentes; las organizaciones obreras debaten en torno a la cuestión de la III Internacional... El clima era de evidente agitación. Téngase en cuenta la honda repercusión del fenómeno bolchevique, pues ya para entonces la revolución rusa atravesaba su segunda etapa: con inquietud se había visto la caída del zar, pero la toma del poder por parte de la clase obrera en Rusia era contemplada con verdadero terror por todas las burguesías occidentales, sin que constituyera ninguna excepción –y de serlo, por su gran extremismo– la oligarquía española. También la revolución triunfa en Alemania, aunque su duración fue breve, al ser aplastados los espartakistas por socialdemócratas y fuerzas del ejército. Se crean las nuevas repúblicas de Austria y Checoslovaquia. Los Estados Unidos habían entrado finalmente en la guerra. El humanismo «wilsoniano» gana influencia entre las capas medias de la población y en los organismos de carácter internacional...

Así pues, los acontecimientos internos y externos se relacionan entre sí y España sufre importantes convulsiones. Los intelectuales de nuestro país no pueden sustraerse a la situación. Los ya consagrados, pertenecientes a la denominada Generación del 98, adoptan posiciones muy diversas, cuando no encontradas. Si habían permanecido inequívocamente unidos en sus primeros años, alentando posiciones frente al tradicional caciquismo de nuestro país y levantando su voz en defensa de unos nuevos planteamientos culturales, ahora se hace más patente aquello que Antonio Machado había escrito en su poema «*A una España joven*» en 1914:

....

Mas cada cual el rumbo siguió de su locura;

(Poema CXLIV)

En realidad, el desarrollo de los acontecimientos ponía de manifiesto que aquella unidad era algo fundamentalmente emotivo y sentimental, sin planteamientos concretos y, por supuesto, sin posibilidad de proyección hacia el futuro. Ahora, en los albores del año 20 y ante la tormentosa nube de sucesos que tiene lugar, salta a la vista la incapacidad general para analizar los acontecimientos y ponerse a su altura. Como hecho característico se evidencia que «los árboles no dejan ver el bosque» y que la confusión se instala entre la mayoría de los intelectuales ya consagrados entonces. Machado no era un político, pero ya los años de estancia en Baeza habían dejado en él un sedimento lo suficientemente amplio como para convertirse en un intelectual nato y honesto, preocupado por el presente y el porvenir, imbuido de un auténtico afán investigador por la verdad:

¿Tu verdad? No, la Verdad,
y ven conmigo a buscarla.
La tuya, guárdatela.

(*Proverbios y cantares*)

Diría más tarde su Juan de Mairena que «es más difícil estar a la altura de las circunstancias que *au dessus de la melée*» (traducido, más o menos literalmente: por encima del conflicto). Desde su llegada a Segovia, Antonio continúa su labor de meditador, intentando siempre estar a la altura de las circunstancias, procurando otear el horizonte y ver algo más allá de los hechos inmediatos, estando siempre presto a rectificar cuando consideraba que había sostenido una opinión errada. No se aparta del cauce de la vida, intentando averiguar cuáles son las claves que operan sobre los acontecimientos. En Segovia, el mismo año de su llegada, escribe los artículos *Desorientación* y *La reacción:*

«¿Hacia dónde caminamos? Tal vez sea esta una pregunta que el hombre haya podido hacerse en toda época –digámoslo para prevenir fáciles objeciones–, pero reconozcamos su valor de actualidad, de expresión abreviada de un estado de conciencia que prepondera en nuestros días. Cierto que las inmutables estrellas que orientan el alma humana: amor, justicia, conocimiento, libertad, no han desaparecido. Se pregunta no más por la validez de las cartas marinas que el hombre había trazado para su propio navegar, bajo el imposible esplendor de esas inasequibles constelaciones. Todas las enseñanzas de la guerra tienen un marcado valor negativo. Por de pronto, aparece claro el mayor fracaso, los más trágicos acentos de la catástrofe coincidiendo con la mayor concentración de vida y con las más hondas convicciones de la Europa culta. En primer término la guerra fue perdida por Alemania. Alemania era la síntesis de Europa. Esperamos que la reducción de Alemania a despotismo oriental es ya una inepta e innecesaria simplificación que nadie se atreverá hoy a tomar en serio.

»La actual reacción –muy semejante a la fernandina– es perfectamente explicable si se tiene en cuenta que toda Europa occidental está hoy en actitud defensiva contra la revolución rusa. No es menos cierto que nuestra posición marca –como siempre– la extrema incomprensión. Seguimos guardando, fieles a nuestras tradiciones, nuestro puesto de furgón de cola».

Antonio, no sin cierta sorna, escribe por entonces un curioso cantar:

Y los bolcheviques,
(sobran rejas y tabiques),
di, madre, ¿cuándo vendrán?
—Si te oye don Lino,

¡válgame la Trinidad!
La honrada mocita,
coser y esperar.

Y es que «el caos bolchevique» era aireado aquí y allá por toda la prensa liberal y conservadora, hasta el punto de que el Gobierno español decide en 1919 sumarse al bloqueo internacional contra la República Soviética, con la oposición de republicanos, anarco-sindicalistas y socialistas. Todo venía a demostrar la evidencia de que se vivía en un mundo en crisis, donde los valores establecidos se cuestionan con enorme virulencia, como consecuencia de la irrupción activa en la vida política y social de las amplias capas de obreros y campesinos, hecho que influiría notablemente en las mismas concepciones de la cultura mantenidas por los intelectuales de la época.

En medio de estos debates, Antonio empieza a familiarizarse con Segovia: su río Eresma donde se une con el Clamores junto al pétreo Alcázar, su plaza cuadrada, castellana y porcheada, salpicada de cafés, la filigrana de su catedral, las estrechas callejas del barrio de la judería... En Segovia, como ya es habitual en él, recorre las tertulias de los cafés: Castilla, La Suiza, La Unión, y el Círculo Mercantil, siempre atento y observador, con su lápiz preparado.

Acudía a menudo a la tertulia que se organizaba en el taller del ceramista Arranz, situado bajo el cobijo de una antigua iglesia románica. Allí se reúnen nuestro poeta, Cardenal de Iracheta, Blas Zambrano, Julián María Otero, profesores y músicos, y su amigo, el escultor Emiliano Barral, quien moriría más tarde en las trincheras de Madrid:

... Y tu cincel me esculpía
en una piedra rosada
que lleva una aurora fría
eternamente encantada.

(«*Al escultor Emiliano Barral*»)

Con estos y otros contertulios Machado seguía practicando su afición a pasear. Se le veía a menudo junto con Blas Zambrano por las cercanías de la ciudad. Otras veces, gran parte de la peña realizaba excursiones camino del Terminillo, hacia La Granja o al Parque de Riofrío:

«Recalábamos muchas veces en algún ventorro del camino, donde se bebía excelente vino, de los que era don Antonio gran catador. Si íbamos por la Fuencisla, carretera de Santa María de las Nieves adelante, nos deteníamos en un ventorro instalado en una vieja capilla mudéjar. Don Antonio nos compensaba de lo poco que hablaba con frecuencia, recitando a veces horas seguidas. Y lo que solía recitar eran obras de Lope de Vega, que se sabía íntegramente. Recitaba con un gran sentido plástico, muy teatral, pero sin énfasis ni ampulosidad, poniendo en los versos ese acento suyo que, siendo opaco tenía fuego. Era un placer oírle».[1]

Otras veces, y también siguiendo su costumbre, salía a pasear de noche junto con algunos compañeros de charla y tertulia. Llegaban silenciosamente hasta un convento franciscano de las afueras y allí, detrás de la puerta, se detenían a escuchar los armoniosos cantos de los monjes. Luego volvía a su humilde pensión y allí se ponía a trabajar horas y horas. El frío era a veces tan intenso que, según él contaba, se veía obligado a abrir el balcón.

La vida en Segovia no era como la sordidez de Baeza. Todos los fines de semana tomaba el tren hasta Madrid y en casa, con su madre y sus hermanos, estaba hasta el lunes en algunas ocasiones. De este modo, permanece en contacto directo con todo lo que sucede en la «villa y corte» y comienza a trabajar con Manuel en obras de teatro escritas conjuntamente. Volver a divisar cada semana su querida sierra de Guadarrama le reaviva los recuerdos y le causa honda emoción:

> Sanatorio del alto Guadarrama,
> más allá de la roca cenicienta
> ....

[1] Valentín de Pedro, *Antonio Machado en Segovia*.

¡Hospital de la sierra!...
El tren, ligero,
rodea el monte y el pinar; emboca
por un desfiladero,
ya pasa al borde de tajada roca,
ya enarca, enhila o su convoy ajusta
al serpear de su carril de acero.
....
Lejos, Madrid se otea.
Y la locomotora
resuella, silba, humea...

(*«Flor de verbasco»*)

Con el grupo con que se reunía en la tertulia de Arranz crea Machado la Universidad Popular de Segovia, a la que consagró entusiastas esfuerzos. Era una institución libre, abierta para todos los que quisieran asistir y especialmente enfocada hacia las capas populares de la población. Su «sede» estaba en una vieja y destartalada iglesia románica, la de San Quirce. También desde la Universidad Popular organizaban conferencias para toda la población sobre los más diversos temas. Puede establecerse un paralelismo de esta iniciativa con la Escuela de Sabiduría Popular que propugnaba Juan de Mairena. De alguna manera, a través de esa experiencia Machado ponía en práctica sus concepciones sobre la cultura popular, sobre el folclore, que pondría en palabras de Juan de Mairena:

«Mairena tenía una idea del folclore que no era la de los folcloristas de nuestros días. Para él no era el folclore un estudio de las reminiscencias de viejas culturas, de elementos muertos que arrastra inconscientemente el alma del pueblo en su lengua, en sus prácticas, en sus costumbres, etcétera, Mairena vivía en una población andaluza, compuesta de una burguesía algo beocia, de una aristocracia demasiado rural y de un pueblo inteligente, fino, sensible, de artesanos que saben su oficio y para quienes el hacer bien las cosas es, como para el artista, mucho más importante que el hacerlas. Cuando alguien se lamentaba del poco arraigo y escaso ambiente que tenía allí la Universidad, Mairena, que había estudiado en ella y le guardaba respeto y cariño, solía decir: "Mucho me temo que la causa de eso sea más profunda de lo que se cree, Es muy posible que, entre nosotros, el saber universitario no pueda competir con el folclore, con el saber popular. El pueblo sabe más y, sobre todo, mejor que nosotros. El hombre que sabe hacer algo de un modo perfecto –un zapato, un sombrero, una guitarra, un ladrillo– no es nunca un trabajador inconsciente, que ajusta su labor a viejas fórmulas y recetas, sino un artista que pone toda su alma en cada momento de su trabajo. A este hombre no es fácil engañarle con cosas mal sabidas o hechas a desgana". Pensaba Mairena que el folclore era cultura viva y creadora de un pueblo de quien había mucho que aprender, para poder luego enseñar bien a las clases adineradas».

Casi al unísono de la Universidad Popular, los jóvenes poetas segovianos crearon la revista *Manantial,* a la que Machado animaba constantemente y donde colaboraba a menudo. En estos tiempos, Machado ha reanudado sus trabajos con numerosas publicaciones, tanto en revistas como en prensa diaria. Desde 1920 escribe en *El Sol,* sigue en *Los Lunes del Imparcial, España, La Pluma,* que dirigía Manual Azaña, *Índice,* que surge en 1921 bajo la dirección de Juan Ramón Jiménez y, desde el primer número, en *Revista de Occidente,* dirigida por Ortega y Gasset. Será en esta última donde dé a conocer su *Abel Martín* y *Proverbios y cantares.* También colabora con asiduidad en *La Voz de Soria.* Escribe mucho más en prosa que en verso, pero no por ello olvida sus poemas. Reflexiona y medita aún más que escribe y, producto de esas reflexiones, serían los *Proverbios y cantares* que irán apareciendo en *Revista de Occidente* y que entrarían a formar parte del libro *Nuevas canciones.* Son «cantares de pensador», como acertadamente los calificaría Pedro Salinas, de un pensador que no pretende hablar *ex cátedra,* sino que deja siempre la puerta abierta a la duda en sus meditaciones.

Machado era un hombre orgulloso de su humildad y pensaba que la duda es siempre buena, porque nos permite avanzar. Escribiría más tarde: «Confieso mi escasa simpatía –habla Mairena a sus alumnos– hacia aquellos pensadores que parecen estar siempre seguros de lo que dicen. Porque si no lo están y tan bien lo disimulan, son unos farsantes; y si lo están, no son verdaderos pensadores, sino, cuando más, literatos, oradores, retóricos, hombres de ingenio y de acción, sensibles a los tonos y a los gestos, pero que nunca se enfrentaron con su propio pensar, propicios siempre a aceptar sin crítica el ajeno. Confieso mi poca simpatía hacia ellos. Porque estos hombres, en las horas pacíficas, se venden por filósofos y ejercen una cierta matonería intelectual, que asusta a los pobres de espíritu, sin provecho de nadie, y en los tiempos de combate se dicen siempre *au dessus de la melée*. No son hombres despreciables, pero creo que Platón los habría expulsado de su República mucho antes, y con menos honores, que a los poetas».

Este pensamiento es una constante en las meditaciones machadianas, en esos «cantares de pensador» escritos durante este periodo:

En mi soledad
he visto cosas muy claras,
que no son verdad.

(«*Proverbios y cantares*»)

Lo cual hace a Antonio Machado aún más merecedor de esa honestidad intelectual que le caracteriza. A través de estas y otras reflexiones, Machado llega a la conclusión de que el poeta no puede limitarse a trasmitir la belleza de una imagen, sino que «todo poeta debe crearse una metafísica que no necesita exponer, pero que ha de hallarse implícita en su obra. Esta metafísica no ha de ser necesariamente la que exprese el fondo de su pensamiento, sino aquella que cuadre a su poesía».

Durante aquel año de 1920, Antonio va de excursión a Andalucía. En los campos de Córdoba escribe un largo poema dedicado a la memoria de don Cristóbal Torres, amigo y contertulio de su estancia en Baeza:

....
Olivo solitario,
lejos del olivar, junto a la fuente,
olivo hospitalario
que das tu sombra a un hombre pensativo
y a un agua trasparente,
al borde del camino que blanquea,
guarde tus verdes ramas, viejo olivo,
la diosa de ojos glaucos, Atenea.

(Poema CLIII)

De este viaje debió surgir la hermosa evocación a su padre que ya se ha mencionado. Pero también por aquel entonces surgió, con mayor fuerza, la tensión entre el recuerdo y el presente. La promesa de no olvidar se le escapa involuntariamente y los esfuerzos por retrotraer a la memoria las imágenes queridas se han debilitado con la presión del tiempo:

¿Empañé tu memoria? ¡Cuántas veces!
La vida baja como un ancho río,
y cuando lleva al mar alto navío
va con cieno verdoso y turbias heces.
....
Pero aunque fluya hacia la mar ignota,
es la vida también agua de fuente
....
Y allí suena tu nombre ¡eternamente!

(*«Sonetos»*)

Más angustiosa se hace la tensión del poeta en el poema titulado *«Parergón»*, también de ese momento. Antonio, el hombre, pugna desesperadamente con el recuerdo:

Cuando murió su amada
pensó en hacerse viejo
en la mansión cerrada,
solo, con su memoria y el espejo
....
Ya el tiempo para él no correría.

Pero el avance del tiempo es inexorable, al margen de la voluntad del hombre:

Mas, pasado el primer aniversario,
¿cómo eran –preguntó–, pardos o negros,
sus ojos? ¿Glaucos?... ¿Grises?
¿Cómo eran, ¡Santo Dios!, que no recuerdo?...

Y por fin, es la propia vida, la realidad que discurre, quien devuelve al hombre la buscada respuesta. La memoria le ha traicionado, sin que él se lo propusiera y las evidencias se muestran sobre la vida misma y no como persistencia de una presencia querida otro tiempo:

Salió a la calle un día
de primavera, y paseó en silencio
su doble luto, el corazón cerrado...
De una ventana en el sombrío hueco
vio unos ojos brillar. Bajó los suyos
y siguió su camino... ¡Como esos!

Son años en que su corazón y su pensamiento están sometidos a una profunda crisis. Pero la angustia que le produce esa pérdida de identidad del recuerdo pronto se verá compensada con la realidad de un nuevo y tardío amor.

Mientras nuestro poeta hace emerger esa turbulencia de sentimientos que nacen en él, la situación de agitación en España va en aumento.

A lo ya sabido, se añade ahora la indignación popular producida por las catástrofes de Igueriben y Annual. 10.000 españoles morían al hundirse la comandancia de Melilla. Se inicia la campaña llamada «de responsabilidades» hacia el Gobierno, uno de cuyos principales animadores era Unamuno. Antonio, si bien aún no captaba el estado de indignación creciente que se experimentaba en las grandes ciudades, sí permanecía atento a los problemas del momento; en carta a Unamuno escrita el 24 de septiembre de 1921 atestigua nuestro poeta la impresión de descrédito que le causaba la actitud de los políticos de entonces:

«...Es mucha Beocia esta villa coronada (se refiere a Madrid). La guerra trajo un cierto incremento de riqueza (hija del robo, no de la industria) y esta riqueza se manifiesta, hasta ahora, en un aumento de bestialidad, de egoísmo, de materialidad. Domina la satisfacción y el relincho que alaba al dios de las buenas digestiones... Falta de energía moral, de virilidad, sobra de resignación cobarde, que se disfraza de superioridad compasiva y aun de humildad cristiana. Cuando pasa algo grave, como esto de Marruecos, se ve que ni un solo hombre de nuestra política conoce su deber. Sobre todo, esas repugnantes zurdas españolas siempre con la escudilla a la puerta de Palacio... Lacayería y mendicidad como usted tantas veces ha dicho.

»...Yo tengo buenos amigos, personas dignas de aprecio por muchos conceptos entre los llamados reformistas. Creo, sin embargo, que, como políticos, han hecho una labor negativa, porque son los *saboteurs* más o menos conscientes de una revolución inexcusable. Comenzaron proclamando la accidentalidad de la forma de gobierno, muy a destiempo y en provecho inmediato de la superstición monárquica y del servilismo palatino... Hicieron algo peor... En vez de ahondar el foso donde se hundiese la abominable España de la Regencia y de este reyezuelo, afirmando al par republicanismo y acrecentándolo, depurándolo, enriqueciéndole de nueva savia, decidieron echar un puente levadizo hasta la antesala de las mercedes. Pecaron de inocentes y también, quizá, de fatuos y engreídos, porque pensaron, acaso, que ellos podrían, una vez dentro de la olla grande, dar un tono de salud al conjunto pútrido del cual iban a formar parte. ¡Gran error! Creo que es preciso resucitar el republicanismo meneando las ascuas de la ceniza y hacer hoguera con leña nueva».

Se refiere Machado a los denominados reformistas, presididos por Melquiades Álvarez. A pesar de esa visión escéptica en cuanto a la actuación de nuestros políticos, procura colaborar en la marcha de los acontecimientos y organiza en Segovia la Liga Provincial de Derechos del Hombre, con el fin de sumarse a la campaña en demanda de «responsabilidades». Le dice a Unamuno en una carta:

«Aquí hemos organizado una Liga Provincial de los Derechos del Hombre y asistiremos a la sesión de la Junta Nacional para escuchar su mensaje. Procuraremos organizar un acto en demanda de las responsabilidades, aunque el ambiente no es muy propicio por la influencia militar».

En cuanto a su preocupación por la cultura, sigue nuestro poeta manteniendo relaciones cordiales con Ortega, Baroja, Eugenio d'Ors, Azorín, Pérez de Ayala, Juan Ramón, Valle Inclán... sin que pueda apreciarse en él alguna inclinación hacia Miró o Gómez de la Serna. Las corrientes poéticas que comenzaban a surgir en torno a lo que más tarde se conocería como Generación del 27 no eran totalmente compartidas por don Antonio, que manifestaba sus reservas hacia esa especie de «subversión poética» proclive al surrealismo, si bien no tendría el menor reparo en reconocer los méritos poéticos de un Alberti o un García Lorca. En un artículo publicado en *El Sol* escribía nuestro poeta:

«...Que se me perdone el decir cosas demasiado sabidas. Hace días leí unos versos de Pérez de Ayala, donde había trozos sencillamente homéricos. Pero también, en cierta zona literaria, noto un cierto hedor de cosmético que me recuerda los *cabarets* de Montmartre, los cuadros de Anglada y los versos de Rubén Darío, aquel gran poeta y gran corruptor. Un arte recargado de sensación me parece hoy un tanto inoportuno. Todo tiene su ápoca. Necesitamos finos aires de sierra; no perfumes narcóticos. Porque es preciso madrugar para el trabajo y para la caza».

Tanto esas nuevas corrientes que pujaban por nacer como la actitud hacia la cultura de muchos de los ya consagrados marcan la gran polémica intelectual de la primera mitad de siglo; polémica, sin duda, sacada a la luz por la propia marcha de los acontecimientos y la irrupción de grandes «incultos» sectores de la población en las esferas de la actividad pública. Es Baroja quien plantea la cuestión de si el Estado del futuro debe atender primero a la calidad o a la difusión de la cultura. Corre el año 1922 y la brecha entre una concepción elitista y otra «popular» del hecho cultural ha comenzado a abrirse.

Don Antonio tiene ya por entonces bastante definida su respuesta a este problema cardinal de la cultura española; su pensamiento iba más allá que el de la mayoría de sus coetáneos intelectuales. Señala Machado en sus *Divagaciones y apuntes sobre cultura:*

«¿A qué debe tender el Estado futuro –dice Baroja– con más fervor? ¿A la producción de la alta cultura o a la difusión de la cultura media? Acaso el deber del Estado sea, en primer término, velar por la cultura de las masas, y esto también en beneficio de la cultura superior. No puede atenderse con preferencia a la formación de una casta de sabios, sin que la alta cultura degenere y palidezca como una planta que se seca por la raíz. Pero los partidarios de un aristocratismo cultural piensan que mientras menor sea el número de aspirantes a una cultura superior, más seguros estarán ellos de poseerla como privilegio. Arriba, los hombres capaces de conocer el sánscrito y el cálculo infinitesimal; abajo, una turba de gañanes que adore al sabio como a un animal sagrado. Por lo demás, tiene razón Baroja cuando afirma que el sabio y el artista, aunque parezcan revolucionarios, son, por su instinto, conservadores. Pero el Estado debe sentirse revolucionario atendiendo a la educación del pueblo, de donde salen los sabios y los artistas».

Para *La Voz de Soria* escribe un artículo con el título «*Extensión universitaria*» que arroja más luz sobre tan espinoso tema: «...No soy partidario del aristocratismo de la cultura en el sentido de hacer de esta un privilegio de casta. La cultura debe ser para todos, debe llegar a todos; pero antes de propagarla, será preciso hacerla. No pretendamos que el vaso rebose antes de llenarse. La pedagogía de regadera quiebra indefectiblemente cuando la regadera está vacía. Sobre todo, no olvidemos que la cultura es intensidad, concentración, labor heroica y callada, pudor, recogimiento, antes, muy antes, que extensión y propaganda».

Estas opiniones de Machado no pueden calificarse como «políticas», entre otras cosas porque nunca militó en ningún partido, pero es evidente que se colocan junto a una concepción fundamentalmente humanista de la vida y de la cultura. Seguramente que entonces nuestro poeta no tenía en cuenta que tales opiniones llevaban tras de sí toda una concepción del hecho cultural y del hecho social, no compartida por la gran mayoría de los hombres del Noventa y ocho. Ni siquiera Unamuno, su maestro admirado, alcanzó ese punto, pues en el fondo su actitud vendría a demostrar toda una concepción protagonista y elitista del papel de los intelectuales en la sociedad. Las opiniones de Machado, sin duda, nacen de una profunda meditación, seriamente elaborada a partir de sus contactos directos con los hombres y las tierras de España y de su infinita modestia. Machado no solo quería al pueblo, sino que le respetaba como era, consciente de que debía cambiar pero que había mucho que aprender de él. Además, a don Antonio la cuestión del «brillo» personal no le importaba tanto como para hacerle cometer desatinos.

Ese mismo tema del fenómeno cultural lo traslada Machado al hecho social en otro breve artículo, también publicado en *La Voz de Soria,* bajo el titulo *«El señor importante y los que soplan fuera»*:

«En una nueva sociedad, organizada sobre el trabajo humano y atenta a la cualidad de este, ¿qué haríamos del señor importante cuya especialidad consiste en tener más importancia que todos sus prójimos reunidos? ¿Qué hacer de ese hombre que vemos al frente de casi todas las agrupaciones humanas, presidente, director, empresario, socio de honor, en quien se reconoce –sin que sepamos por qué– una cierta idoneidad para el lucro usurario, la exhibición decorativa, la preeminencia y el anfitrionismo? Cuando el señor importante pierde su importancia, una cierta orfandad, como una tristeza de domingo hospiciano, afligirá nuestros corazones».

Machado tiene presente el dicho del pastor castellano, «nadie es más que nadie», y con una sencillez ejemplar, desprovista de toda demagogia, trata de ponerlo siempre en práctica.

Su interés por el fenómeno cultural no se agota aquí, sino que seguirá ahondando sobre el sustento de estas opiniones ya elaboradas. Observa con detenimiento la evolución del panorama cultural y el despuntar de las nuevas figuras. Escribe artículos sobre Gerardo Diego, Huidobro, Moreno Villa, Pío Baroja... Por sus cartas a Gerardo Diego, parece deducirse que eso del «creacionismo» no le parecía asunto serio a nuestro poeta; se expresa así Machado:

«Querido poeta: A mi vuelta de Madrid me encuentro en Segovia con su amable carta y su obra *El romancero de la novia,* que leí anoche y hoy vuelvo a leer con deleite. Libro de adolescencia le llama usted, y yo diría, sencillamente, libro de poeta. Dudo que en sus nuevos moldes "creacionistas" haga usted nada tan puro, tan claro, de una emoción tan viva... A mi entender, la poesía ha sido siempre "creacionismo" y jamás otra cosa; pero no creacionismo *ex nihilo.* Aunque bien está que el poeta pretenda obrar el milagro de la pura originalidad... Hoy vive usted en una tierra tan profundamente poética... (se refiere a Soria). Trabaje usted ahí y no cambie ese rincón por ningún otro. Huya usted de ese ambiente madrileño, tan profundamente beocio, donde la poesía se asfixia en un aire cargado de vulgaridad y cosmética. Sobre todo, no olvidemos que el poeta necesita para producir, oír la lengua pura y viva, y no puede trabajar en un aire lleno de cacofonías».

Su concepción de la poesía como diálogo de un hombre con su tiempo, para así abarcar el sentimiento colectivo, chocaba, lógicamente, con la poesía de los jóvenes, donde abundaba el esnobismo y el narcisismo, sin que pudiera separarse todavía demasiado bien el polvo de la paja. En tal caso, por aquel entonces dos figuras parecían despuntar con bastante nitidez –Alberti y Lorca–, mientras que las demás se perfilarían, sobre todo, a partir del año 27. Don Antonio medita sobre este fenómeno y busca en su reflexión las razones de que se produzca. En su escrito *Sobre el empleo de las imágenes en la lírica,* deja constancia de esa preocupación:

«...Las cosas se materializan, se dispersan, se emancipan del lazo cordial que antes las domeñaba, y ahora parecen invadir y acorralar al poeta, perderle el respeto, reírsele en las barbas. En medio de una imaginería de bazar, el poeta siente su íntimo fracaso, se ríe de sí mismo y, en consecuencia, tampoco prestará a sus creaciones otro valor que el de juguetes mecánicos, buenos, cuando más, para curar el tedio infantil.

»El hecho profundo que conviene anotar, y del cual la novísima literatura es solo un signo externo, es simplemente la evolución de los valores cordiales. Vivimos una época de honda crisis. Los corazones están desorientados; lo que quiere decir que buscan otro oriente. El arte de esta época, su lírica sobre todo, será, en apariencia al menos, una actividad subalterna o retardada».

La honda crisis se concertó en ese momento con el inicio de la dictadura de Primo de Rivera. Tuñón de Lara pinta muy exactamente en su obra ya citada el cuadro que precedía a la llegada de los militares: «Añádase al caos político, a las pretensiones militares, a la sangría de la guerra del Rif, la desazón de la burguesía, que había visto esfumarse sus pingües beneficios de los años anteriores y la creencia en esos medios de que esto hay que arreglarlo con un régimen de autoridad, poderosamente reforzada después de la marcha de Mussolini sobre Roma».

Lo más curioso es que en un principio nadie levantaba la voz contra el directorio militar, salvo núcleos obreros aislados en el norte del país. Los socialistas se oponían verbalmente mientras hacían llamamientos a respetar el orden y la legalidad establecidos, y hasta el propio Ortega escribía desde las páginas de *El Sol:* «Si el movimiento militar ha querido identificarse con la opinión pública y ser plenamente popular, justo es decir que lo ha conseguido por entero». Por entonces, el nuevo poder clausuraba el Ateneo de Madrid y don Miguel de Unamuno, junto con el republicano Rodrigo Soriano, era enviado al destierro en la isla de Fuerteventura. Se suscitó una seria reacción entre estudiantes y profesores de la Universidad, a la que siguieron las detenciones de varios de ellos –puestos en libertad poco tiempo después–, los expedientes a los catedráticos Jiménez de Asúa y García de Real y el procesamiento a Fernando de los Ríos catedrático de la Universidad de Granada.

Un hombre como don Antonio, deseoso de profundos cambios sociales, necesariamente tenía que estar perplejo y escéptico ante esta sucesión de hechos. Así se hacía la política en este país y a su sensibilidad no se le podían escapar las solemnes estupideces que tan a menudo cometían los políticos de la época. En su cuaderno va anotando las sensaciones que le producen estas circunstancias y, apenado, escribe:

«España está en cuatro pies. ¿Se levantará? Probablemente encontrará cómoda la postura y permanecerá en ella largo tiempo».

Don Antonio se muestra escéptico y poco confiado. Él, a pesar de seguir el rumbo de los acontecimientos, no era un político y, a veces, no era capaz de distinguir las fuerzas motrices de los hechos. No obstante, nunca permanecería «por encima» de las situaciones ni tampoco desdeña la actividad política. Escribe así como Juan de Mairena:

«Yo nunca os aconsejaré el apoliticismo –es otro párrafo de Mairena a sus alumnos–, sino, en último término, el desdeño de la política mala que hacen trepadores y cucañistas sin otro propósito que el de obtener ganancia y colocar parientes. Vosotros debéis hacer política, aunque otra cosa os digan los que pretenden hacerla sin vosotros y, naturalmente, contra vosotros. Solo me atrevo a aconsejaros que la hagáis a cara descubierta; en el peor caso, con máscara política, sin disfraz de otra cosa; por ejemplo, de literatura, de filosofía, de religión. Porque de otro modo contribuiréis a degradar actividades tan excelentes, por lo menos, como la política».

Don Antonio no despreciaba la política en sí, sino la política «mala», como él mismo dice. Era consciente de la hipocresía y mediocridad que reinaba en la vida española y, especialmente, en las ciudades provincianas que tan bien conoce. Le repugna esa situación y por eso ansiaba cambios sociales. Si en Andalucía repudiaba la imagen del señorito andaluz...

Murió Don Guido, un señor
de mozo muy jaranero,
muy galán y algo torero;
de viejo, gran rezador...

(Poema CXXXIII)

en Segovia no se le escapa el halo de falsa beatería que rodea la vida del español medio:

En Santo Domingo,
la misa mayor.
Aunque me decían
hereje y masón,
rezando contigo
¡cuánta devoción!

(Poema CLIX)

Pero, a pesar de todo, don Antonio era hombre de profundas convicciones democráticas, siempre viajero de tercera por los caminos de España, y deseoso de confiar en la mejora de la vida del hombre, porque es, en definitiva, el hombre lo que más le interesa, «al hombre en todos los sentidos de la palabra, al hombre *in genere* y al hombre individual; al hombre esencial y al hombre empíricamente dado en circunstancias de lugar y tiempo», como diría Juan de Mairena.

Por entonces, ya es don Antonio poeta bastante conocido. Además de sus *Poesías completas* se ha publicado una segunda edición de sus *Soledades, galerías y otros poemas* y está a punto de aparecer *Nuevas canciones.* En 1924 participa como jurado en el Premio Nacional de Literatura, juntamente con Menéndez Pidal, Moreno Villa, Gabriel Maura y Gabriel Miró. Obtuvieron el premio Gerardo Diego y Rafael Alberti. Él escribió, en un pequeño papel descolorido, con su letra menuda: «*Mar y tierra.* Rafael Alberti. Es, a mi juicio, el mejor libro presentado al concurso. Antonio Machado».

Alberti fue personalmente a su casa para agradecerle el voto, pero no le encontró. Años más tarde le reconoció por la calle y se le acercó.

«Es él; si no me atrevo ahora, no me atreveré nunca.

»Aquel era, aquella era: sombra misteriosa, silenciosa sombra de poeta que yo iba a osar detener un momento.

»—¿Don Antonio Machado?

»Un silencio.

»—Sí, sí.

»—¡Ah, ah! –repitió, tomándome la mano–. No tiene usted nada que agradecerme.

»Y él, don Antonio, partió de nuevo, calle del Cisne abajo, perdido entre sus laberínticas galerías».[1]

Alberti invitaría al poeta, años más tarde, a colaborar en la revista *Octubre;* invitación que don Antonio aceptó.

Por estos años, Antonio vuelve a frecuentar en Madrid a su querido hermano Manuel, con quien no había estado regularmente desde 1909. Juntos emprenden los caminos del teatro. Por su parte, Antonio sigue trabajando en su poeta-filósofo apócrifo Abel Martín, cuando ya se prepara la segunda edición de *Páginas escogidas.* La obra en prosa sigue primando sobre los poemas, aunque de estos años surgirá una breve serie de poemas amorosos de incomparable belleza, inspirados por su amada Guiomar.

[1] Rafael Alberti, *Un recuerdo para Antonio Machado.*

CAPÍTULO OCTAVO

«VIVÍ, DORMÍ, SOÑÉ Y HASTA HE CREADO
–PENSÓ MARTÍN, YA TURBIA LA PUPILA–»

En su cuaderno anota Machado en 1924: «Tampoco encontraréis en mis notas esa firmeza y seguridad en el tono de quien, al pensar, piensa de paso que piensa la verdad. Sospecho, por el contrario, que si dispusiera de un cerebro más vigoroso, dotado de más circunvolución y vías asociativas, con mayor cultura asimilada y hábitos de mayor continuidad en el discurso, habría llegado a conclusiones muy distintas de las que en este folleto os ofrezco. La evidencia que de esto tengo pone un poco de timidez y de flojedad en mi estilo. No aspiro demasiado –tampoco– a convencer.

»¿Y entonces? –se me dirá–. Comprendo bien que mis notas pudieran quedar inéditas. Mas todo artista, mejor diré, todo trabajador, tiene una filosofía de su trabajo, reflexiones sobre la totalidad de aquella labor a que –como maestro o aprendiz– se consagra. ¿Por qué hurtarla a los ojos del vecino? Esta filosofía, como aquel trabajo, se debe también a los demás».

Ya hemos visto que la preocupación por la filosofía cristaliza en los años de su estancia en Baeza y que también entonces surge en Machado la idea de un personaje pensador. Ahora, en 1924, comienza a escribir seriamente *El Cancionero apócrifo de Abel Martín,* obra a través de la cual se expresan sus preocupaciones filosóficas, poéticas y estéticas. Es una creación verdaderamente original: nuestro poeta inventa a Abel Martín, un poeta a su vez, cuya vida se desarrolla en los albores del siglo XX (nos dice que muere en Madrid en 1898), y que también ejerce de filósofo,

«Abel Martín dejó una importante obra filosófica (*Las cinco formas de la objetividad. De lo uno a lo otro. Lo universal cualitativo. De la esencial heterogeneidad del ser*) y una colección de poesías, publicada en 1884, con el título de *Los complementarios*».

Al no ser directamente él quien vierte las opiniones –¿por falta de seguridad? ¿por esa timidez a que alude? ¿por no tratar de pontificar?–, Machado se permite expresar sus inquietudes sin miedo a contradecirse, jugando unas veces con la ironía, otras veces con la filosofía misma. En cualquier caso, la concepción filosófica planteada a través de Abel Martín no pertenece a ninguna escuela específica y, más bien, aparece como una cierta poetización filosófica.

«Digamos algo de su filosofía, tal como aparece, más o menos explícita, en su obra poética, dejando para otros el análisis sistemático de sus tratados puramente doctrinales.

»Su punto de partida está, acaso, en la filosofía de Leibniz. Con Leibniz concibe lo real, la sustancia, como algo constantemente activo. Piensa Abel Martín la sustancia como energía, fuerza que puede engendrar el movimiento y es siempre su causa; pero que también subsiste sin él.

»En la primera página de su libro de poesías *Los complementarios*, dice Abel Martín:

Mis ojos en el espejo
son ojos ciegos que miran
los ojos con que me ves.

»En una nota, hace constar Abel Martín que fueron estos tres versos los primeros que compuso, y que los publica, no obstante su aparente trivialidad o su marcada perogrullada, porque de ellos sacó, más tarde, por reflexión y análisis, toda su metafísica».

A continuación, niega Martín-Machado la validez de la teoría de Leibniz acerca de la pluralidad de las mónadas, para afirmar que el universo es una «sola y única mónada»: el gran ojo que todo lo ve al verse a sí mismo.

Inmediatamente surge en Abel Martín «lo otro» como manera de conocer, como puente que une lo subjetivo y lo íntimo con el mundo exterior. Sin duda se trata de una concepción eminentemente machadiana, que se refleja en toda su poesía. «La conciencia –dice Abel Martín–, como reflexión o pretenso conocer del conocer, sería, sin el amor o impulso hacia lo otro, el anzuelo en constante espera de pescarse a sí mismo». Como se ve, nuestro poeta no vacila en ironizar o vulgarizar la tradicional seriedad del pensamiento filosófico, así como tampoco pierde ocasión para contradecir al buen Abel Martín:

«Mas la conciencia existe, como actividad reflexiva, porque vuelve sobre sí misma, agotado su impulso por alcanzar el objeto trascendente. Entonces reconoce su limitación y se ve a sí misma, como tensión erótica, impulso hacia "lo otro inasequible". Su reflexión es más aparente que real, porque, en verdad, no vuelve sobre sí misma para captarse como pura actividad consciente, sino sobre la corriente erótica que brota con ella de las mismas entrañas del ser».

El pensamiento que Machado pone en boca de Abel Martín plantea que el conocimiento no es sino una constante tensión hacia lo otro, una búsqueda amorosa del otro. Ya antes, nuestro poeta había manifestado en un pequeño poema:

> El ojo que ves no es
> ojo porque tú lo veas,
> es ojo porque te ve.

Ahora, ese criterio vuelve a manifestarlo Abel Martín por medio de una soleá:

> Gracias, Petenera mía;
> por tus ojos me he perdido;
> era lo que yo quería.

En cierto modo, tanto esa búsqueda del otro como la angustia ante la temporalidad de la vida que manifiesta Abel Martín acerca a Antonio

Machado a la filosofía existencialista, en particular a Heidegger. Sin embargo, no es probable que nuestro poeta conociera *El ser y el tiempo* del filósofo alemán, pues su edición data de 1927. Más bien se trata de una original intuición poética que de una concepción «existencialista» de la vida.

Lo determinante en este aspecto es el criterio mantenido por el poeta: el ser solo puede entenderse porque existen los otros, con lo cual su poesía supera racionalmente el individualismo hermético.

Abel Martín estudia cinco formas de objetividad, de las que solo concede validez a la quinta. «Mas existe –según Abel Martín– una quinta forma de la objetividad, mejor diremos una quinta pretensión a lo objetivo, que se da tan en las fronteras del sujeto mismo, que parece referirse a un "lo otro" real, objeto, no de conocimiento, sino de amor».

Parece Machado que quiera disculparse, en algunas ocasiones, de su falta de rigor y la dificultad para superar lagunas y contradicciones que se le aparecen en el curso de su reflexión:

«La ideología de Abel Martín es, a veces, oscura, lo inevitable en una metafísica de poeta, donde no se definen previamente los términos empleados».

Desecha Machado la validez del mecanismo para interpretar el mundo: «La concepción mecánica del mundo –añade Martín– es el ser pensado como pura inercia, el ser que no es por sí, "inmutable y en constante movimiento", un torbellino de cenizas que agita, no sabemos por qué ni para qué, la mano de Dios».

Sin embargo, roza el gran debate de la filosofía moderna, el problema del ser y el movimiento, de lo cualitativo y lo cuantitativo, de la posibilidad de transformación de una cosa en su contrario, sin llegar a resolverlo plenamente. No conocía entonces nuestro poeta –y él mismo afirmaría no haberlo estudiado– los razonamientos de la filosofía de la praxis. Y así afirma:

«Necesita, pues, el pensar poético una nueva dialéctica, sin negaciones ni contrarios, que Abel Martín llama lírica, y otras veces, mágica; la lógica del cambio sustancial o devenir inmóvil, del ser cambiando o del cambio siendo. Bajo esta idea, realmente paradójica y aparentemente absurda, está la más honda intuición que Abel Martín pretende haber alcanzado».

Lo curioso es que el propio poeta, sondeando su pensamiento, llegue a esta conclusión aparentemente insoluble: ¿cómo el ser cambiando? Aspecto ya resuelto en nuestros días por el materialismo dialéctio, al cual rozaba también Machado –al igual que el existencialismo– sin haberlo estudiado. Ello le rodea de una aureola de auténtico pensador.

Más sugerente es la filosofía amorosa que se desprende de Abel Martín. «Que fue Abel Martín hombre en extremo erótico lo sabemos por testimonio de cuantos le conocieron, y algo también por su propia lírica, donde abundan expresiones, más o menos hiperbólicas, de un apasionado culto a la mujer. Ejemplos:

La mujer
es el anverso del ser.

Sin mujer
no hay engendrar ni saber.

»Que fue Abel Martín hombre mujeriego lo sabemos, y, acaso, también onanista; hombre, en suma, a quien la mujer inquieta y desazona por presencia o ausencia. Y fue, sin duda, el amor a mujer el que llevó a Abel Martín a formularse esta pregunta: ¿Cómo es posible el objeto erótico?».

Don Antonio expone la teoría martiniana con tal precisión que es inevitable percibir que se está refiriendo a sí mismo y a su propia experiencia. Viene a decirnos que el máximo grado del amor no se logra hasta que la amada desaparece. Tras la ausencia viene el olvido y solo a través del olvido se puede reconquistar nuevamente ese amor, ahora más sublimado por la propia imaginación.

«Vengamos a las rimas eróticas de Abel Martín.

»El amor comienza a revelarse como un súbito incremento del caudal de la vida, sin que, en verdad, aparezca objeto concreto al cual tienda... La amada –dice Abel Martín– acompaña que aparezca o se oponga como objeto de amor; es, en cierto modo, una con el amante, no al término, como en los místicos, del proceso erótico, sino en su principio».

Y así se explica que poemas como el que sigue no puedan entenderse como una mera fabulación o fantasía erótica, sino como un deseo manifestado ante algo presentido y aún no alcanzado:

Todo amor es fantasía;
él inventa el año, el día,
la hora y su melancolía
inventa el amante y, más,
la amada. No prueba nada
contra el amor que la amada
no haya existido jamás.

(Poema CLXXIV)

Interpretando otro poema de Abel Martín, prosigue Machado desarrollando esa filosofía amorosa:

«La amada –explica Abel Martín– no acude a la cita; es en la cita ausencia. No se interprete esto –añade– en un sentido literal. El poeta no alude a ninguna anécdota amorosa de pasión no correspondida o desdeñada. El amor mismo es aquí un sentimiento de ausencia... El poeta, al evocar su total historia emotiva, descubre la hora de la primera angustia erótica... A partir de este momento, el amor comienza a ser consciente de sí mismo. Va a surgir el objeto erótico –la amada para el amante, o viceversa–, que se opone al amante,

así un imán que al atraer repele

y que, lejos de fundirse con él, es siempre lo "otro", lo inconfundible con el amante, lo impenetrable, no por definición, como la primera y segunda persona de la gramática, sino realmente. Empieza entonces para algunos –románticos– el calvario erótico; para otros, la guerra erótica, con todos sus encantos y peligros, y para Abel Martín, poeta, hombre integral, todo ello reunido, más la sospecha de la esencial heterogeneidad de la sustancia».

A través de Abel Martín, Machado encuentra el gran incentivo del amor no en la contemplación física del otro, ni en la belleza, ni en el sentimiento platónico, sino en «la sed metafísica de lo esencialmente otro». «Psicológicamente considerado, el amor humano se diferencia del puramente animal –dice Abel Martín en su tratado de *Lo universal cualitativo*– por la exaltación constante de la facultad representativa».

Sin embargo, no puede confundirse esa «sed metafísica» o la exaltación de la «facultad representativa» con un enfermizo amor de carácter místico:

«La imaginación pone mucho más en el coito humano que el mero contacto de los cuerpos. Y, acaso, conviene que así sea, porque, de otro modo, solo se perpetuaría la animalidad. Pero es preciso poner freno con la censura moral, a esta tendencia, natural en el hombre, a sustituir el contacto y la imagen percibida por la imagen representada, o, lo que es más peligroso y frecuente en cerebros superiores, por la imagen creada. No debe el hombre destruir su propia animalidad, y por ella han de velar médicos e higienistas».

También en la concepción martiniana del amor está la paradoja «amor-olvido-recuerdo-amor», porque como explica Abel Martín solo con la ausencia surge realmente el «objeto erótico». Bajo este prisma resulta ya fácil comprender lo que quería decir nuestro poeta cuando le dedicaba a Guiomar estos versos que, a primera vista, parecen un juego de palabras:

Escribiré en tu abanico
te quiero para olvidarte,
para quererte te olvido.

Abel Martín expone asimismo una concepción de la estética, coincidente en gran medida con la teoría poética de Machado.

«De su libro de estética, *Lo universal cualitativo,* entresacamos los párrafos siguientes:

»Problemas de la lírica: La materia en que las artes trabajan, sin excluir del todo a la música, pero excluyendo a la poesía, es algo no configurado por el espíritu: piedra, bronce, sustancias colorantes, aire que vibra, materia bruta, en suma, de cuyas leyes, que la ciencia investiga, el artista, como tal, nada entiende. También le es dado al poeta su material, el lenguaje, como al escultor el mármol o el bronce... Las palabras, a diferencia de las piedras, o de materias colorantes, o del aire en movimiento, son ya, por sí mismas, significaciones de lo humano, a las cuales ha de dar el poeta nueva significación. La palabra es, en parte, valor de cambio, producto social, instrumento de objetividad (objetividad en este caso significa convención entre sujetos), y el poeta pretende hacer de ella medio expresivo de lo psíquico individual, objeto único, valor cualitativo. Entre la palabra usada por todos y la palabra lírica existe la diferencia que entre una moneda y una joya del mismo metal».

Añade Abel Martín que el arte y, especialmente, la poesía, es una actualidad cuyo sentido es el inverso al del pensamiento lógico y que precisa de devolverle al ser toda su rica y profunda realidad múltiple y heterogénea.

Con la creación de Abel Martín, don Antonio ofrece una figura literaria opuesta voluntariamente al pensador o filósofo «profesional», salpicada de una cierta desmitificación del quehacer filosófico y cuyo telón de fondo no es la reflexión por sí misma, sino los propios poemas contenidos –según Machado– en el libro *Los Complementarios.* De todo ello surge una combinación amena, que a veces parece entre bromas y veras, pero que no hace sino reafirmar la verdadera vocación intelectual de Antonio Machado. En su cuaderno de notas, don Antonio escribió más de una docena de nombres de supuestos poetas o filósofos, adjuntándoles una biografía breve y alguna obra poética. Son nombres que rara vez utilizará después y que hoy se incluyen en casi todas las compilaciones de su obra bajo el epígrafe de *Cancionero Apócrifo.* Maneja nombres tan curiosos como Manuel Cifuentes Fandanguillo o Tiburcio Rodrigálvarez. De esta época machadiana se dice habitualmente que despuntó con mayor fuerza el sentido del humor y la fina ironía de don Antonio. Como prueba no puede ser más significativa la corta biografía que le adjunta a uno de esos poetas apócrifos:

«Jorge Menéndez. Nació en Chipiona en 1828. Murió en Madrid en 1904. Empleado de Hacienda y autor dramático. Colaboró con Retes. Murió de apoplejía. La composición que se copia fue enviada como anónimo a Francisco Villaespesa y se atribuyó a don Manuel Valcárcel. Su verdadero autor fue descubierto por Nilo Fabra. Don Jorge Menéndez acabó cultivando el alejandrino».

¿Sería una parodia de los antiguos libros de texto en que se estudiaba literatura? Bien podría serlo.

Su apócrifo Abel Martín moriría con su publicación. Pero Machado conservaría este estilo peculiar con Juan de Mairena, alumno de Abel Martín, sin duda el apócrifo más querido para nuestro poeta y con el que llega a identificarse hasta el punto de que el propio Machado firmó artículos como Juan de Mairena. Este es menos frío que Abel Martín, más dialogante y didáctico y su presencia estaría viva diariamente a través de los periódicos, resaltando la importancia de la temporalidad, de acuerdo con los postulados de nuestro poeta.

Incluso pensó en dar a conocer un tercer apócrifo, según se ve en carta remitida a Giménez Caballero en 1919:

«...Entre manos tengo mi tercer poeta apócrifo: Pedro de Zúñiga. poeta actual nacido en 1900. Acaso encuentre en la ideología de este poeta motivos de simpatía. Abel Martín y Juan de Mairena son dos poetas del siglo XIX que no existieron, pero que debieron existir, y habrían existido si la lírica española hubiera vivido su tiempo. Como nuestra misión es hacer posible el surgimiento de un nuevo poeta, hemos de crearle una tradición de donde arranque y él pueda continuar. Además, esa nueva objetividad a que hoy se endereza el arte, y que yo persigo hace veinte años, no puede consistir en la lírica –ahora lo veo muy claro–, sino en la creación de nuevos poetas –no nuevas poesías–, que canten por sí mismos. El verdadero sermón poético, a la española, ha de engendrarse en el espíritu como se engendra en la carne y, por ende, impugnar a la musa para nuevos poetas que, a su vez, nos den en el porvenir las nuevas canciones».

Pero ese nuevo apócrifo no llegó a cristalizar. Mientras, don Antonio sigue viajando con frecuencia a Madrid y, ahora ya asiduamente, trabaja con su hermano Manuel en obras de teatro, actividad por la que Machado sentía gran afición. Juntos traducen *Hernani* de Victor Hugo y juntos llevan una adaptación a la escena de *El condenado por desconfiado* de Tirso de Molina, que se estrenará en el Teatro Español de Madrid; un día antes del estreno don Antonio escribe un artículo sobre la obra que no llegó a publicarse entonces. Comienza a colaborar en la revista *Alfar* y es elegido miembro de la *Hispanic Society of America.* La segunda edición de sus *Páginas escogidas* ya ha visto la luz cuando comienza el año 1926.

En febrero de ese año, Antonio y Manuel estrenan su obra *Desdichas de la fortuna o Julianillo Valcárcel* en el teatro de la Princesa. María Guerrero es la protagonista y, si seguimos las opiniones de Rodolfo de Salazar, crítico de teatro de la época, el estreno fue un éxito: «La admirable obra de los hermanos poetas electrizó, subyugó al selectísimo público... Considerable obra de poetas, es también considerable obra de comediógrafos... noche de triunfo para el teatro español».

Dos días más tarde firma el llamamiento de Alianza Republicana, organización surgida por el incansable esfuerzo del catedrático de la Universidad Central, José Giral, para quien años más tarde don Antonio escribiría palabras de admiración por la publicación de un estudio científico sobre las melaninas:

«De don José Giral sabíamos ya que era un hombre de laboratorio y un ilustre profesor, de quien muchas promociones de estudiantes habían aprendido, primero en Salamanca, después en Madrid, la química biológica. La política no añadía nada a su gloria, menos a su provecho, pero él ennoblecía la política, contribuía a convertirla en actividad fecunda para su pueblo, consagrándole su tiempo y su trabajo, por un imperativo patriótico que le apartaba temporalmente de sus amadas tareas profesionales».

En la Alianza Republicana además de grupos políticos, participan intelectuales como Vicente Blasco Ibáñez, Eduardo Ortega y Gasset, Marañón...

El año se presentaba pródigo para don Antonio. Comienza a publicarse su Abel Martín en la *Revista de Occidente* y la Institución Libre de Enseñanza les ofrece un homenaje a los dos hermanos Machado. Por entonces dirige la Institución Manuel Bartolomé Cossio, quien pronunció unas palabras que hubieran sido dichas por el querido maestro Giner, a quien con tanto cariño y devoción recordaba don Antonio: «Acordaos de cuando erais niños, de cuando vuestro padre, aquí amado de todos, os envió a esta casa –donde yo prediqué siempre el saber sobrio– para aprender dos cosas, las mismas que Aquiles: a decir bellas palabras y a ejecutar nobles hechos».

Es el año en que comienza a circular por España *La agonía del cristianismo,* publicada en París y en lengua francesa. Unamuno había conseguido escapar espectacularmente a su destierro canario y ahora se encontraba exilado en el país vecino. Antonio le escribe, felicitándole por la obra:

«...Y leí su *Agonía del cristianismo* traducida por el amigo Cassou. Sé el enorme éxito de su obra en Europa. No me extraña. Unamuno salva a España del olvido, mientras España... No, España tampoco lo olvida».

También es el año de la Sanjuanada –un intento de pronunciamiento militar al estilo liberal, que no tuvo ningún éxito– y del fin de las hostilidades en Marruecos. La dictadura prosigue y Valle Inclán da a conocer su *Tirano Banderas,* alegato esperpéntico contra las dictaduras.

Antonio sigue escribiendo teatro con su hermano Manuel. Preparan su obra *Juan de Mañara,* que se estrenaría al año siguiente, en marzo, en el teatro Reina Victoria, El éxito fue clamoroso.

Sin solicitarlo, el 24 de marzo es nombrado miembro de la Real Academia Española. Unamuno le escribió dándole la enhorabuena y así le contestó Machado, en carta fechada el 12 de junio de 1927: «Le agradezco su felicitación por mi nombramiento de académico. Es un honor al cual no aspiré nunca. Pero Dios da pañuelo al que no tiene narices». La afirmación debe ser cierta, pues aún estaba redactando el borrador de ingreso a la Academia y la muerte le encontró sin que hubiese formalizado su entrada. Desde las páginas de *La Nación,* Diez-Canedo escribía entonces: «Para ir a la Academia no ha tenido que solicitarlo; le ha bastado aceptar. Probablemente de otra manera no hubiera ido; y, de seguro, no se le ha pasado por las mientes la negativa. Con él va a la Academia la poesía triunfante ya en todos los terrenos menos en el académico precisamente».

A finales del año 28, los dos hermanos pusieron en escena *Las adelfas,* interpretada –entre otros– por Lola Membrives, sin que lograran demasiado éxito. Se publica la segunda edición de sus *Poesías completas* a cargo de Espasa-Calpe y preparan ahora los dos hermanos la que será su obra de mayor impacto, *La Lola se va a los puertos.* Escribe a Guiomar: «Nuestra Lola avanza. Cuando termine la escena final te la leeré, para que me digas tu opinión...».

En el terreno poético, puede decirse que los jóvenes escritores ya han irrumpido en el panorama cultural. Son los jóvenes de la «subversión poética» a los que se ha referido Machado con anterioridad: Alberti, García Lorca, Gerardo Diego, Moreno Villa, Jorge Guillén, Altolaguirre, Salinas, Guillermo de Torre, Luis Cernuda, Dámaso Alonso, Emilio Prados...

Aquellos jóvenes se unen en torno al tricentenario de Góngora, a cuyas actividades literarias Machado declinó la invitación. No satisfacían a nuestro poeta los aspectos «cultistas» –metáforas, neologismos, etc.– que exaltaban los jóvenes poetas de entonces. Sus opiniones acerca de la llamada Generación del 27 están recogidas en un escrito remitido a Giménez Caballero y que se publicó en *La Gaceta Literaria* el 1 de marzo de 1929.

«¿Me pregunta usted, dilecto amigo, qué es lo que pienso de la actual juventud literaria? Le contestaré muy gustoso. Pienso lo mejor que se puede pensar de ella: que es realmente joven.

»...Esa juventud es benévola. Benevolencia no quiere decir blanda intransigencia con lo ruin y apicarado, sino voluntad del bien, ferviente anhelo de que lo bueno se realice...

»...Esa juventud no es sistemáticamente batallona. Es más inclinada al juego que a la lucha. También es virtud juvenil. Porque, aun en el supuesto de que la vida sea más lucha que juego, el verlo al revés es lujo que solo los jóvenes, nunca los viejos, pueden permitirse...

»...Esa juventud me parece menos palurda y más educada –o más susceptible de educarse– que la de sus padres y sus abuelos; porque hay en ella, acaso, más curiosidad por lo extraño, más afición a la actividad en común y menos jactancia de lo individual que hubo en aquellas. Es, en cambio, pobre en promesas de personalidades ingentes. No parece que de toda ella pueda salir un don Miguel de Unamuno, un Benavente, un Pío Baroja, un Valle-Inclán, un Ortega y Gasset. Pero esto es también juvenil: no prometer demasiado, ni destacar prematuramente lo individual sobre lo genérico. El joven es grupo, cuando no rebaño, antes que persona».

Estos juicios de don Antonio bien podrían calificarse como «una de cal y otra de arena» y, por sí solos, no reflejan nada exactamente, salvo la habitual antinomia en que se mueve nuestro poeta: escepticismo-confianza. En cualquier caso, la primera impresión no resulta demasiado favorable a esa juventud literaria surgida en España. Sin duda, sus concepciones estéticas y líricas distan mucho de las que maneja entonces ese grupo juvenil, si bien no homogéneamente unido, si al menos distante de la actitud machadiana ante la poesía y la cultura y más cercano –al menos en sus comienzos– al otro gran poeta de la época, Juan Ramón Jiménez.

No podía don Antonio compartir sus ideas. Nótese que para aquellos jóvenes Góngora era casi una bandera, mientras que para nuestro poeta era «el gran pedante cordobés». Sin embargo, no por ello Machado permanece alejado de esa juventud, sino que –como es habitual en él– pretende acercarse a los nuevos fenómenos, para tratar de comprender por qué se producen y hacia qué rumbos se dirigen. Él tiene sus opiniones respecto a los conceptos que entonces se manejan y sería ilusorio esperar de un hombre que pasaba la frontera de los cincuenta años la plena aceptación de las nuevas corrientes literarias, de esa «subversión poética» que se iniciaba en nuestro país. Sobre la poesía pura ya había dicho: «disto mucho de estos poetas que pretenden manejar imágenes puras (limpias de conceptos y también de emoción), sometiéndolas a un trajín mecánico y caprichoso». Sobre la preponderancia de las imágenes: «las metáforas no son nada por sí mismas... juguetes mecánicos buenos, cuando más, para curar el tedio infantil». Sobre el tratamiento onírico de la poesía: «Solo en los momentos perezosos puede un poeta dedicarse a interpretar los sueños y a rebuscar en ellos elementos que utilizar en sus poemas. La oniroscopia no ha producido hasta la fecha nada importante». Sobre «el arte por el arte» y las tendencias esteticistas: ya había establecido claras distancias entre su poesía y la modernista.

Aunque a veces se mostrara indeciso con respecto a sus propias concepciones de la estética, don Antonio considera como hecho fundamental el que la poesía es palabra en el tiempo: «al poeta no les es dado pensar fuera del tiempo, porque piensa su propia vida que no es, fuera del tiempo, absolutamente nada».

En el escrito mencionado anteriormente, prosigue así don Antonio: «Y ahora: ¿qué me parece la obra literaria de esta juventud? Muy juvenil, tal vez demasiado, y desde luego, mucho más actual que fue la nuestra. Quiero decir que está en la corriente general del arte más que lo estuvo la de sus predecesores. Ninguno de nuestros jóvenes representativos parece haber puesto su reloj por el meridiano de su pueblo. Su hora aspira a ser mundial. Carece de la superstición de lo castizo y buena parte de su producción pudiera, sin mengua, traducirse al esperanto».

Se percibe que, a pesar de intentar comprender, no entiende que pueda hacerse poesía «atemporal» –con vocación «mundial», como señala discretamente–, desarraigada de un tiempo y un pueblo concretos. Eso le inquieta en la medida que es tanto como tratar de intelectualizar la poesía. Escribiría más tarde para la *Poética* requerida por Gerardo Diego con el fin de realizar una Antología de poetas contemporáneos: «El intelecto no ha cantado jamás, no es su misión... Sirve no obstante a la poesía, señalándole el imperativo de su esencialidad. Porque tampoco hay poesía sin ideas, sin visiones de lo esencial. Pero las ideas del poeta no son categorías formales, cápsulas lógicas, sino directas intuiciones del ser que deviene, de su propio existir; son, pues, temporales».

Don Antonio no aprueba el hermetismo lírico de esos jóvenes poetas ni tampoco comprende que las imágenes se utilicen más en función conceptual que emotiva. Prosigue diciendo: «A mi juicio, los poetas jóvenes, entre los cuales hay muchos portentosamente dotados –Guillén, Salinas, Lorca, Alonso, Chabás, Alberti, Garfias–, están más o menos contaminados del barroco francés –cartesianismo rezagado–, que representa el susodicho Valéry. De este poeta no han de aprender mucho. Cuanto hay de esencial en su lírica es una metafísica tan vieja como Parménides de Elea, y todo lo demás pura algarabía. La influencia de Juan Ramón Jiménez, patente en algunos de ellos, es más sana y fecunda. Pero mejor harán en seguirse a sí mismos, no tomando nuestra crítica demasiado en serio».

Vuelve a aparecer esa actitud machadiana esencialmente antidogmática, crítica con sus propias opiniones y abierta siempre a la posibilidad de que las cosas puedan ser de otra manera. Tampoco valoraba demasiado su criterio, aunque no por ello eludía manifestarse sobre cualquier problema, estuviera o no equivocado. Su espíritu tolerante se muestra siempre dispuesto a la rectificación y admite que su verdad no tiene necesariamente que ser el fiel reflejo de La Verdad. Es el mismo talante por el que Juan de Mairena diría:

«No toméis, sin embargo, al pie de la letra lo que os digo. En general, los viejos sabemos, por viejos, muchas cosas que vosotros, por jóvenes, ignoráis. Y algunas de ellas –todo hay que decirlo– os convendría no aprenderlas nunca».

En la línea de esa personalidad que le caracteriza, don Antonio no pretende «anatematizar» a los jóvenes poetas y con esa confianza en el futuro, inherente a su modo de ser, emite finalmente un juicio que no puede ser más preclaro:

«Es casi seguro que lo mejor de estos nuevos poetas ha de ser aquello que a nosotros nos disguste más en su obra. Nuestro elogio, como nuestra censura, puede ser desorientador y descaminante. Yo solo me atrevo a aconsejarles un poco de severidad para sí mismos. Que se planteen aguda y claramente los problemas propios de su arte».

Afirmación que entronca con otra apreciación importante que hace don Antonio en el escrito a Giménez Caballero, tomado como punto de referencia:

«Los jóvenes que hacen en España amena literatura –poetas, glosadores, novelistas– juegan a la poesía, a la glosa, al ensayo y a la novela con la alegría no exenta de disciplina, de equipos deportivos que aspiran a actuar en amplios estadios. Tal vez caminan, sin saberlo demasiado, hacia un arte para multitudes, esencialmente democrático».

Salta a la vista que Machado atinará a predecir algo que la vida demostraría con el tiempo. A pesar de que no capta en su plenitud los nuevos aires de la poesía joven, intuye que esta va a ser de gran trascendencia. De una u otra forma, aquellos jóvenes poetas buscaban, a través de esa «subversión» de los valores estéticos, un campo abierto a la comunicación colectiva. Sin duda, esa búsqueda se vio precipitada por nuestra guerra civil, periodo que sirvió para evidenciar la intención mayoritaria de realizar «un arte para multitudes».

Mientras los nuevos escritores entran en escena proclamando la subversión del arte y la rebeldía todavía individual, Machado sigue escribiendo para el teatro. A finales de 1929 se estrena en el teatro Fontalba de Madrid la obra de los dos hermanos *La Lola se va a los puertos,* con Lola Membrives como actriz, y que constituyó su mayor éxito teatral. La idea de escribir esta obra partió de 1926, cuando Lola Membrives les solicitó que intentaran trabajar sobre una comedia de fondo andaluz. Pensaron entonces en una solearilla andaluza:

La Lola se va a los puertos,
la isla se queda sola.

En carta de don Antonio a Guiomar, en que relata la historia de esta comedia, señala nuestro poeta:

«Mi hermano Manuel la glosó (se refiere a la solearilla):

¿Y esta Lola quién será
que así se marcha dejando
la isla de San Fernando
tan sola cuando se va?

»Cuando la Membrives –hace ya tres años– nos pidió una comedia andaluza, pensamos en sacarla de la solearilla y como respuesta a esta interrogación. Y planeamos una comedia con las máscaras esenciales del flamenco: una cantaora, un guitarrista, un viejo sensual y un joven enamorado. Y hubiéramos hecho una comedia realista, huyendo siempre del andalucismo de pandereta y muy semejante a la realizada, salvo una nota: la idealidad de la Lola. Escrito estaba ya gran parte del primer acto antes de conocerte. El propósito de sublimar a la Lola es cosa mía. Se me ocurrió a mí pensando en mi diosa y se exponía en la primera escena del segundo acto que te leí un día en nuestro rincón. A ti se debe, pues, toda la parte trascendente e ideal de la obra. Porque yo no hubiera pensado jamás en santificar a una cantaora».

La Lola es obra teatral que pretende sacar a relucir «lo esencial andaluz», evitando por todos los medios la charanga y lo falsamente típico de la baja Andalucía, puesto tan de moda en aquellos tiempos por los hermanos Álvarez Quintero, quienes –dicho sea de paso– no debían de inspirar a Machado demasiada simpatía. Puede deducirse del siguiente párrafo, entresacado de una carta de don Antonio a Unamuno: «Lo terrible del teatro es la labor de los cómicos. Ellos traducen lo que usted hace a sus tópicos declamatorios y apenas hay obra, como no sea una ñoñez de los Quintero, que no deshagan».

Antes del estreno, Antonio y Manuel publican un artículo en el diario *ABC* con el título *«La Lola se va a los puertos. Autocrítica»*, donde ellos mismos exponen sus pretensiones al poner en escena esta comedia:

«La Lola y Heredia, protagonistas de nuestra obra, son pareja de flamenco, de cante hondo. ¿Algo gitanos? De la cantadora sabemos que su padre tuvo una fragua en Córdoba; de Heredia, solo lo que su nombre nos sugiere. Ellos han nacido en tierra andaluza. Andalucía, que ha sabido ser tantas cosas, asimilar tantos elementos exóticos, y donde tantos injertos raciales han prendido y dado su flor y su fruto, no ha de avergonzarse de haber sido alguna vez un poco gitana. Porque esto solo quiere decir que es en Andalucía donde los gitanos han hecho algo más que golpear el hierro, traficar en burros –hoy lo hacen en automóviles desvencijados– y robar gallinas. Por lo demás, el cante hondo –cualquiera que sea su origen y su importancia– y el arte de Antonio Chacón –que gloria tenga–, de Ramón Montoya y de Pastora Imperio, son algo tan andaluz, por lo menos, como la filosofía de Séneca o de Averroes.

»Los demás personajes de nuestra comedia, un joven ingenuo y apasionado, un viejo sensual, una señorita puntillosa y altiva, gentes del campo y de la ciudad, del cortijo y del colmado, no han de sorprender por su novedad, porque sin duda habían aparecido más de una vez en escena. Pero si nosotros los llevamos al teatro, es porque andan por el mundo, y es en él donde nosotros los hemos conocido...

»...Si en los tres actos hemos logrado un equivalente dramático de la emoción lírica que para nosotros contiene la "solearilla" andaluza; si el público la escucha con atención y agrado, sabiendo ya quién fue esa Lola, y la crítica no encuentra la comedia demasiado banal, nosotros satisfechos. Si hemos escrito –contra nuestro propósito– una andaluzada más, que se nos perdone».

En *La Lola* se pone de manifiesto la contraposición entre el símbolo popular –Lola, expresión del cante «jondo» y Heredia, guitarrista– y el símbolo de una minoría aristocrática y ociosa –los ricachos y señoritos que asedian a la bella Lola–. Esa Lola idealizada, según explica el propio Machado, resuelve esa oposición despreciando las ofertas de «señores» para irse con Heredia. Dice la Lola en la obra, descubriendo el sentir de don Antonio hacia esa «casta» de hombres:

Me cargan los señoritos
de nuestra tierra. Son vanos,
fríos de cuello... Confunden
la ligereza de cascos
con la gracia; la indolencia
con la elegancia. Esos gansos
que desprecian cuanto ignoran
–y son el Espasa en blanco–
no me interesan.

El triunfo conseguido con *La Lola se va a los puertos* le anima a seguir escribiendo para el teatro. Los dos hermanos estrenan dos obras más, *La prima Fernanda* (1931) y *La duquesa de Benamejí (1932),* cuya resonancia fue menor. Juntos escriben también la última obra, *El hombre que murió en la guerra,* estrenada después de la guerra bajo la responsabilidad de Manuel.

CAPÍTULO NOVENO

Creí mi hogar apagado
y revolví la ceniza...
Me quemé la mano

Entre las notas de don Antonio para el proyecto de discurso de ingreso en la Real Academia Española puede leerse: «El hombre que en plena juventud no logró inquietar demasiado el corazón femenino, y ya en su madurez vio claro que los caminos de Don Juan no eran los suyos, se siente algo desconcertado y perplejo si alguna bella dama le presta sus favores».

Nuestro poeta ya ha pasado la frontera de los cincuenta años cuando encuentra a Guiomar y se embarca apasionadamente por los caminos de un amor oculto y pleno, cuando el recuerdo de Leonor se ha ido desvaneciendo lenta y calladamente. La intensa relación con Guiomar permaneció en el secreto más total hasta el punto de que la opinión generalizada consideraba los poemas dedicados a Guiomar como producto fantástico de la imaginación del poeta. La publicación de unas cartas –fragmentadas e incompletas por voluntad de la autora, Concha Espina– vino a desvelar allá por los años 50[1] la realidad que se escondía tras ese hermoso nombre de Guiomar.

¿Por qué Guiomar? El nombre, aparte de que su sonoridad ya era de por sí un buen motivo para escogerlo, puede estar tomado de las antiguas

[1] Concha Espina, *De Antonio Machado a su grande y secreto amor.*

canciones de gesta o del Romancero. También fue nombre que utilizaron Manrique, Santa Teresa, Cervantes y Enrique Larreta y por cualquiera de ellos pudo conocerlo Machado. Sea como fuere, la Guiomar de nuestro poeta iba a superar con creces a todas las precedentes.

Por el epistolario de don Antonio a Guiomar se descubre la identidad de esta mujer, conocida hasta entonces por poquísimas personas. Se trata de Pilar de Valderrama, procedente de una rica familia andaluza, escritora de poemas contenidos en libros como *Huerto cerrado* y *Esencias.* Vivía en Madrid, en el paseo de Rosales; estaba casada y tanto ella como su esposo eran grandes aficionados a la literatura y especialmente al teatro, pues en su casa solían organizar puestas en escena a las que asistían numerosos intelectuales de la época. Concha Espina entre ellos.

Refiriéndose a su obra poética, en carta de don Antonio dirigida a Unamuno en 1929 escribe: «Hace unos días envié a usted con nuestro Juan de Mañana el libro *Huerto cerrado,* de Pilar de Valderrama. Esta señora, mujer muy inteligente y muy buena, es una ferviente admiradora de usted. Me envió su libro para que yo se lo remitiese a usted, pues ignoraba sus señas. En esa obra suya encontrará usted acaso algo de su gusto, sobre todo una cierta verdad cordial que ya no se estila».

También en un artículo publicado en el diario *El Imparcial,* el 30 de octubre de 1930, hace Machado un comentario acerca de la obra *Esencias* de Pilar de Valderrama. Pero, por supuesto, la relación literaria no fue la fundamental entre ellos, aunque cabe señalar que este tema es frecuente en algunas de las cartas de don Antonio.

Cuando se está publicando el *Cancionero apócrifo de Abel Martín,* intercala don Antonio un bello poema que atribuye a Martín:

> *Nel mezzo del camin* pasóme el pecho
> la flecha de un amor intempestivo.
>
> Que tuvo en el camino largo acecho
> mostróme en lo certero el rayo vivo.

Así un imán que, al atraer, repele
(¡oh claros ojos de mirar furtivo!)
amor que asombra, aguija, halaga y duele,
y más se ofrece cuanto más esquivo.

Si un gramo del pensar arder pudiera,
no en el amante, en el amor, sería
la más honda verdad lo que se viera;

y el espejo de amor se quebraría,
roto su encanto, y roto la pantera
de la lujuria el corazón tendría.

Téngase en cuenta que el *Cancionero apócrifo* comenzó a publicarse en el año 1926 en la *Revista de Occidente,* año en el que se debieron conocer don Antonio y Guiomar. En cualquier caso, el poema citado es eminentemente autobiográfico. Leopoldo de Luis[1] lo señala muy acertadamente: «El calificativo de "intempestivo" es obvio que nos habla de un amor fuera de tiempo y razón, pero ¿a causa del amante o de la amada? Si fuera lo segundo, pudiera referirse a Leonor, niña casi cuando él la toma. Pero si fuera lo primero, pudiera referirse a Guiomar, porque cuando la toma tiene ya él más de cincuenta años. Si pensamos que el amor –la flecha– "tuvo en el camino largo acecho", parece más probable que se trate de Guiomar, porque por mucho que aguardase a Leonor, nunca serían veinticuatro años, como a Guiomar».

Los últimos tercetos hacen referencia a que si el amor pudiera pensar, es decir, fuera razonable, se daría cuenta de la inconveniencia de la situación, dadas las circunstancias sociales –pues Guiomar estaba casada–, pero entonces también se rompería el auténtico encanto de la pasión amorosa.

[1] Leopoldo de Luis, *Antonio Machado, ejemplo y lección.*

Casi todos los autores coinciden en señalar el año del encuentro entre 1927 y 1928. Por aquellos años, Guiomar estuvo en Segovia reponiéndose de una enfermedad y en la ciudad castellana se conocieron. Leopoldo de Luis sitúa el encuentro a finales del año 26, tomando como base una carta de don Antonio a Guiomar que, como todas, fue publicada sin fecha:

«De mi indumentaria cuidaré también; aunque requiere algunos días. Soy tan apático para ocuparme de esas cosas y, además me gasto en libros lo que otros emplean en indumentos. Pero de ningún modo consentiré desagradar a mi diosa. Además, un académico no puede ser ya demasiado Adán. Y sobre todo, tú mandas, saladita mía. Discúlpame un poco, sin embargo... ¡Paso la mitad de mi vida tan solo!».

La familiaridad que revela la carta indica la existencia de una relación mantenida desde tiempo antes. Don Antonio fue nombrado académico en el mes de marzo de 1927 y la inclusión del adverbio «ya» no deja lugar a dudas para pensar que fue escrita tras tener reciente conocimiento de su nombramiento. Así pues, es perfectamente posible que se encontraran en el año anterior.

Con independencia de lo que reflejan las cartas, en las que Antonio hiperboliza las palabras para hacer hincapié en su sentimiento, pues, como él mismo escribió al principio de sus años en Segovia...

A las palabras de amor
les sienta bien su poquito
de exageración....

es suficiente con seguir su creación poética de estos años, para darse cuenta de la pasión que le envuelve. Guiomar corresponde a otra época distinta que Leonor y muchos, por estrecho puritanismo, se han negado a reconocer la existencia viva y real de ese amor. Seguramente prefieren conservar la imagen ideal de un hombre resguardado en un fanal de cristal, eternamente fiel a la joven Leonor y alimentado de recuerdos lejanos. El problema no puede situarse así, pues lo cierto es que Leonor y Guiomar corresponden a sentimientos muy distintos y cada una está situada en una etapa distinta de la vida de nuestro poeta.

Si repasamos su obra poética, vemos que los poemas amorosos son bien escasos. Aún así, en el periodo que corresponde a la estrecha relación con Leonor, a su muerte, al recuerdo y al olvido, los poemas escritos por don Antonio no pueden calificarse estrictamente como «amorosos», en el doble sentido que el propio Abel Martín señala: tendencia metafísica hacia «lo otro» y relación sexual.

Los poemas que se refieren a Leonor no reflejan en ningún caso una pasión erótica, sino otro tipo de sentimientos que se relacionan con ella. Angustia, soledad y dolor tras su muerte:

> Señor, ya me arrancaste lo que yo más quería.
> Oye otra vez, Dios mío, mi corazón clamar.
> Tu voluntad se hizo, Señor, contra la mía.
> Señor, ya estamos solos mi corazón y el mar.
>
> (Poema CXIX)

Cariño sincero, tristeza, melancolía, recuerdo... suelen ser los componentes más frecuentes de los poemas cuyo objeto es Leonor:

> ....
> ¿No ves, Leonor, los álamos del río
> con sus ramajes yertos?
> Mira el Moncayo azul y blanco;
> dame tu mano y paseemos.
> Por estos campos de la tierra mía,
> bordados de olivares polvorientos,
> voy caminando solo,
> triste, cansado, pensativo y viejo.
>
> (Poema CXXI)

Son poemas emotivos y evocadores, plenos de lirismo y de recuerdo, pero despojados de toda sensualidad y sin un ápice de erotismo. Quizás vivió nuestro poeta el amor, pero no una pasión vehemente. Con Guiomar conoció un sentimiento distinto, pero también profundamente humano. En medio de su soledad y cuando ya solo evoca con la razón...

Poned atención:
un corazón solitario
no es un corazón...

(*Proverbios y cantares*)

irrumpe Guiomar en su vida máxima expresión del sentimiento erótico:

¡Y en la tersa arena,
cerca de la mar,
tu carne rosa y morena,
súbitamente, Guiomar!
....
¡Solo tu figura,
como una centella blanca,
en mi noche oscura!
....
en el nácar frío
de tu zarcillo en mi boca,
Guiomar, y en el calofrío
de una amanecida loca;

(Poema CLXXIV)

Es la primera vez que la presencia física del ser amado cobra tanta relevancia y que don Antonio se deja perder por los caminos de la sensualidad. Los poemas dejan traslucir el sentir del poeta cristalinamente. Si fuera Machado poeta habitual de la fantasía, de las imágenes líricas sin más o de la imaginación, pudiera caber la posibilidad de que se tratara de una figura inventada por él. Pero conociendo su estilo claro y directo, poco amante de la metáfora, no hay lugar a dudas: está reflejando un sentimiento cercano y real.

Que se había encendido en él la pasión amorosa con fuerza desconocida lo manifiesta el propio poeta en sus cartas: «A ti, a nadie más que a ti en todos los sentidos –¡todos!– del amor puedo yo querer. El secreto es sencillamente que yo no he tenido más amor que este».

Por si no queda claro, remacha con ese «¡todos!» la dimensión de su sentimiento. Los dos amantes se ven secretamente, a veces en Segovia y con más frecuencia en Madrid, cuando Machado se traslada a la capital en 1931. Su entusiasmo crece y le impregna todo cuanto hace y, a la vez, vive inquieto por el silencio que debe rodear su fascinante amor:

«Vengo del teatro. No quería ir porque no me gusta verte rodeada de gente. Eres para mí tan de otro mundo, diosa mía, que sufro mucho viéndote entre los mortales. Como encontré allí muchos conocidos, sufrí doblemente buscándote con los ojos para verte sin que nadie viera que te veía. Te reconocí en seguida, de espaldas, por tu pelo negro, diosa mía, ¡único!, inconfundible, y por ese halo o corona imaginaria que envuelve siempre tu figura a los ojos de tu poeta. ¿Cómo será que van mis ojos a ti, aunque te encuentres entre mil personas?...».

Pero también sufrirá don Antonio por tener que ocultar ese amor que le ha hecho un hombre nuevo: «...Literalmente, has dado cuerda a mi corazón». Quisiera poder vencer las barreras que le impiden vivir con su amada Guiomar y en una carta le describe un sueño en el que los dos se casan en la iglesia de Santa María soriana: «... Y ahora salía yo contigo del brazo lleno de alegría y orgullo. Se diría que el sueño tomaba ya el desquite de nuestro secreto amor».

Le ahoga a veces esa sensación de escondite. Desearía sentirse libre y lanzar a los cuatro vientos la voz de su corazón. Vuelve en el tren hacia Segovia, acaba de ver a Guiomar en Madrid, tal vez en algún discreto café retirado del bullicio de la capital:

Tu poeta
piensa en ti. La lejanía
es de limón y violeta,
verde el campo todavía.
Conmigo vienes, Guiomar.
De encinar en encinar
se va fatigando el día.
El tren devora y devora
día y riel. La retama
pasa en sombra; se desdora
el oro de Guadarrama.
Porque una diosa y su amante
huyen juntos, jadeante,
les sigue la luna llena.
....
Juntos vamos; libres somos.

(Poema CLXXII)

Y nuestro poeta evoca ansiosamente la libertad: «libre amor, nadie lo alcanza». Mientras espera impaciente el día de volver a encontrarse con Guiomar, don Antonio sueña con ella, siendo el sueño –según la teoría amorosa esbozada por Abel Martín– una mezcla de recuerdo y de deseo: «...Me voy a soñar contigo por esas calles de Segovia».

Otras veces se contenta con escribir, silenciosamente, cuando Guiomar –en razón de su delicada situación– no acude a la cita prevista. En su modesto cuarto de la pensión de los Desamparados, «esperando el día de tu carta, mi diosa, a la hora de tu visita nocturna. La noche está tibia y como de primavera. He abierto mi ventana y noto que el aire que viene de fuera calienta mi habitación», escribe uno de sus poemas más bellos y sensuales:

Hoy te escribo en mi celda de viajero,
a la hora de una cita imaginaria.

Rompe el iris al aire el aguacero,
y al monte su tristeza planetaria.
Sol y campanas en la vieja torre.
¡Oh tarde viva y quieta
que opuso al *panta rhei* su «nada corre»!
¡Y día adolescente
–ojos claros y músculos morenos–,
cuando pensaste a Amor, junto a la fuente,
besar tus labios y apretar tus senos!
Todo a esta luz de abril se trasparenta;
todo en el hoy de ayer, el Todavía
que en sus maduras horas
el tiempo canta y cuenta,
se funde en una sola melodía,
que es un coro de tardes y de auroras.
A ti, Guiomar, esta nostalgia mía.

(CLXXIII)

En 1929, Machado da a conocer en la *Revista de Occidente* sus *«Canciones a Guiomar»,* cuando todo el mundo pensaba que se trataba de un ser imaginario. Hasta entonces, don Antonio casi no escribía versos. Necesitó encontrar a Guiomar para que su obra poética siguiera avanzando y ofreciendo testimonio de su sensibilidad. Y si puede parecer algo exagerado en sus cartas amatorias, la sobriedad de sus versos no se queda atrás en la expresión de su sentir. En las *Canciones* evoca el poeta los jardines al pie del Alcázar segoviano donde soñó y presintió a su amada, antes de conocerla, y donde la evocó en sus ausencias:

En un jardín te he soñado,
alto, Guiomar, sobre el río,
jardín de un tiempo cerrado
con verjas de hierro frío.

La inmensa alegría de su amor se ve frenada por la situación de Guiomar. Las circunstancias obligan a espaciar más sus encuentros y Antonio se desespera. No parece servirle de bálsamo la ausencia del ser querido, la teoría amorosa de Abel Martín no le responde –olvidar para poder recordar después, sublimando el objeto erótico–, porque la presencia de la amada aún es demasiado viva. Nuestro poeta se siente hundido en la tristeza: «Dices tú, reina mía, que no tengo yo tantos motivos de tristeza... Con todo, has de perdonarme que yo más de una vez haya pensado en la muerte para curarme de esta sed de lo imposible. Pero no quiero ensombrecer tu corazón de diosa; quiero olvidarme de mí, porque en verdad, no tengo derecho a entristecerte. Yo pido a Dios todos los días tu felicidad y porque te libre de sufrir lo que yo sufro».

Se siente mal físicamente; su cuerpo ya nota el peso de los años. A pesar de que se ven más de tarde en tarde, su amor no disminuye sino que parece acosarle con más tesón la ausencia de Guiomar y no duda en reclamarla con todas sus fuerzas: «Si algún día sabes que estoy enfermo –muy enfermo–, no dejes de venir a verme. Será para mí un gran consuelo. Porque tú eres, no dudes, el gran amor de mi vida».

Pero Antonio comienza a presentir que la distancia entre los dos va a hacerse más infranqueable:

....
y bajo el arco del ceño
de mi vigilia, a traición,
¡siempre tú!
Guiomar, Guiomar,
mírame en ti castigado:
reo de haberte creado,
ya no te puedo olvidar.

(CLXXIV)

Guiomar se fue de veraneo a Portugal, poco antes de la guerra civil. Se despidieron y Antonio percibe entonces el aguijón de su ausencia, tanto que dice temer hasta a sus propios sueños. De esas fechas debe ser esta carta, impregnada de dolor y miedo a perder al ser querido:

«Ya se fue la diosa; ¿la volveré a ver? Quisiera apartar de mi pensamiento toda tristeza para que mis letras no lleguen a ti impregnadas de una melancolía que por nada del mundo quisiera yo que fuese contagiosa... Lo maravilloso del espíritu es el poder milagroso de elegir entre las imágenes y cambiar a voluntad unas por otras. Claro que esto no es siempre posible. Porque no se sueña lo que se quiere, sino más bien lo que se teme; tengo yo cierto miedo a los sueños».

La Guerra Civil truncó con su estallido toda esperanza de volverse a encontrar. Tampoco en esta ocasión quiso la fortuna sonreírle; ahora su dolor será doble: el íntimo de la soledad y el olvido, y el crudo grito de una España ensangrentada. El olvido no le sirve para recrear la imagen de su amada Guiomar, sino que toma cuerpo de resignada angustia:

Tengo un olvido, Guiomar,
todo erizado de espinas,
hoja de nopal.

(CLXXXV)

Hasta Valencia, ya entrado el año 37, le llega una carta desde Portugal, sorteando controles y censuras, pasando por trincheras y fusiles. Es Guiomar que no le ha olvidado. Su mensaje de amor le alcanza al fin, meses después de haber sido escrito. Antonio dedicó entonces un hermoso soneto a la diosa que la guerra arrancó de sus brazos, publicado con su firma en el número 18 de *Hora de España:*

De mar a mar entre los dos la guerra,
más honda que la mar. En mi parterre,
miro a la mar que el horizonte cierra.

Tú, asomada, Guiomar, a un finisterre
miras hacia otro mar, la mar de España
que Camoens cantara, tenebrosa.
Acaso a ti mi ausencia te acompaña.
A mí me duele tu recuerdo, diosa.

La guerra dio al amor el tajo fuerte.
Y es la total angustia de la muerte,
con la sombra infecunda de la llama

y la soñada miel de amor tardío,
y la flor imposible de la rama
que ha sentido del hacha el corte frío.

Las gráficas expresiones que don Antonio emplea al final del poema –«soñada miel de amor tardío», «flor imposible de la rama»– permiten hacerse una idea clara de la honda nostalgia que sintió nuestro poeta, a quien la extraordinaria vivencia de este amor tardío no hace sino acrecentar aún más su dimensión humana. Por referencias de Concha Espina, primero, y después por las memorias de la propia Pilar de Valderrama, tituladas *Sí, soy Guimar. Memoria de mi vida* y publicadas dos años después de su muerte en 1979, sabemos que Guiomar correspondía plenamente y que, debido a las circunstancias, se vio obligada a destruir «versos maravillosos».

CAPÍTULO DÉCIMO

Dejar quisiera
mi verso como deja el capitán su espada

En alguna parcela de su alma sentía don Antonio la necesidad de reafirmarse en la validez de la palabra. Él no era esencialmente hombre de acción, pero deseaba que su pluma pudiera ser instrumento eficaz, y esos versos de su Retrato, citados más arriba, responden a esa inquietud que si bien está latente desde los inicios de su obra, en estos últimos años de su vida cobrará mayor importancia.

Machado no es un poeta político, en el sentido estricto del término. Ya hemos hecho referencia a este asunto anteriormente, pero conviene señalar que sí es un poeta humanista...

> No es el yo fundamental
> eso que busca el poeta
> sino el tú esencial...
>
> (Poema CLXI)

al que las circunstancias preocupan y se integra en ellas, viviéndolas como hombre y ciudadano situado en un tiempo concreto. Le preocupan, por tanto, la política y los destinos de su pueblo, con el que se siente sinceramente vinculado.

España es, en los años treinta del siglo XX, un mosaico variopinto sobre el que van a producirse acontecimientos de vital importancia para la historia de nuestro país: desde la proclamación de la Segunda República hasta el desencadenamiento de la Guerra Civil, pasando por el triunfo del Frente Popular en las elecciones de febrero de 1936. Todo este periodo se caracteriza por la creciente participación de las capas populares en la actividad social y política, como verdaderas protagonistas. Y será precisamente este fenómeno el que delimite el comportamiento de nuestros intelectuales.

Pierre Vilar en su *Historia de España* hace una certera observación sobre la cuestión intelectual en este tiempo, indicando dos contradicciones fundamentales: «Primera contradicción: al espíritu científico heredado de Giner, en el que se inspiran magníficas escuelas filológicas, históricas y biológicas, con los Menéndez Pidal, Sánchez Albornoz, Marañón, etc., se une un peligroso prestigio de brillo literario, del esnobismo filosófico, a imitación de un Ortega y Gasset y de un Eugenio d'Ors. Segunda contradicción: los escritores españoles que siguen a los del 98 "toman partido" de tal manera que llegan a creerse destinados, cuando la crisis de 1931, a dirigir moralmente la nueva España. En realidad, no podían arrastrar ni a la España tradicional, que los maldecía, ni al proletariado, que ellos mismos ignoraban».

No es este el caso de don Antonio, que mantendrá una línea de intelectual íntegro hasta el final de su vida. Preguntado por Alardo Prats sobre este palpitante tema: "Ahora es evidente –señala el periodista– el afán de la gran masa en actuar en política y a dirigir. Muy especialmente, ¿este afán no se observa en las masas proletarias? Don Antonio responde mostrando la talla de un intelectual verdaderamente progresista y atento al desarrollo histórico:

«No es afán de dirigir; es que la clase proletaria reclama sus derechos a dirigir el mundo; solo lo dirigen la cultura y la inteligencia, y tanto una como la otra no pueden ser un privilegio de casta. A muchos aterra el movimiento del proletariado y hasta lo consideran como una oleada de barbarie que puede anegar la cultura. Creen que esta, que es injusto patrimonio de pocos, desaparecería al dar pleno acceso a ella a las masas. Lo que hay en el fondo del movimiento de las masas trabajadoras es la aspiración a la perfección por medio de la cultura».

En carta a Unamuno desde Segovia en 1929 le escribe al maestro: «De política acaso sepa usted desde ahí más que nosotros, los que vivimos en España. Aquí, en apariencia al menos, no pasa nada. Y lo más triste es que no hay inquietud ni rebeldía contra el estado actual de cosas. Las gentes parecen satisfechas de haber nacido. Nadie piensa en mañana. Para muchos una caída en cuatro pies tiene el grave peligro de encontrar demasiado cómoda la postura. Yo, sin embargo, quiero pensar que tanta calma y tanta conformidad son un sueño malo, del cual despertaremos algún día...».

Se acercaban los días de ese deseado despertar. Algunos meses antes de la proclamación de la República, don Antonio participa en la agrupación Al servicio de la República, que no era un partido político, y organiza un acto en el teatro Juan Bravo de Segovia en el que intervienen Ortega, Pérez de Ayala, Marañón y él mismo. Coincide con lo que le escribe a Guiomar en esas fechas: «Ahora que veo cerca el triunfo de la República, pienso formar en partidos lo más alejados del Poder». Posteriormente diría en carta remitida a María Luisa Carnelli:

«Carezco de filiación de partido, no la he tenido nunca, aspiro a no tenerla jamás. Mi ideario político se ha limitado siempre a aceptar como legítimo solamente el Gobierno que represente la voluntad libre del pueblo. Por eso estuve siempre al lado de la República Española, por cuyo advenimiento trabajé en la medida de mis fuerzas, y siempre dentro de los cauces que yo estimaba legítimos. Cuando la República se implantó en España como una inequívoca expresión de la voluntad popular, la saludé con alborozo y me apresté a servirla, sin aguardar de ella ninguna ventaja material. Si hubiera venido como consecuencia de un golpe de mano, como una imposición de fuerza, yo hubiera estado siempre contra ella».

Lo cierto es que, como él mismo señala, por aquellas fechas trabaja con entusiasmo en favor de la República. Le dice a Guiomar: «Después de tres días de trajín e insomnio por los sucesos políticos, fuimos unos cuantos republicanos platónicos los encargados de mantener el orden y ejercer el gobierno interino de la ciudad».

El 12 de abril era domingo; interrumpiendo su habitual costumbre, no pasa ese fin de semana en Madrid, sino en Segovia, donde tenía que emitir su voto. En la pequeña ciudad castellana obtuvieron once puestos de concejal los republicanos y diez los monárquicos. Los periódicos locales señalaban que «aquella tarde hubo manifestaciones y disparos de cohetes en señal de júbilo».

Diría años más tarde Juan de Mairena:

«¡Aquellas horas, Dios mío, tejidas todas ellas con el más puro lino de la esperanza, cuando unos pocos viejos republicanos izamos la bandera tricolor en el Ayuntamiento de Segovia!... Recordemos, acerquemos otra vez aquellas horas a nuestro corazón. Con las primeras hojas de los chopos y las últimas flores de los almendros, la primavera traía a nuestra República de la mano. La naturaleza y la historia parecen fundirse en una clara leyenda anticipada o en un romance infantil:

> La primavera ha venido
> del brazo de un capitán.
> Cantad, niñas, en corro:
> ¡Viva Fermín Galán!

»Florecía la sangre de los héroes de Jaca, y el nombre abrileño del capitán muerto y enterrado bajo las nieves del invierno era evocado por una canción que oí cantar o soñé que cantaban los niños en aquellas horas.

> La primavera ha venido
> y don Alfonso se va.
> Muchos duques le acompañan
> hasta cerca de la mar.
> Las cigüeñas de las torres
> quisieran verlo embarcar.

»Y la canción seguía, monótona y gentil. Fue aquel un día de júbilo en Segovia. Pronto supimos que lo fue en toda España. Un día de paz que asombró al mundo entero».

Aquel año 31, tras «las primeras hojas de los chopos y las últimas flores de los almendros», vino también su notificación de traslado al recién creado instituto Calderón de la Barca de Madrid. Al fin podrá instalarse en Madrid, en casa, cerca de los suyos, a quienes tanto quería. Podrá ver más fácilmente a Guiomar... Nuestro poeta está contento. Prepara ya la tercera edición de *Poesías completas* y a finales de ese año escribirá sus originales *Recuerdos de fiebre, sueño y duermevela,* curiosamente influidos por la estética de los jóvenes poetas, que decía no compartir plenamente.

Ya no solo es un poeta conocido entre los círculos literarios. Ahora su nombre suena en todo Madrid: los éxitos teatrales y su asidua colaboración en la prensa diaria le han convertido en un hombre famoso. Tampoco los poetas jóvenes le olvidan. Escribe a Guiomar: «Ahora estoy recibiendo libros de poetas jóvenes con dedicatorias muy cariñosas. Son jóvenes de gran talento y, además, excelentes muchachos». Se le escapa a don Antonio algo de ingenua vanidad que no va mucho más allá. Tras veinticinco años de continuo trabajo literario, la moneda con que España le pagaba no tenía un precio demasiado alto: seguía siendo un profesor de francés, aunque renombrado poeta, académico, autor teatral...

Con todo, nuestro poeta avanza ya por la cuesta abajo del declinar físico. Él mismo reconoce ir para viejo. Gerardo Diego le visitó en Segovia con el ánimo de incluir su nombre en la *Antología* que preparaba. Escribe por entonces don Antonio a Guiomar, poco antes de fijar definitivamente su residencia en Madrid:

«Recibí la visita de Gerardo Diego. Me pide permiso para publicar versos míos en una *Antología,* entre otros, una de las composiciones que salieron en *Occidente.* Se lo he dado con sumo gusto. La *Antología* es de poetas vanguardistas precedidos de versos de Jiménez, Unamuno, Manuel y yo, como poetas viejos, pero eligiendo con preferencia composiciones de nuestros últimos tiempos. Mi criterio en estos casos es dejar hacer. Nuestra obra, una vez publicada, ya no nos pertenece».

Don Antonio se autocalifica como «poeta viejo». Tal vez con ello quiera referirse a su no pertenencia a las jóvenes generaciones de escritores, pero también puede traslucir una cierta preocupación por su salud, manifestada a Guiomar en sus cartas:

«Recibí el martes, diosa mía, tu adorable carta en Madrid. Yo había dedicado el lunes –día festivo para nosotros– a visitar al médico. Hemos quedado en que ha de hacerme una radiografía para ver el estado de mis bronquios, un análisis de jugos gástricos y varias cosas más. ¡Qué sé yo! En casa de todo buen médico se entra con la preocupación de una enfermedad y se sale con la casi certeza de cuatro o cinco».

A pesar de la ironía final, intentando restar importancia a su estado de salud, sabe don Antonio que se empieza a sentir mal: «Tengo que permanecer en Madrid hasta mañana por lo menos, para asistir a la clínica del doctor Jiménez, que quiere hacerme un reconocimiento detallado. No estoy bueno, diosa mía».

Para mayor desgracia, también la vista le traiciona: «Aguardo esta noche tu visita. Te escribo con gran dificultad porque tengo rotas mis gafas. Si vieras en qué poco tiempo se pierde la vista. Cuando yo te conocí, aún podía escribir sin gafas... Pienso con terror en perder la vista. ¿Qué sería de mí si no pudiera verte?».

Don Antonio, gran amante y cantor de las cosas pequeñas y sencillas, no pierde la ocasión y escribe a sus gafas, rotas mientras paseaba por la alameda del Eresma:

....
eché mano al estuche de las gafas
en busca de ese andamio de mis ojos,
mi volado balcón de la mirada.
Abrí el estuche con el gesto firme
y doctoral de quien se dice:

Aguarda, y ahora verás si veo...
Abrí el estuche, pero dentro: nada;
point de lunettes... ¿Huyeron? Juraría
que algo brilló cuando la negra tapa
abrí del diminuto
ataúd de bolsillo, y que volaban
huyendo de su encierro,
cual mariposa de cristal, mis gafas.

(*Cancionero apócrifo*)

Su quebrantada salud ya no se repondría, pero su mente y su corazón conservan toda la lucidez de nuestro poeta. Sigue trabajando incansablemente y hace un alto en el camino para acudir a Sevilla y recibir el curioso título –junto con su hermano Manuel– de «hijo adoptivo» de la ciudad, de donde eran los dos hijos «naturales». En el otoño de ese año 1931 escribe su borrador de discurso para la Real Academia, que constituye un compendio de sus ideas generales acerca de la cultura, insertas en ese tiempo agitado tanto por nuevos fenómenos poéticos como políticos y sociales.

Merece la pena detenerse brevemente en este borrador de don Antonio, que luego nunca utilizó, para dar razón de los criterios del poeta en aquellos años, cuando pasaba ya la cincuentena.

Se autobiografía don Antonio con excesiva humildad, pero sin ánimo alguno de falsear la realidad acerca de su persona y huyendo de todo afán «brillante»:

«No creo poseer las dotes específicas del académico. No soy humanista, ni filólogo, ni erudito. Ando muy flojo de latín, porque me lo hizo aborrecer un mal maestro. Estudié griego con amor, por ansia de leer a Platón, pero tardíamente y, tal vez por ello, con escaso aprovechamiento. Pobres son mis letras, en suma, pues aunque he leído mucho, mi memoria es débil y he retenido muy poco. Si algo estudié con ahínco fue más de filosofía que de amena literatura. Y confesaros he que, con excepción de algunos poetas, las bellas letras nunca me apasionaron. Quiero deciros más: soy poco sensible a los primores de la forma, a la pulcritud y pulidez del lenguaje, y a todo cuanto en literatura no se recomiende por su contenido. Lo bien dicho me seduce solo cuando dice algo interesante... Amo la naturaleza, y el arte solo cuando me la representa o evoca, y no siempre encontré la belleza allí donde siempre se guisa».

Manifiesta a continuación su aversión hacia el irracionalismo, hacia lo que él califica como «nuevo barroco literario»:

«Cuantos seguimos con alguna curiosidad el movimiento literario moderno, pudiéramos señalar la eclosión de múltiples escuelas aparentemente arbitrarias y absurdas, pero que todas ellas tuvieron, al fin, un denominador común: guerra a la razón y al sentimiento, es decir, a las dos formas de comunión humanas...

»...Razón y sentimiento son cosa de todos, instrumentos *omnibus* que el poeta desdeña en su afán de cantarse a sí mismo, no responden a la íntima realidad psíquica... Nunca en verdad, la lírica ha sido más fecunda en imágenes; pero estas imágenes, que revisten conceptos y no señalan intuiciones, que nunca reflejan experiencias vitales, carecen de raíz emotiva, de savia cordial. El nuevo barroco literario, como el de ayer mal interpretado por la crítica, nos da una abigarrada y profusa imaginaria conceptual. Hoy como ayer, conceptistas y culteranos tienen el concepto, no la intuición, por denominador común».

Y, finalmente, se detiene a comprobar la evidencia de un mundo en crisis de cual ha de surgir un futuro diferente donde los pueblos tengan cabida como protagonistas:

«Por todas partes las cosas parecen bruscamente cambiar, como si el árbol total de la cultura se renovase por sus más ocultas raíces. Fuerzas poderosas militan hoy contra los que suponíamos más firmes cimientos y más altos objetivos; los postulados de la ciencia, del arte, de la moral, aparecen inopinadamente removidos por nuevas concepciones del espacio, de la materia, de la economía, del Estado, de la familia...

»...Yo no creo en una edad fingida que excluya la actividad del poeta. Que el mundo venidero haya de ser, como supone Spengler, el de una civilización fría, puramente intelectualizada y técnica, me parece una afirmación temeraria. Tampoco la aspiración de las masas hacia el poder y hacia el disfrute de los bienes del espíritu ha de ser, necesariamente, como muchos suponen, una ola de barbarie que anegare la cultura y la arruine... Por lo demás, la defensa de la cultura como privilegio de clase implica, a mi juicio, defensa inconsciente de lo ruinoso y muerto y, más que de valores actuales, defensa de prestigios caducados».

Creía nuestro poeta en las palabras que le atribuye a Juan de Mairena: «Un pueblo es siempre una empresa futura, un arco tendido hacia el mañana».

Inmediatamente después de este borrador de discurso, en el que vuelve a ponerse de manifiesto su afán de comunicación colectiva, don Antonio comienza a elaborar sus *Recuerdos de sueño, fiebre y duermevela,* seguramente en los últimos meses del años 31 y en el transcurso de una enfermedad que le mantuvo encerrado algunos días. La idea de estos poemas es, sin embargo, bastante anterior y se remonta al periodo de Baeza. En un cuaderno de 1914 aparecen unos borradores con dos títulos entre paréntesis: (*Fragmentos de pesadilla*) y (*La España en un futuro próximo*), que preceden a un relato en prosa cuyo contenido se refiere a la ejecución de un condenado –el «sambenitado», nota de clara intención inquisitorial– en un juicio demencial, su muerte y posterior paseo por los infiernos. El texto en prosa está impregnado de un tono grotesco y claramente crítico: en un momento del juicio a que se somete el «sambenitado» –que es el propio poeta–, «el hombre de la perilla de alabardero» –juez o alguna otra autoridad– dice:

«¡Fuera gentuza!... Y silencio, en nombre del rey. El señor verdugo tiene un privilegio real para ensayar un aparato de su invención. Al reo asiste el derecho de reclamar los auxilios de nuestra santa religión, antes, naturalmente, de que se le ejecute; pero puede prescindir de ellos si esta es su voluntad. Nuestro augusto monarca quiere mostrar a su amado pueblo su tolerancia, su sentimiento del nuevo ritmo de los tiempos».

La intención del escrito no puede ser más clara y curiosamente «esperpéntica», un poco en la línea de Valle Inclán. Destaca la ironía, arma que nuestro poeta utilizaría con frecuencia en su prosa, con mayor agudeza a partir de sus años de Segovia. Bajo ese texto escrito en su cuaderno, don Antonio anotó: «Es traducción casi exacta de un sueño. No hay en él nada nada compuesto. Debe ser estudiado. No puede publicarse sin su exégesis y análisis, empresa muy difícil y, acaso, sin interés que compense el trabajo. –Documento no es arte».

El texto en verso no responde exactamente al original en prosa. Desciende en él el tono crítico y, aunque contiene notas sarcásticas, resulta menos grotesco y de mayor alcance existencial. En cualquier caso, el poema –atribuido por Machado a Abel Martín, quizás por no ser el propio poeta quien cargara con las galerías de su subconsciente– adquiere en ocasiones tintes surrealistas, por lo que puede decirse que engarza con la estética de los poetas más jóvenes. Comienza así este extenso poema:

Esta maldita fiebre
que todo me lo enreda,
siempre diciendo: ¡claro!
Dormido estás: despierta.
¡Masón! ¡Masón!
....
¡Oh, claro, claro, claro!
....
—¡Sambenitado, a un lado!
—¿Eso será por mí?
¿Soy yo el sambenitado,
señor verdugo?
—Sí.

Caronte, el barquero de la muerte –cuyo fantasma puede que empezara a presentir nuestro poeta– se le acerca para preguntarle por qué ha llegado hasta su lado. La conversación es digna del mejor humor negro:

....

—¿Razón?
—La ignoro. Ahorcóme un peluquero.
—(Todos pierden la memoria en este clima).
—¿Delito?
—No recuerdo.
—¿Ida, no más?
—¿Hay vuelta?
—Sí.
—Pues ida y vuelta, ¡claro!
—Sí, claro y no tan claro: eso es muy claro.
—Aguarda un momentín, y embarcarás.

Conviene reseñar este poema de don Antonio, dado que se sale de su modo habitual de escribir, por su tono burlesco y existencial a la vez. Sin duda los nuevos aires poéticos llegaron hasta él, sin proponérselo. Y es que nuestro poeta difícilmente podía sustraerse al imán de lo que le circundaba: no llegó a comprender plenamente los nuevos fenómenos poéticos, pero estaba seguro de que, tras ellos, «mañana bien pudiera ser un retorno a la objetividad y a la fraternidad».

Corre ya el año 32 y don Antonio se instala definitivamente con su familia en Madrid, en la casa de General Arrando número cuatro. En ella vive su madre, doña Ana y su hermano José con toda la familia, pero no deja su habitación de la pensión segoviana, pagando el alquiler hasta 1936. Allí guardaba don Antonio gran cantidad de libros; su mayor parte la donaría más tarde a la Universidad Popular de Segovia.

Vuelve nuestro poeta a recorrer las calles de Madrid, sus cafés y sus tertulias. Tiene achaques, pero su corazón vuela contento porque ama y sabe que es amado. Se le ve con frecuencia anotar cosas en su cuaderno: está pensando en un nuevo apócrifo, *Juan de Mairena*, cuya fama habría de ser muy superior a la de *Abel Martín*, su maestro. Da sus clases de francés todas las mañanas, no sin antes detenerse unos minutos a leer los periódicos en algún café de la glorieta de Bilbao. Francisco Lucientes publicó en el diario *El Sol* un retrato del poeta, el 27 de diciembre de 1932:

«El poeta es alto, robusto y ya no joven. Su desaliño provinciano no conmueve una mirada. Distrae su espera, adormilándose con el barullo de la pianola, de los estudiantes, de... El poeta, en lo hondo de la calle Atocha, vive su vida. Ni conocido, ni envidioso, ni envidiado...

»—¡Adiós don Antonio! –le saluda el camarero.

»—¿Quién es? –pregunta uno del mostrador.

»Y el camarero responde sencillamente:

»—Un catedrático, creo: don Antonio Machado.

»El poeta sale sin paraguas. Sin gabardina. Va embarcando la lluvia a su gusto.

»Ahora entra en el bar un nuevo personaje: una muchachita de servir. Se le ve la bata de percal bajo un abrigo lujoso, seguramente de su señorita. Lleva todo el aire de ir a un recado.

»—¿Se fue? –pregunta, defraudada, al camarero.

»—Sí, don Antonio –le contesta– se acaba de ir».

Seguramente aquel día Guiomar no pudo ir. También seguramente aquel día, don Antonio escribiría: «Quise castigarme y acudí a nuestro rincón, para esperarte sin la esperanza de tu llegada. Y allí estuve largamente».

Aquel año, un acontecimiento debió de hacerle muy feliz: Soria le nombra hijo adoptivo, «por haber sabido describir en versos sublimes el paisaje, las costumbres y el alma soriana». Don Antonio acepta, emocionado: «Para aceptar tan desmedido homenaje solo me anima esta consideración: el hijo adoptivo de vuestra ciudad ya hace años que ha adoptado a Soria como patria ideal». En octubre del mismo año se publica en *El porvenir castellano* un artículo titulado *«Soria»* con la rúbrica de Antonio Machado.

Don Antonio prosigue su actividad. Escribe mucho, en prosa preferentemente. Toca todos los temas y, en especial, la cultura. Por las tardes se le puede ver con frecuencia –cuando no iba al encuentro de su secreto amor– en el café Español, junto al teatro Real. Cuando se cerró, la tertulia se traslada al Varela, en la calle de Preciados, aún hoy en pie. Entre otros se reunían: Antonio, Manuel y José Machado, Ricardo Baroja, el actor Ricardo Calvo, Jiménez Encina... Por allí se dejaba caer Unamuno siempre que visitaba Madrid, quien se consideraba «un hermano honorario» de los Machado.

Junto con Manuel sigue escribiendo para el teatro. Por entonces, comienza el *Cancionero apócrifo de Juan de Mairena* que, según Machado, era:

«Poeta, filósofo, retórico e inventor de una máquina de cantar. Nació en Sevilla(1865). Murió en Tapia de Casariego (1909). Es autor de una *Vida de Abel Martín,* de un *Arte poética,* de una colección de poesías: *Coplas mecánicas,* y de un tratado de metafísica: *Los siete reversos*».

La salida a la luz de la tercera edición de sus *Poesías completas* es un éxito literario. No solo se refiere al libro la prensa especializada, sino también los periódicos de la época. Coincide el acontecimiento con la publicación de dos antologías poéticas –la de Gerardo Diego y la de Federico de Onís– en las que su nombre ocupa un lugar relevante.

Juan de Mairena salta a las páginas del *Diario de Madrid* en 1934. ¿Quién era este nuevo apócrifo machadiano? Don Antonio responde así en una entrevista difundida por *La voz de Madrid* durante los años de guerra:

«¿Juan de Mairena? Sí... es mi "yo" filosófico, que nació en épocas de mi juventud. A Juan de Mairena, modesto y sencillo, le placía dialogar conmigo a solas, en la recogida intimidad de mi gabinete de trabajo y comunicarme sus impresiones sobre todos los hechos. Aquellas impresiones, que yo iba resumiendo día a día, constituían un breviario íntimo, no destinado en modo alguno a la publicidad, hasta que un día... un día saltaron desde mi despacho a las columnas de un periódico. Y desde entonces, Juan de Mairena –que algunas veces guarda sus fervorosos recuerdos para su viejo profesor Abel Martín– se ha ido acostumbrando a comunicar al público sus impresiones sobre todos los temas...».

En 1935, Juan de Mairena sigue apareciendo, pero esta vez desde las páginas de *El Sol.* Por aquel entonces se adhiere don Antonio al «Comité Mundial de Escritores en defensa de la Cultura», que impulsa Romain Rolland y suscribe un manifiesto de protesta –junto con otros intelectuales– por el asesinato del periodista Luis de Sirval.

Para el curso 1935-36 don Antonio ha sido trasladado al instituto Lope de Vega. Su amada Guiomar se ha ido lejos de él y la melancolía le invade, pero confía en volver a verla cuando pase el verano. Se siente cada vez más achacoso, aunque no por eso abandona su trabajo. Él y Manuel han terminado de escribir *El hombre que murió en la guerra* y ya se han puesto de acuerdo con su gran amigo, el actor Ricardo Calvo, para que se represente en Madrid el próximo otoño de 1936. Se prepara ya una cuarta edición de sus *Poesías completas* junto con su más reciente obra *Juan de Mairena. Sentencias, donaires, apuntes y recuerdos de un profesor apócrifo.* Ambas están previstas para la primavera de 1936.

Alberti había regresado de Rusia y es homenajeado con un banquete, cuya convocatoria había suscrito don Antonio quien, por otra parte, ya había remitido al joven poeta un artículo para su revista *Octubre,* titulado *«Sobre una lírica comunista que pudiera venir de Rusia».* Pero aquel año 36 comenzaba con un negro augurio para nuestro poeta: en enero moría su querido amigo Valle Inclán, como evitando ser testigo presencial del trágico esperpento que iba a representarse en España. Juan de Mairena no le olvida desde las páginas de *El Sol*:

«...Y aquellas sus últimas palabras a la muerte, con aquella impaciencia de poeta y de capitán: "¡Cuánto tarda esto! ¡Oh, qué bien estuvo don Ramón en el último trago a que aludía Manrique!"».

Se acerca el verano. Un escritor, don Manuel Azaña, preside el gobierno. Madrid aplaude a García Lorca por su *Yerma.* La familia Machado hace sus planes: Manuel pasaría esos meses en Burgos y se va hacia la ciudad castellana; con doña Ana se quedarían Antonio y José con su mujer e hijas.

Sin embargo, el ambiente estaba tenso: las «dos Españas», a que aludiera nuestro poeta, iban a partirse irremisiblemente. Las fuerzas de derecha no han querido asimilar el triunfo del recién nacido Frente Popular y la guerra es ya un hecho. Don Antonio casi no puede creerlo: ahora, a su tristeza de amor, a su melancolía de hombre enfermo, se une el dolor amargo de la guerra. Pero se rehace y, en medio del desastre, continúa su labor. Un nuevo Madrid surge ante él y Juan de Mairena deja constancia de ello en su artículo *«La sonrisa madrileña»*:

«Madrid tenía ya –¿quién puede dudarlo?– una breve y gloriosa tradición salpicada de sangre y de heroísmo, su breve historia trágica que don Francisco de Goya anotó para siempre. Pero el pueblo madrileño, que no lo ignoraba, nunca se jactó de ella; ...Nosotros tendíamos a olvidar lo trágico y lo heroico madrileño. En verdad, nos lo borraba esa jovialidad de Madrid, no exenta de ironía, de apariencia frívola y desconcertante, esa gracia madrileña inasequible a los malos comediógrafos, que todo lo achabacanan, y que tan finamente han captado los buenos (Lope, Cruz, Jacinto Benavente), esa gracia cuya degradación es el chiste, y que es esencialmente un antídoto contra lo trágico, un anticipo del fracaso de lo solemne. Pero la sonrisa madrileña, levemente cínica, marcadamente irónica, es ya una sonrisa "a pesar de todo", porque en Madrid es la vida más dura que en el resto de España. Es en Madrid donde adquieren más tensión los resortes de la lucha social y de la competencia en el trabajo, el lugar de los mayores afanes y los mayores riesgos, donde, a causa de la mucha concurrencia, es más grande la soledad del individuo, donde es más ardua la empresa de salir adelante con la propia existencia y la de la prole. Hay en la sonrisa madrileña una lección de moral, de dominio del hombre sobre sí mismo, que pudiera expresarse: a mayor esfuerzo mayor jactancia».

Don Antonio comienza a publicar entonces en *Hora de España.* Los bombardeos arrecian sobre Madrid: llegan noticias confusas de todas partes, ninguna de su Guiomar querida, pero sí de la trágica muerte de Federico García Lorca, aquel joven que le visitó en Baeza. Nuestro poeta se conmueve y, con todos los poetas, también lloró su muerte. Al joven escritor granadino dedicó don Antonio el hermoso poema titulado *«La muerte fue en Granada»*:

Se le vio, caminando entre fusiles,
por una calle larga,
salir al campo frío,
aún con estrellas, de la madrugada.
Mataron a Federico
cuando la luz asomaba.

Machado deseaba permanecer a toda costa en Madrid: confiaba en reunirse pronto con su querido hermano Manuel. Pero a finales de año la situación era ya insostenible en la capital. Rafael Alberti y León Felipe fueron a buscarle a su casa para invitarle a dejar Madrid en nombre de la Alianza de Intelectuales. Alberti relata así aquel encuentro:[1]

«Salió Machado, grande y lento, y tras él, como la sombra fina de una rama, su anciana madre. No se comprendía bien cómo de aquella frágil, diminuta mujer pudo brotar roble tan alto. La casa, lo mismo que cualquiera, rica o pobre, de aquellos días de Madrid, estaba helada. Machado nos escuchó concentrado y triste. No creía él, nos dijo al fin, que había llegado el momento de abandonar la capital. ¿Escasez, crudeza del invierno que se avecinaba? Tan malos los había sufrido toda su vida en Soria u otras ciudades y pueblos de Castilla. Se resistía a marchar. Hubo que hacerle una segunda visita...».

Por fin, en noviembre partía toda la familia Machado hacia Valencia. El Quinto Regimiento les llevó hasta Rocafort, donde residirían en una preciosa villa cercana al mar llamada Villa Amparo. Dejaba don Antonio en Madrid cuatro hermosos versos, que se iban diciendo de boca en boca:

¡Madrid! ¡Madrid! ¡qué bien tu nombre suena,
rompeolas de todas las Españas!
La tierra se desgarra, el cielo truena,
tú sonríes con plomo en las entrañas.

---

[1] Rafael Alberti, *Imagen primera y sucesiva de Antonio Machado.*

Villa Amparo debía de recordarle la luz de su Sevilla infantil, con aquellos limones «arracimados» y el limpio azul de su cielo. Allí vivieron los Machado un año, hasta allí le llegó la última carta de su amada Guiomar y la desgarradora noticia de la muerte de su querido y admirado Unamuno. Desde allí le escribiría a David Vigodsky:

«En efecto, soy viejo y enfermo, aunque usted por su mucha bondad no quiera creerlo: viejo, porque paso de los sesenta, que son muchos años para un español; enfermo, porque las vísceras más importantes de mi organismo se han puesto de acuerdo para no cumplir exactamente su función. Pienso, sin embargo, que hay algo en mí todavía poco solidario con mi ruina física y que parece implicar salud y juventud de espíritu, si no es ello otro signo de senilidad, de regreso a la feliz creencia en la dualidad de sustancias».

Y así es; desde su rincón de Rocafort escribe los artículos que diariamente se siguen publicando. Juan de Mairena no abandona a sus lectores en esta hora difícil. Frente al luminoso Mediterráneo escribe los pocos versos de esta época –no más de veinte, en total–, sufre y, como todos los españoles, desea la paz, pero no la de los cementerios. Desdeña la actitud de los intelectuales que se quejan de la guerra porque interrumpe sus meditaciones. Y él, Machado, medita en la guerra y Juan de Mairena se siente también responsable de la situación, partícipe de la misma y decidido a no romper los lazos de la palabra con el pueblo: «Y si la guerra nos aparece como una sorpresa en el ámbito de nuestras meditaciones, si ella nos coge totalmente desprevenidos de categorías para pensarla, esto quiere decir mucho en contra de nuestras meditaciones y en pro de nuestro deber de revisarlas y de arrojar no pocas al cesto de los papeles».

Viaja poco a Valencia. Una de las veces que va hasta la ciudad es para enviar un saludo a las Juventudes Socialistas Unificadas con motivo del 1 de mayo:

«...Yo os saludo, pues, jóvenes socialistas unificados, con un respeto que no siempre puedo sentir por los ancianos de mi tiempo, porque muchos de ellos estaban deshaciendo a España y vosotros pretendéis hacerla. Desde un punto de vista teórico, yo no soy marxista, no lo he sido nunca, es muy posible que no lo sea jamás. Mi pensamiento no ha seguido la ruta que desciende de Hegel a Carlos Marx. Tal vez porque soy demasiado romántico, por el influjo, acaso, de una educación demasiado idealista... Veo, sin embargo, con entera claridad, que el socialismo, en cuanto supone una manera de convivencia humana, basada en el trabajo, en la igualdad de los medios concedidos a todos para realizarlo, y en la abolición de los privilegios de clase, es una etapa inexcusable en el camino de la justicia; veo claramente que es esa la gran experiencia humana de nuestros días, a que todos de algún modo debemos contribuir... no solo por jóvenes verdaderos, sino también por socialistas, yo os saludo con entera cordialidad».

Desde Rocafort, su alma triste y honda de poeta eleva un hermoso canto a Valencia:

> ....
> Valencia de finas torres
> y suaves noches, Valencia,
> estaré contigo,
> cuando mirarte no pueda.

Azotan el cielo los bombardeos, el fuego de la guerra tampoco respeta a los niños. Don Antonio se estremece cuando escribe *La muerte del niño herido*:

> Otra vez en la noche... Es el martillo
> de la fiebre en las sienes bien vendadas
> del niño. —Madre, ¡el pájaro amarillo!
> ¡las mariposas negras y moradas!

En la primavera de 1938, las tropas nacionales interceptan el camino de Valencia a Barcelona. Machado y su familia son trasladados a la Ciudad Condal, donde el periódico *La Vanguardia* sigue recogiendo en sus páginas la voz de Juan de Mairena. Viven en la «torre» de Castañer, casa palaciega también frente al mar. Aquí escribe Juan de Mairena una serie de artículos bajo el título de *Desde el mirador de la guerra.*

La arterioesclerosis ha hecho presa en él. Don Antonio sufre y su pueblo también. Miles de seres se han puesto en movimiento guiados por el seguro terror de la muerte. Barcelona tiembla: el gran éxodo comienza.

En Rocafort había dicho don Antonio a Pla y Beltrán: «Cuando pienso en un posible destierro en otra tierra que no sea esta atormentada tierra de España, mi corazón se turba y conturba de pesadumbre. Tengo la certeza de que el extranjero significaría para mí la muerte».

La familia Machado inicia el camino del exilio el 22 de enero de 1939. Con ellos van ilustres personalidades de la vida catalana y el escritor Corpus Barga. Y junto a este grupo, miles de racimos de españoles taponan la carretera que llega a la frontera. En pleno invierno, el frío era intenso y no paraba de llover. Don Antonio caminaba dificultosamente; junto a él, la diminuta doña Ana –a quien Corpus Barga cogió entre sus brazos, mientras ella le preguntaba si faltaba mucho para llegar a Sevilla– y José con su familia.

El río humano empujaba, precipitándose unos sobre otros en el ansia de alcanzar la frontera. Así se perdió la cartera que don Antonio llevaba: desaparecieron para siempre las cartas de su Guiomar, sus apuntes de versos, la voz de Juan de Mairena...

Llegaron a Collioure, refugio de pintores y bohemios. El 22 de febrero el corazón comenzó a fallarle y una gastroenteritis vino a complicar su mal. Sobre la cama del hotelito Boulogne-Quintana, desnudo y envuelto en una sábana, conservando todas sus facultades mentales, moría don Antonio. Tres días más tarde se le unía doña Ana. Al salir de España llevaba don Antonio en el bolsillo diez pesetas. Quizás presintió que «el día del último viaje» sería así. Por eso había escrito:

....

me encontraréis a bordo ligero de equipaje,
casi desnudo, como los hijos de la mar.

(*Retrato*)

Federico García Lorca

PRÓLOGO

Federico García Lorca conoció a Antonio Machado durante un viaje que realizó con varios compañeros de estudios por España entre 1916 y 1917, y volverá a coincidir después en Madrid, en la célebre Residencia de Estudiantes. Pero antes de viajar a Madrid en 1919, Lorca empezó a trabar amistad con diversos personajes relacionados con el mundo de la cultura. Para ello era imprescindible asistir a la famosa tertulia que se celebraba en el café Alameda, conocida como «El Rinconcillo». En esas reuniones se mantenía viva la actividad cultural desarrollada en la ciudad de La Alhambra. Gracias a que algunos de los integrantes del grupo se trasladaron a Madrid, Federico pudo marcharse también, con la inestimable ayuda de Fernando de los Ríos que convenció a sus padres para que continuara sus estudios en la capital. En uno de sus viajes de regreso a Granada, Lorca pudo colaborar con Manuel de Falla, quien también formaba parte de la tertulia. Su genial inspiración encontraba terreno fértil en cualquier campo.

A Madrid llegó Lorca con 21 años y estuvo en la Residencia de Estudiantes hasta 1926. Allí convivió con personajes tan diversos e interesantes como Buñuel, Pepín Bello, Dalí o Severo Ochoa y también pudo conocer a otros que acudían con frecuencia como Unamuno, Falla, Juan Ramón Jiménez (director de Ediciones de la Residencia), José Ortega y Gasset, Pedro Salinas, Eugenio d'Ors o Rafael Alberti. Hay quienes aseguran que en este lugar Lorca se decantó por la literatura; lo cierto es que tan nutrido entorno le proporcionó sin lugar a dudas, interesantes y productivas vivencias que redundarían en su vida y en su obra. Allí pudo tomar contacto con las incipientes teorías psicoanalistas de Freud y con el surrealismo de Dalí *correspondido*). También germinó su afición por el cine. En definitiva, Federico empieza a florecer y emerge su carácter polifacético.

Su acentuada sensibilidad –avivada tal vez desde la infancia por el delicado cuidado de su madre, doña Vicenta, maestra de profesión– unida a su genialidad innata, le abrieron las puertas de distintas disciplinas artísticas en las que sus aptitudes lograban desarrollarse con plenitud: la música, en primera instancia, abrazada en su Granada natal, pero también el dibujo o la poesía y el teatro, en cuyas redes quedó atrapado tras llegar a Madrid. Esta condición multidisciplinar queda patente en el desarrollo de sus obras teatrales, puesto que además de escribir bien teatro, cincelando con esmero la estética literaria, el autor se implicaba en el montaje y escenificación de sus propias obras, diseñando decorados y vigilando cada detalle.

En la cabeza de Lorca bullían ideas y sensaciones que revierten en su magistral obra y que producen incesantes proyectos fértiles, como el lector tendrá la oportunidad de apreciar en esta biografía. Dicha inquietud intelectual le llevó a fundar una revista –*Gallo*– en 1928 (aunque solo dos ejemplares vieron la luz) y a montar un grupo de teatro –La Barraca–, que pretendía acercar el teatro al pueblo.

Y es que Federico estaba muy cerca del pueblo y supo como nadie plasmar en sus obras las costumbres de la sociedad rural que tan bien conocía, sin olvidarse a la vez del gran bagaje cultural que atesoraba. Una base popular coronada por un entarimado culto. A pesar de sus orígenes –podríamos decir– «acomodados» (su padre había heredado tierras, aunque no era el típico terrateniente puesto que él mismo trabajaba en ellas), desde muy joven empatizó con los colectivos más humildes. Le apasiona la canción popular, el teatro de títeres y el colorismo de los gitanos; pero también recurre a fuentes clásicas de inspiración, que domina perfectamente como buen lector que era.

Junto al sentir popular, al folclore y a las emociones de esta su tierra, en la vida de Lorca se advierten trazas de universalidad potenciada tras sus andanzas por tierras americanas: Estados Unidos, Cuba, Argentina y

Uruguay. En Buenos Aires el poeta se sintió como en casa y pudo recibir el cariño y la entrega de un público que le adoraba, como lo demostró el éxito de su *Bodas de sangre* y las dos ediciones que la mecenas argentina Victoria Ocampo realiza del *Romancero gitano*.

Esa universalidad es una de las características de su obra, donde se aúna costumbrismo y modernidad haciendo uso de un prodigioso surtido de metáforas. Cultivó la poesía y el teatro, en el que destaca esmerado lirismo y una abigarrada profusión de símbolos, siempre con trasfondo dramático.

CAPÍTULO PRIMERO

Los poetas nacen

El 5 de junio de 1898, en el pueblo de Fuentevaqueros, provincia de Granada, viene al mundo el primer hijo de Federico García Rodríguez y Vicenta Lorca Romero.

Este nacimiento, largamente esperado en una casa acomodada que había visto morir a su primera dueña doña Matilde Palacios sin dejar descendencia, fue acogido con natural alegría. Desde el principio se vuelcan en el recién llegado las caricias rudas del padre, hombre de campo acostumbrado a mandar por su posición y temperamento, y los mimos desvelados y tiernos de la madre, mujer amante de los niños que les había dedicado su primera juventud, ejerciendo como maestra en la escuela del pueblo.

Seis días más tarde, este niño será bautizado en la parroquia de la Anunciación y recibirá, como su padre, el nombre de Federico.

A pesar de los vigilantes cuidados de que es objeto, el pequeño enferma de consideración a los pocos meses –se cree que fue un ataque de poliomielitis– sufriendo un notorio retraso en su crecimiento. Algunos de sus biógrafos coinciden en afirmar que hasta cumplidos los cuatro años no pudo andar correctamente y que toda su vida siguió conservando un leve defecto al caminar.

Esta debilidad le va a permitir, no solo acaparar las atenciones exhaustivas de la madre, cuya inteligente y cultivada sensibilidad agudizará en él un sexto sentido de captación, sino la placidez y el reposo suficientes para ir analizando y recreándose en las pequeñas cosas que componen su vida cotidiana. Federico no será el peculiar bebé que inicia atropelladamente, precipitándose al peligro, las pequeñas conquistas de su mundo de niño. No destruirá, antes siquiera de alcanzarlos, los inefables hallazgos de la infancia, sino que pacientemente los tomará de la mano blanda que se los ofrece sucesivamente, experimentándolos bajo todas sus formas.

Canciones para entretenerle, nanas para dormirle, risas con que arroparle. La paciencia bien ejercitada de doña Vicenta sabe bien de estas blanduras alegres y su voz cantarina y su gracia andaluza van tejiendo sobre el alma de su niño, sin esfuerzo, un velo tenue de ensoñación. El pequeño Federico es tierra fértil para cultivar fantasías, aunque el padre arrugue el ceño en ocasiones, preguntándose inquieto en qué ha de parar tanto gorgorito risueño.

Y es que don Federico es un caballero de toda una pieza como quedan pocos. Un hombre con ideas claras que sabe lo que quiere y al que los avatares de su tiempo no harán cambiar fácilmente de opinión. Hijo de acomodada familia de terratenientes, hereda de sus mayores cortijos y tierras en el Soto de Roma, otrora latifundio con el que España premió al duque de Wellington su contribución en la guerra de la Independencia. Pero no se limita el ilustre prócer nacido en Fuentevaqueros a pasear el rango que sus posesiones le otorgan, sino que se esfuerza en hacerlas crecer y multiplicarse, extendiendo el ámbito de su incansable actividad hasta negocios que nada tienen que ver con la agricultura, como su participación en la refinería Nueva Rosario y sus funciones públicas como juez de paz y secretario del Ayuntamiento.

Trabajador infatigable, previsor, honrado y astuto, este hombre de empresa de mirada amplia que ha sabido también cultivar generosamente el gusto por la vida, sin desdeñar el amor que le inspiraba una humilde maestra cuando ya había perdido a su primera mujer, no puede menos de poner en su primogénito todas sus esperanzas y también todos sus temores. Soplan malos vientos en España y aunque él haya visto crecer su patrimonio, fruto es de su previsión y de su esfuerzo más que de su talante bondadoso o de los entretenimientos pueriles con que llenó sus ocios.

«No mimes tanto al chico, Vicenta, que hay que hacerle duro para la vida». Para esta vida que también ha de ser difícil, aunque menos, para los «señoritos». En estos momentos, la crisis política y económica que el país venía arrastrando desde la restauración se ve agudizada con la nueva inflación producida por la guerra de Cuba y la pérdida de Filipinas.

El pesimismo y la inquietud se dejan sentir por doquier. No hay revolución industrial salvo en Cataluña y en el País Vasco; la agricultura está en pésimas condiciones y mientras el capital engorda, los trabajadores son infatigablemente concienciados de la injusticia de sus carencias. De nada sirve que hombres como Costa propugnen una «regeneración de España» mediante la aplicación de urgentes medidas económicas destinadas principalmente a fomentar racionalmente la agricultura, para terminar, de una vez por todas, con el mantenido error de los latifundios desaprovechados.

Pero de esto no se habla con los niños y, de cualquier modo, la posición de la familia es tan sólida que doña Vicenta no ve motivo de inquietud que enturbie sus arrullos de madre.

Todo es holgura en aquella casa, aunque no despilfarro que consienta el amo, pero eso no quita para que doña Vicenta, que llegó en segundo lugar a regentarla y que choca a veces con el resentimiento de la familia de su primera dueña, consiga mudarse a la otra, más alegre y sin historia, que su marido posee en la calle de la Iglesia.

Allí nacerían sus restantes hijos: Francisco, Conchita, Isabel y aquel malogrado Luis que hubo de enterrar apenas nacido. La salud de la madre se ve entonces resentida y debe delegar el cuidado de los hijos en manos más firmes. Suerte que de todo le compensa el cariño ciego de su Federico, abrumándola de caricias y de besos.

¿No te das cuenta de que solo ve por tus ojos, mujer? No es bueno tanto amor, entre hijo y madre.

Y como es el mayor y le sobra desparpajo y talento, convienen en enviar a Federico a la escuela, antes siquiera de que cumpla la edad reglamentaria. No sea que con tantos chismes de cocina y tantos arrumacos de madre y nodriza se les estropee el muchacho.

Ningún maestro, aunque no hubiese sido tan inteligente y liberal como aquel don Antonio Rodríguez Espinosa, zapatero de origen y a la sazón maestro en Fuentevaqueros, hubiera sido capaz de negarle el favor a su antecesora, aun en el caso de que don Federico, no hubiera tenido en el pueblo el peso que tenía.

Así pues, García Lorca fue prematuramente inscrito en el registro escolar. Ya llevaba algunas letras aprendidas y la imaginación más despierta aun de lo que es frecuente en un niño de tal edad –no ha cumplido cinco años– pero, no obstante, nadie habrá de tildarle de «prodigio».

Para don Antonio, sin embargo, es un alumno diferente y no por la familia a la que pertenece, sino porque su simpatía y su gracia, aquel desparpajo con que, sin ofender a ninguno, sabía hacerse «el mandón» con todos y, principalmente aquella disposición exagerada que tenía para todas las actividades artísticas, le hacen sentir por el más joven de sus discípulos una especial predilección. Ni siquiera consigue enfadarse cuando Federico asiste a sus lecciones de aritmética con el mismo talante festivo que a un vuelo de mariposas.

Es un niño pacífico pero alegre, sin problemas, que transparenta el ambiente familiar holgado y culto al que pertenece. El estudio sistemático está para él, como para cualquier muchacho de su edad, lejos del ámbito de sus intereses y prefiere la música, el juego reposado o los relatos de misterio. También le gusta el contacto con la naturaleza. Aunque no sale mucho, Federico la contempla y la recrea sin descanso en sus paseos. Mientras sus compañeros saltan vallados o compiten en alocadas carreras por los verdes prados de la vega, él descubre la magia de los insectos, de las aves o de los árboles.

Aquel verano se trasladan a la finca que su padre tiene en Asquerosa (hoy Valderrubio), pueblo asentado junto al río Cabillas y a escasos kilómetros de Fuentevaqueros.

Por primera vez un leve sentimiento de inseguridad y de extrañeza inquieta al pequeño Federico. Ha dejado de ver rostros y lugares que ya le eran familiares para trocarlos por otros, más nuevos y agrestes que es preciso esforzarse en penetrar. También le resulta nueva la figura del padre en traje de faena, cuando vuelve de sus tierras y le dice con aire esperanzado aunque lleno de fatiga:

—Algún día tú tendrás que hacer lo que yo hago.

Y se lo lleva con él para que aprenda. Pero Federico prefiere mirar al cielo que a la tierra y seguir escuchando el canto de cigarra que brota de su corazón de niño. Es verdad que sus ojos soñadores se irán llenando de campo, pero del campo irreal y amable que en su imaginación florece. Grillos, palomas, manzanas; una flor azul... lagartos verdes con delantalitos blancos. Increíbles seres, pintados de inverosímil color –el verde es su preferido– van aposentándose en su mundo poético con tranquilizador perfil. Seres afines, blandos, mínimos amigos que no pretenden herirle, enfrentándosele con la rotundidad de su existencia; seres que conservará junto a sí toda la vida.

Por la tarde, cuando el cielo pálido se cubre de estrellas, Federico, aterciopelados los ojos de nostálgicas negruras, aprenderá con tía Isabel a tocar la vieja guitarra que su padre tiene olvidada desde hace tiempo. Le gusta más el piano, pero estos sonidos entrañables le despiertan sensaciones familiares, plenas de esa melancolía que su espíritu de poeta tan bien intuye. Son momentos hermosos, más serenos que esos otros cuajados de temores oscuros que entre excitado y medroso vive en la tertulia del patio, cuando sus tíos cuentan historias de bandidos que con afilados cuchillos tiñen de gemidos ocres el aire atardecido de la sierra. Un pozo de angustiosa ansiedad se le ahonda en el alma: hay que vencer o morir. La lucha, eternamente la lucha, aterrorizándole con su amenaza inexorable. Él no quiere luchar y los montes de Granada están llenos de hombres rudos que se baten, de hombres fuertes... de hombres.

¡Qué difícil ser hombre! Y, sin querer, los ojos se le van con envidia en pos de sus hermanas. Suerte que el regazo de doña Vicenta, tibio y perfumado, sigue ofreciéndole la protección soñada.

Pero también ella le abandona cuando llega la hora del descanso y, despierto cuando todos duermen, atisba desde su cama esa noche que le asusta y le cautiva... Arriba está la luna para permitir, para acogerse a ella cantando bajito, antes de que el alma asustadiza se le eche a temblar en intuidos poemas, trascendidos de soledad y de impotencia. De su mano de luz blanca, de luz verde, de luz roja, se adentra el niño, estremecido e insomne, en ese bosque misterioso para recorrer andaduras siniestras.

«Déjeme, padre, seguir siendo niño y no me espante con su mirada de acero; ni reprenda con voz torva a mi madre, que no tiene culpa de que yo sea azul, de que me gusten las rosas y el olor de las violetas».

Don Federico, hábil caballista, insiste en enseñarle a montar, pero el chico se resiste. Su naturaleza libre y frágil rehuye el ejercicio violento del dominio. «Deje usted el caballo con su libertad, que relinche suelto en la pradera». Pero no puede menos de admirar la destreza del padre cuando galopa.

¡Qué difícil ser hombre!

Al menos, qué difícil serlo a la manera de los que él conoce, de aquellos que las leyendas celebran. Él es pacífico, rehuye las peleas y los juegos violentos y disfruta en cambio cuando de la mano de su madre asiste a la misa de la parroquia. ¡Qué bonitas cosas dice el cura desde el púlpito! ¡Cómo resuena su voz en las paredes altas del templo! ¡Qué serenidad le infunden los ángeles plasmados en el retablo! A ellos les pide volver a Fuentevaqueros. Y la familia vuelve. Las tierras de Asquerosa quedan en manos de medianeros.

—¿Vienes a jugar a misas en el patio de mi casa?

Y él bajo un grotesco disfraz hecho de retales viejos es ministro y predicador solemne cada tarde. Solo exige que los asistentes lloren durante el sermón.

Pero un buen día de primavera llegó a Fuentevaqueros un grupo de gitanos con su tinglado de títeres. Iban a dar aquella misma noche, en la plaza, una representación de populares personajes del guiñol.

Federico, después de enterarse de los pormenores, irrumpe en casa excitado y locuaz.

—¡Lo que quiera le prometo, madre, con tal de que me deje ir!

Ni un bocado de la cena le pasaba por la garganta de tan excitado como estaba y cuando al fin salió de casa, la impaciencia le hacía tirar de la criada que le acompañaba con tanta fuerza que casi la arrastraba.

Cuando la función comenzó, Federico se olvidó de todo; inmerso en la acción de aquellos muñecos grotescos que se movían, gesticulaban y daban golpes a diestro y siniestro, el niño reía o se acongojaba. Solo con los labios iba repitiendo él las palabras que allí se decían. Y al terminar la función, que nadie le preguntara si le había gustado: Federico estaba en otro mundo.

¿Qué soñaría aquella noche con los ojos abiertos hasta el alba? En su imaginación recién estimulada con nuevos incentivos bullían personajes y peripecias forjándose disparatadas historias protagonizadas por seres fantásticos, plenos de humanidad y de ternura.

La capacidad artística que llevaba dentro le permitía disfrutar de la magia de aquellos seres burlescos. Todavía no conocía él la técnica, ni los avatares de la vieja *commedia dell'arte,* en la que el intérprete se fundía con el autor en improvisación constante, pero algo intuía su recién descubierta vena teatral cuando se le desperdigaba la fantasía creando nuevas peripecias, sin la menor preocupación por escribirlas antes de representarlas.

Desde aquel día sus compañeros de juegos no volverían a escuchar conmovedoras homilías en el patio de la casa de Federico, sino que podrían regocijarse y aplaudir, celebrando la gracia de aquellas pequeñas farsas con que su anfitrión les deleitaba.

El altar se había trocado en teatrillo de títeres.

Así nacen los primeros héroes lorquianos.

Federico lo hace todo. Es la mente y el alma de su teatro rudimentario. Los personajes hablan con su voz, los decoradores son obra de su habilidad ingenua de dibujante, las canciones con las que ameniza cada representación proceden del caudal folclórico popular que el niño tan bien conoce.

Aquel iba a ser un entretenimiento, larga y fervorosamente cultivado. Un velar las armas para poder servir más tarde el arte de Talía con la dignidad, la sobriedad y la grandeza que Lorca supo imprimir a su teatro poético.

Después, cuando ya el poeta sabía de sobra lo que representaban en el arte dramático popular personajes como Pantalón, Arlequín, Polichinela o la figura española de Cristobita, él sigue creando seres burlescos directamente emparentados con ellos. «Nunca abandonó la compañía de sus muñecos infantiles –nos recuerda su buen amigo Guillermo de Torre– haciéndolos viajar desde su casa familiar de Granada a otros lugares más aupados como la Residencia de Estudiantes y el Lyceum Club de Madrid, donde recuerdo haberlos visto».

Y no solo no los abandonó, sino que siguió haciéndolos vivir en múltiples representaciones de las cuales solo ha quedado el testimonio de los que las vieron, porque las obras se han perdido en su mayoría.

Escribir farsas de guiñol supone para Federico algo más que recrear ese espíritu de infancia, siempre presente en él con infinita añoranza, porque es una manera de dar a conocer esa lógica disparatada de poeta que solo los iniciados pueden captar.

Todavía en 1923, cuando ya tiene 24 años, gusta de ofrecer a sus amigos veladas de títeres que prepara con esmero y representa en su casa. Se sabe que el programa correspondiente al día de Reyes de aquel año se componía de un entremés de Cervantes *Los dos Habladores,* el *Misterio de los Reyes Magos* del siglo XIII y un viejo cuento andaluz en tres estampas y un cromo: *La niña que riega la albahaca y el príncipe preguntón,* dialogado y adaptado al Teatro Cachiporra Andaluz por Federico García Lorca.

El anteriormente citado Guillermo de Torre, poeta, ensayista y comprometido crítico del movimiento ultraísta, se propuso en 1938 la recogida de materiales para publicar las obras completas de García Lorca y solo le fue posible entonces encontrar una obra de este teatro de títeres: la titulada *Retablillo de don Cristóbal.* Posteriormente apareció *Los títeres de Cachiporra,* versión más elaborada de la obra anterior y de los dos únicos números de la revista *Gallo* que el propio Lorca concibió sin fortuna, el compilador pudo extraer otras tres piezas de este tipo: *La doncella, el marinero y el estudiante, El paseo de Buster Keaton* y *Quimera,* haciendo Losada una publicación con todas ellas en 1953, bajo el título de *Cinco farsas breves* seguidas de *Así que pasen cinco años.*

Esta última obra, subtitulada por su autor como *Leyenda del tiempo,* fue escrita en 1931 y, además de constituir un magnífico exponente del teatro de cámara, al sustituir los títeres por intérpretes de carne y hueso, encierra una auténtica simbología de la personalidad del poeta.

Pero este tiempo que no es nada porque los años podrían ser igualmente «rosas», «alas» «lunas», «granitos de arena» o «nortes de nieve», también condiciona, aún como mera sucesión de circunstancias, la evolución de la vida de Federico García Lorca.

Al comenzar el nuevo curso, él ya no asistirá a la escuela de Fuentevaqueros sino que, a instancias de su entrañable don Antonio –que se ha ido a Almería para dirigir la Escuela del Hospicio– y del propio Federico que siente un gran cariño por el viejo maestro, su padre optará por llevarle a Almería para que concluya con el señor Rodríguez Espinosa sus estudios primarios. En la casa que don Antonio comparte con su esposa en la plaza Balmes vivirá Federico algunos meses hasta que la nostalgia de su madre y la libertad perdida le hacen enfermar.

Es una infección bucal la que le produce un ataque de fiebre tan alta que don Antonio, alarmado, no vacila en avisar a su familia para que vayan a recogerlo, pero lo cierto es que cuando la fiebre pasa, Federico no vuelve a Almería. Todo en él se resiste al alejamiento de los seres queridos, a la disciplina del colegio, a los estudios prolongados en la soledad insípida de su pupitre.

—No, padre; no quiero volver a separarme de ustedes.

—Compréndelo, Federico; nuestro hijo no es fuerte. Esa garganta suya le da demasiada guerra como para alejarlo de casa. Hay que buscar otra solución.

Y don Federico la encuentra. ¿Qué no haría él por su familia? Además, sus negocios ya le están exigiendo otro tipo de vida y un lugar más idóneo desde el que poder dirigirlos. Granada es el sitio ideal: mientras los niños inician la enseñanza secundaria sin tener que separarse de ellos, el padre gestionará sus asuntos sin descuidar su faceta de hombre público que le conducirá a ser concejal tiempo después.

Acera del Darro 64 es su nuevo domicilio.

Federico comienza el bachillerato en el colegio del Sagrado Corazón que, aunque no estaba regentado por religiosos, lo parecía en muchos aspectos. Consigue muy pronto adaptarse a la novedad que la vida ciudadana le ofrece y saborea regocijado sus nuevas experiencias de colegial, trasladándolas, apenas terminan las clases, a esas calles luminosas cuajadas de historia y de presente que diariamente recorre con sus compañeros dilatando su vuelta a casa.

Se pasa bien en el colegio, pero mejor es irse a escuchar a los «cantaores» de las tabernas. La música le atrae poderosamente. Es la asignatura que mejor aprovecha y dar clases de piano con don Antonio Segura es más un premio que una obligación. Así, pronto puede disfrutar con Schubert, Mendelssohn o Chopin y, más tarde, enamorarse de la música española creada por Albéniz.

La vida es fácil para él. Fácil, hermosa y alegre. Se siente cómodo y abrigado en el ambiente refinado que le rodea. Mimado por profesores y compañeros, su paso a la adolescencia será suave, gozoso y sin trauma. ¡Qué lejos han quedado los temores del niño! ¡Qué escondidos en lo más recóndito de su ser! Ser hombre en el colegio no es lo mismo que ser hombre en el campo. Es verdad que él conserva inefables recuerdos de su vida en Fuentevaqueros o en Asquerosa, pero han quedado transformados en su memoria y solo son ya, para siempre, verdores festivos, o perfumados resplandores de luna; multicolor folclore que convierte la labor ruda en evolución amable de opereta.

Desde este mundo blando, imaginativo y teórico del colegio, laboratorio perfecto para cultivar espíritus en las condiciones más óptimas,

Federico podrá seguir creyendo que la vida solo se nos ha dado para gozarla. Es cierto que esta idea se le oscurece cuando recibe sus primeros suspensos en el Instituto –la caligrafía es para él una de las piedras de toque–, pero no se angustia demasiado: las cosas le han resultado siempre tan fáciles que no puede suponer que esta nueva dificultad sea insuperable. Además, los suspensos aumentan su popularidad entre los compañeros, compensándole sobradamente del recelo que su celebrado ingenio despierta en los más susceptibles.

La verdad es que sus condiscípulos le aprecian pues, a pesar de ser un «chico listo», Federico no llega a despertar envidias ni por su talento, ni por la no siempre disimulada predilección que entre los profesores provoca. Su secreto estriba en que no es alumno ambicioso de premios o primeros puestos. Él no da importancia a esas cosas; no le interesa competir; no pretende «llegar a ser» sino «sentirse ser» a cada momento. Aristócrata de alma acepta sus valores con la misma naturalidad que el tener dos brazos y su temperamento antiburgués le impide pensar en utilizarlos para destacar o alcanzar metas.

Una sí le interesa: la música. Y hasta sueña con ir a París para estudiarla, pero al morir su maestro tendrá que conformarse con el conservatorio granadino y con esa otra escuela viva que surge espontáneamente en las calles, en el Sacromonte o en el Albaicín, recreando el cante popular. Su padre, don Federico, no ve con muy buenos ojos que el muchacho se apasione tanto por estas cosas, a pesar de que también a él le gusten, en detrimento de esos estudios, ya próximos a concluir, y cuyos resultados no parecen augurar un satisfactorio final. No está bien que mientras media España es analfabeta, los privilegiados que tienen medios para estudiar no sepan aprovecharlos.

CAPÍTULO SEGUNDO

El Rinconcillo

La verdad es que, conforme los años pasaban, Federico fue perdiendo el respeto a las aburridas, anquilosadas y rígidas instituciones del colegio. El niño reposado y soñador que llegaba del pueblo a la ciudad a sus once años, se parece muy poco al joven frívolo, andariego y trasnochador que ridiculiza toda norma con desenfadado espíritu crítico, impetuoso y sin cuajar. La infancia mimosa y consentida de niño rico se ha convertido en adolescencia caprichosa e indolente. Que no le hablen a él, después de recorrer con sus alegres camaradas los rincones más típicos de Granada en francachelas continuas de cante y baile, de la conveniencia del estudio. Que no le hablen de sensatez ni de mesura después de quemarse entero en el ardor moreno de las mujeres del Sacromonte.

Junta tu roja boca con la mía
¡Oh Estrella la Gitana!
Bajo el oro solar del mediodía
Morderé la manzana...

Que no le hagan preocuparse por el porvenir cuando el presente está lleno de vida y cada día es demasiado breve para llegar a disfrutar todos los goces que ofrece.

Pero don Federico se impacienta. No le bastan esos progresos que diariamente ve en su hijo cuando le escucha tocar el piano o la guitarra.

No le basta escuchar en sus labios de niño crecido que él pretende, nada menos que renovar la música, a partir de la canción popular conservada durante generaciones sin haber sido escrita. No le basta, a pesar de escucharlas con complacencia, esas recreaciones que Federico hace de *Los cuatro muleros* o *Las morillas de Jaén*. Él aspira a otras metas para su primogénito. El talento musical es solo un adorno.

Y a instancias suyas Federico, a pesar de no haber concluido su bachillerato, se matricula en el «curso preparatorio de la carrera de Derecho, que incluía las asignaturas de Lengua y Literatura, Historia de España y Lógica Fundamental». Ninguna de ellas le interesa lo más mínimo, pero algo hay que hacer y la clase de Literatura es un buen pretexto para descubrir a Rubén Darío y Juan Ramón Jiménez, que le entusiasman, en lugar de seguir la poesía de José Aguilera, como tenía ordenado.

Casi sin querer, empieza a componer sus primeros versos.

Pero en octubre de 1916 suspende el examen final de Bachillerato en el Instituto General y Técnico de Granada y su padre ha de poner en juego toda su influencia para que le aprueben en mayo siguiente.

Con el pase a la Universidad y perdidas ya definitivamente las esperanzas de viajar a París para completar sus estudios de música, Federico no tiene más remedio que hacerse a la idea de empezar a estudiar seriamente.

Derecho va a ser una carrera excesivamente árida para él y, a pesar de los consejos de su familia, el muchacho insiste en hacer Filosofía y Letras, argumentando que va mucho más acorde con sus aptitudes artísticas.

—No transigiré esta vez, hijo. Harás Derecho y, ya que tanto te gustan las letras, no será demasiado esfuerzo para ti estudiarlas por añadidura.

La verdad es que ninguna de ellas le atrae, pero ya no tiene salida y se matricula de ambas. El resultado es que no llegará a superar una ni otra con brillantez: En Derecho no se licenciaría hasta 1923 y dejaría sin concluir Filosofía y Letras.

Decididamente, era demasiado indisciplinado para someterse al estudio.

Pero los años de la Universidad fueron especialmente felices para él. Todos sus amigos de entonces, aquellos que conoció en el Centro Artístico de Granada y fundadores más tarde del «Rinconcillo», merecen hoy, en su mayoría, un destacado lugar en la historia de nuestra cultura. Allí encontramos, siempre a su lado desde el colegio, al escritor José Mora Guarnido; a los pintores Ismael de la Serna y Manuel Ángeles Ortiz al que tanto Lorca como Alberti dedicarían algunos poemas; al escultor Juan Cristóbal y al compositor Ángel Barrios. También están aquellos Paquito Soriano –al que el poeta calificaría en una dedicatoria de «espíritu exótico y admirable»– y Miguel Pizarro, con los que Federico solía ir a recitar versos por los jardines de la Alhambra, en sus «rabonas» de la Universidad.

Más destacada mención merecerán Melchor Fernández Almagro, posteriormente historiador y crítico teatral, que llegó a publicar obras tan perfectas y acabadas como *Cánovas, su vida y su política,* en la que minuciosamente analiza la segunda mitad de nuestro siglo XIX y cuya ingente labor histórica le mereció, en 1951, ser nombrado académico de la Historia y de la Lengua. O Antonio Gallego Burín, que llegaría a poseer la cátedra de Historia del Arte en la Universidad de Granada y que con su obra *Los Moras, los Menas y los Roldanes* aportó interesantes conocimientos a la historia de la escultura española. O el propio José Fernández Montesinos, luego profesor en la Universidad de Madrid y, después de la guerra, en las de Hamburgo, Poitiers y Berkeley, que es autor de una ingente obra de investigación y de crítica sobre la novelística española del siglo XIX.

Todos estos jóvenes, preclaros talentos a juzgar por sus realizaciones posteriores, aceptan gustosos la compañía de Federico que, aun siendo menor que ellos en edad, es sin duda capaz de aportarles su natural riqueza imaginativa, plena de inspiración y de generosidad. Primero es el genio musical de Lorca lo que les cautiva; aquella capacidad suya para interpretar indistintamente a Beethoven o a Debussy, armonizando con parejo acierto música clásica o folclore popular. Luego serían sus poemas, malos versos de principiante que a duras penas consigue dar forma al cúmulo de sensaciones que le embargan. Cualquier manifestación de Federico es bien recibida por su parte; la gracia y la sensibilidad estética están presentes en él en elevadas dosis de concentración y ellos así lo admiten.

Y en tan jugosa compañía también el poeta se enriquece, dejando muy raramente de acudir a esta tertulia ya famosa del «Rinconcillo» que cada tarde tenía lugar en el café de la Alameda, en plena plaza del Campillo y al que según las horas del día, acuden las gentes más dispares. Allí, detrás de esa orquesta que ameniza a los clientes con breves conciertos de buena música, los amigos se reúnen a teorizar sobre el arte, rivalizando en exposiciones siempre más atinadas e ingeniosas que pedantes.

Posteriormente, tuvieron a veces la grata sorpresa de ver sentarse con ellos a un nuevo vecino en la ciudad. Un español singular que Federico conocería en la taberna del Polinario en 1919 cuando ambos pretendían disfrutar del mejor cante jondo que se hacía en Granada. Un compositor que acababa de estrenar *El amor brujo* sin demasiada suerte, pero que sabía de música más que todos ellos juntos y que se llamaba Manuel de Falla.

Y no puede extrañar a nadie que, siendo tan sabrosos sus ocios, Federico los multiplicara aun a expensas de las horas de clase. Los meses pasan y sus libros están prácticamente sin abrir. Suerte que su padre conoce a mucha gente o, más ciertamente, suerte que Federico es capaz de suplir con su ingenio lo que en ciencia le falta. Casi todos están dispuestos a perdonarle, sus profesores don Pablo de Azcárate o don Agustín Viñuelas, don Manuel Segura o García Valdecasas, al autor de tan inspirados versos como ya corren de mano en mano, por las aulas en apretadas cuartillas. Y siempre estará allí para apoyarle en sus estudios y celebrar sus avances en el camino musical, el ilustre don Fernando de los Ríos, entonces profesor de Derecho Político y más tarde ministro de Educación durante la Segunda República.

Don Fernando, sobrino de Francisco Giner de los Ríos, había conocido a Lorca cuando este tenía 16 años, durante un recital en el Centro Artístico de Granada. Amante de la música y buen conocedor de Beethoven, se interesa inmediatamente por aquel joven pianista que interpreta al gran maestro con tanta sensibilidad y, a partir de entonces, se convertiría en su consejero y amigo.

Invitado de honor en casa de los García Lorca, durante muchas de las veladas musicales que el joven ofrece en su residencia familiar, don Fernando entabla enseguida una buena amistad con don Federico que acoge con verdadero entusiasmo las ideas políticas del insigne profesor, depositando en él su confianza en cuanto a la dirección de su hijo se refiere.

Nunca le defraudaríla don Fernando que, no solo protegió y alentó a García Lorca en la Universidad consiguiendo que, al menos, siguiera adelante con sus estudios de Derecho, sino que, a lo largo de toda la vida del poeta, se mantuvo dispuesto a ayudarle, haciendo posibles sus más importantes aspiraciones.

Pero, volvamos al universitario. A pesar de la afición que estaba tomando por la literatura y de la inspiración torrencial con que rellenaba cuartillas, Federico suspendió esta asignatura y la misma suerte corrió en Preceptiva e Historia de la Lengua castellana.

En casa recibe un buen sermón. Sus compañeros no se lo explican. Consideran injusto suspender a un estudiante, simplemente porque no haya sabido contestar a unas cuestiones, y sin tener en cuenta las inmejorables aptitudes que este posea para llegar a dominar, con pleno sentido crítico la materia en cuestión. Llenos de juvenil indignación, resuelven escribir a los profesores respectivos acusándoles duramente de su ineficacia. Pero Federico obtiene una buena lección de este fracaso y es, que no basta saber solo de unos cuantos autores –sus preferidos– sino que es preciso, al menos para que esos compañeros no queden en mal lugar, aprender mucho de todos y tener una visión general de la literatura. No es su flaco amor propio lo que más le duele sino llegar a defraudar a los que le admiran y, en consecuencia, se propone esforzarse. Durante el curso siguiente hará verdaderos progresos demostrando a todos su capacidad no solo para dar cuenta y razón de cuantos nombres reseña la Historia de la Literatura, sino para profundizar y analizar el estilo de cada uno de ellos. La biblioteca de la facultad va a convertirse en su laboratorio. En ella pasará largas horas descubriendo, de la mano sabia de su bibliotecario, don Francisco Guillén Robles, cuanto le es preciso saber para saborear el arte de la palabra escrita en esa doble vertiente popular y culta, formal y profunda. Desde Lope hasta Góngora, desde Zorrilla hasta Soto de Rojas, Lorca puede analizar las distintas posturas y elegir el estilo que mejor se adapta a su temperamento.

En febrero de 1917, en el Boletín que publicaba el centro Artístico de Granada, y en el que Fernández Almagro y Gallego Burín preparaban un homenaje a Zorrilla con motivo de su centenario, Federico ve por primera vez su nombre impreso al pie de un trabajo literario. El breve escrito en prosa en torno al autor homenajeado se titulaba *Fantasía simbólica.* Era solo una pequeña aportación, insignificante muestra de lo que como escritor podía dar de sí, pero Federico se sintió muy satisfecho y más cuando recibió el beneplácito de su profesor de Teoría de la Literatura y de las Artes, don Martín Domínguez Berrueta.

—Le felicito sinceramente –le dijo con afecto don Martín– y tendré mucho gusto en contar con usted para confeccionar la ruta literaria de este año.

La «Ruta literaria» del señor Domínguez Berrueta consistía en un viaje de fin de curso con sus alumnos por los lugares más representativos en la historia de la Literatura española. Cada año les daba una orientación y un nombre distinto, correspondiente al estilo literario más estudiado durante el curso. Y aquel año de 1917, de turbulenta memoria en la historia sociológica del país, el periplo discurriría por las ciudades de Zamora, Ávila, Salamanca, Medina del Campo, Segovia y Burgos, destinando a él parte de la primavera y del verano.

Lo más importante que Federico recuerda de aquel viaje, además de haber recogido el material suficiente para elaborar su primer libro, es la gran experiencia de haber conocido a dos grandes escritores de la generación del 98: Miguel de Unamuno y Antonio Machado.

El encuentro con don Miguel fue tan fugaz que difícilmente llegaría a captar la complejidad ideológica del pensador vasco pero, sin duda debió intuir en don Antonio el amor hacia el paisaje y la forma de mirar a España, característicos en los hombres de su generación.

Si para un joven de 19 años era difícil captar la densidad poética de un Machado, a pesar de la tremenda sensibilidad que Federico tenía, tal vez no lo fue tanto apreciar la nostalgia latente en el hombre que añora un pasado de grandeza y que intenta reconstruir, trozo a trozo, pueblo a pueblo, esa patria maltrecha y despojada que ha perdido su sentido de la orientación en el panorama universal.

Hay que recorrer y detenerse y aspirar el aire de esas aldeas olvidadas en el corazón de Castilla; hay que recrear su historia y su poesía desde la época medieval, para hacerles tomar conciencia de su personalidad, de su identidad y, luego, hay que programar con ellas una tarea histórica impregnada del progresismo europeo que les proporcione una razón y una posibilidad de seguir siendo.

Federico tiene ante sí una Castilla llena de pesimismo y aunque no se duda de que consiguiera captarlo, puede que no profundizara en sus causas, o que ni siquiera pretendiera analizar la morfología de aquel sentimiento. La razón no es que el granadino desconfíe de la capacidad de ese pueblo, ni que menosprecie su dolorosa austeridad; es, solamente que ni esta Castilla que con ojos románticos descubre, ni el auténtico problema que bulle bajo su irracional economía, incapaz de enjugar la emigración con que el país se desangra, son perceptibles al plano de ensoñación juvenil en que el estudiante se mueve.

Ya la propia realidad social con sus progresivos movimientos de masas obreras es inaccesible a la panorámica desde la que el señorito andaluz contempla España, pero es que hasta lo concreto, la visión real del paisaje castellano, discurre hosco ante sus ojos hambrientos y sin dejarse aprehender. No es solo el pensamiento escondido de sus gentes; es que la propia tierra castellana resulta inasequible para Federico. Así tiene que ser. Federico es aún demasiado niño, demasiado alegre y demasiado lírico para asimilar tanta profundidad dolorida y seca. Ninguna de las peculiaridades atribuibles a la región puede hallar transcripción fácil en el inmaduro escritor de la Vega granadina, desbordado de lunas y de verdores, que conciben versos de Narciso y se entretiene con muñecos de Guiñol.

Esos ojos melancólicos, tornasolados de duende y de pasiones livianas, se derraman impotentes sobre la austeridad grave, humilde y sabia de esta tierra, como inexperto e impulsivo amante. Pero Federico es incansable gozador de presentes y sus fugaces desvelos tratarán de penetrar esa serenidad virginal en la que el alma aquietada, toda oídos, anticipa vivencias de eternidad.

Nunca se penetrará de paisaje como un Gabriel Miró. No obstante, el poeta intenta plasmar las impresiones de este viaje. Depurando sensaciones con esa subjetividad suya ávida de colores mojados, de sonidos cálidos, de tactos ociosos, de excesiva frivolidad, su inspiración voluptuosa, confiando excesivamente en los modernistas no conseguirá escribir otra heroica gesta castellana, impregnada de «polvo, sudor y hierro» y, su primer libro, fruto de este primer viaje, solo contribuirá a su gloria como estéril canto de cigarra.

Muchos autores insisten en que es injusto que *Impresiones y paisajes*, título de esta obra que escribió a raíz de aquel verano, no se incluyera en la primera edición de sus *Obras completas* porque, aunque sea un trabajo primerizo e ingenuo, ya se vislumbran en él las primeras constantes de la temática lorquiana. Quizás tengan razón porque no debe desdeñarse ninguna parte de la obra de un autor consagrado aunque se la considere de escaso valor, pero tal vez tampoco debe darse solo una selección de la misma porque se contribuye a deshumanizar al autor. Todo, bueno o malo, cuanto ha salido de una pluma considerada clásica de la literatura, debe estar al alcance tanto del estudioso como del lector profano a fin de que ambos tengan el elemento de contraste suficiente para elaborar un juicio crítico y seguir la evolución del autor.

En 1918 se imprimió *Impresiones y paisajes*. Don Federico se avino a costear la edición como padre complaciente que paga un inofensivo capricho de su hijo. El libro no era gran cosa y aunque el profesor Berrueta le había dado su visto bueno antes de enviarlo a la imprenta, pocos de los que lo leyeron pudieron imaginar con fundamento que su autor tuviera futuro en las letras. Hay en él, ciertamente, algunas esencias de la futura poesía de Lorca y su visión del mundo, en la que abundan matices modernistas a lo Rubén, se patentiza a lo largo de la obra, escrita en prosa poética como estilo preferido de los seguidores del modernismo. No faltan en ella las «ingenuas montañas», los «árboles macizos de ramajes sonoros que meditan inclinados ante la amargura inefable del paisaje» y, en suma, «toda el alma romántica y galante del siglo XVIII está latente por las avenidas». Pero, en definitiva, *Impresiones y paisajes* no lleva la firma de García Lorca estampada en su contenido.

«La poesía –escribe en el prólogo– existe en todas las cosas, en lo feo, en lo hermoso, en lo repugnante; lo difícil es saberla descubrir, despertar los lagos profundos del alma». «Hay que ser religioso y profano –revela más tarde– reunir el misticismo de una severa catedral gótica con la maravilla de la Grecia pagana. Verlo todo, sentirlo todo». Como bien dice José Luis Cano, esta es la estética de Rubén, de Valle Inclán y de Verlaine. Será también la de Lorca, pero es preciso que antes se la incorpore y no como dogma sino como esencia de su estilo literario, provisto de su propia personalidad.

Impresiones y paisajes no se vendió en absoluto. Apenas unos cuantos ejemplares, adquiridos por sus amigos, y los restantes volúmenes acabaron sus días en el desván de la casa de los García Lorca. Pero a Federico aquello no le importaba; a sus veintiún años su primer amor seguía siendo la música y sus momentos más felices los que pasaba en la residencia que don Manuel de Falla compartía con su hermana María del Carmen, en la Antequeruela Alta, armonizando viejas melodías en compañía del compositor, o deleitándose con la maestría de don Manuel.

Durante aquel invierno de 1919, Federico había llegado a sentirse un poco solitario. La mayor parte de sus amigos habían ido marchándose a Madrid para proseguir sus estudios, con lo cual la tertulia del Rinconcillo había decaído un poco, aunque no lo bastante para olvidarla. No era lo mismo que cuando estaban Fernández Almagro, Montesinos, o Mora Guarnido. Tampoco sus veladas flamencas en la taberna del Polinario eran tan jugosas para Federico como cuando las frecuentaba en compañía de su buen amigo Ángel Barrios, hijo predilecto de aquel singular tabernero que a decir de parroquianos fieles poseía tres virtudes, a saber: la de cantar flamenco, entender de pintura y servir el vino sin bautizar. No obstante, García Lorca sigue fiel a sus costumbres, frecuentando, más que la Universidad, aquellos típicos lugares de su Granada bienamada en los que tan de cerca podía tomarse el pulso de la ciudad.

Como ya se ha dicho anteriormente, en esta taberna fue donde Federico debió conocer a Manuel de Falla, una tarde cualquiera en la que el primero, en compañía del pintor Vázquez Díaz y el poeta Mackinley, descubría los encantos de Granada y el segundo los festejaba. A partir de entonces se hicieron ambos artistas buenos amigos. Había algo en común en sus caracteres y en sus gustos, de alguna manera representativos del amor que ambos sentían por la música; don Manuel no tarda en invitar al joven granadino a que le visite cuando guste en casa de su hermana.

Federico no se hace de rogar; primero con otros amigos y después solo, empieza a frecuentar el carmen de la calle de Antequeruela Alta, aquella deliciosa «casa de muñecas» –como la describe Emilio García Gómez en un artículo publicado en la *Revista de Occidente,* en 1948–, provista de un pequeño patio de acceso y un alegre jardín escalonado, lleno de macetas. Le resulta refrescante y grato rendir la tarde en aquella salita acogedora en la que cada cosa parece tener su sitio desde siempre y el piano, impecablemente cuidado, raramente enmudece.

La compañía de los dos hermanos es preciosa y, tanto como la cortesía exquisita de don Manuel, le atrae a Federico, con la magia de lo nuevo, el aura de misterio impenetrable que parece rodear a su reciente amigo. Admira en él, más incluso que su profunda sensibilidad, esa placidez aparente, pudorosa y tímida que raramente le permite hablar de sí mismo y que solo es un considerado disfraz con el que el compositor alivia, a sus conocidos y amigos, de su apasionado romanticismo.

Casi todas las tardes y a la misma hora llega Federico, de común con alguna partitura en el bolsillo, a disfrutar de las excelencias que le brindaba don Manuel. Le fascina saber que este hombre humilde y virtuoso ha estado en París por algún tiempo disfrutando de algo que él tanto había deseado y que, sin embargo, no se envanece por ello. Le fascinaba también oírle interpretar la música de los grandes cuya admiración comparte y que, él no se engaña, sabe que nunca llegará a tocar como el maestro. Pero, ya sale a su encuentro la figurita menuda, y pulcra de María del Carmen, tendiéndole, al par que una dulce sonrisa, sus manos nerviosas, perfumadas de geranio. Hasta allí llegan los acordes del piano, pero hoy suenan diferentes.

—¿Qué es eso? –pregunta Federico afinando el oído– don Manuel me tiene acostumbrado a Scarlatti o a Mozart, pero no reconozco a ninguno en esa melodía. Eso, querida amiga, es música española y de la buena –insiste, hablando regocijado a la dueña de la casa que le mira con pícara sonrisa desde su secreto–. ¿Acaso Albéniz? Vuelve a preguntar Federico, seguro de la respuesta, mientras se aproxima paso a paso a la puerta de la salita.

—¡Falla! –responde al fin, la mujer sin ocultar el orgullo que le produce pronunciar su apellido.

—¿Falla? ¡Extraordinario! Nunca el maestro había querido interpretar algo suyo para mí; es demasiado reservado.

—No sabe que está usted aquí, Federico; lleva horas ensayando y ni siquiera está en este mundo.

—Realmente hermoso. ¿Es una nueva obra?

—*El sombrero de tres picos* quiere llamarla y piensa estrenarla en breve; por eso trabaja tanto, pero ahora le avisaré de su llegada.

—¡No, no le moleste, se lo ruego! Escucharé desde aquí y volveré otro día, pero entonces nada disculpará a su hermano ¡por nuestra amistad!, de tocar una de sus composiciones. ¿No es verdad que usted intercederá? –pregunta cándidamente mirándola con irresistible dulzura.

—Lo haré; lo haré, pero, a cambio prométame traer alguno de sus poemas. Mi hermano admira mucho su talento de poeta.

—Se lo prometo.

Tal vez el poeta de aquel tiempo, ocasional y sin definir era más del gusto de María del Carmen que de don Manuel, pero Federico no se entretiene en especulaciones infructuosas y, sin perder de vista a Juan Ramón, intenta nuevamente escribir versos; más bien saber, inútil empeño, qué son y cómo se escriben los versos; recordando aquellos que dicen:

Un libro de poesías
es el otoño muerto:
Los versos son las hojas
negras en tierras blancas
y la voz que los lee
que les hunde en los pechos
—entrañables distancias–.

Qué lejos en la idea, mas qué cerca en el tiempo está de poder alcanzar lo que desea: ese impulso creador que la música avara le niega pero que la literatura va a prodigarle solícita.

Madrid, unos meses más tarde, ha de ser su catalizador.

CAPÍTULO TERCERO

El escritor se hace

El ocio es la constante principal durante aquel curso de 1919. Federico apenas pisa la Universidad y nunca encuentra el momento oportuno para entregarse al estudio.

—Compréndalo usted, padre; lo que puede aprender en la facultad lo tengo superado. Las clases no me aportan nada; carecen de interés para mí.

—¿Tampoco los libros lo tienen? –pregunta don Federico armándose de paciencia.

—Los libros de texto no –replica sin vacilar–. Solo son pálidas copias de la realidad; teorías inertes, trasnochadas las más, que no proporcionan una experiencia real de la vida. Yo quiero estudiar, padre, pero quiero estudiar en el libro inacabado y siempre nuevo de la vida; han de ser los hombres con lo que hacen cada día más que con lo que han escrito hace años, los que me enseñen. Yo tengo un concepto más dinámico del aprendizaje, enfocado siempre según las motivaciones del educando. El arte, por ejemplo, que es lo que a mí me interesa, no puede adquirirse en la Facultad ni entre las páginas de un libro de texto.

—Siempre pensé que el arte no se adquiría en ningún sitio –replica don Federico, a punto de perder los estribos–. Se crea o no se crea.

—¡Usted lo ha dicho! ¡El arte se crea! Y se precisan ciertas condiciones favorables para hacerlo, como libertad, amplios horizontes... ¡yo me asfixio en Granada, padre!

—¡Lo que te pasa es que te faltan amigos para seguir juergueándote a tus anchas!

—¡La vida está ahí, padre, con todas sus maravillas y, si no la gozamos, ¿qué sentido puede tener vivirla?

—¡Incalculables sentidos, Federico! –grita el padre airado.

—No será el religioso uno de ellos ¿verdad? –pregunta con ironía impropia de él.

—Don Federico endurece el gesto como si acabara de recibir una bofetada.

—¡Para muchos lo ha sido! –respondió conteniéndose– y siempre más meritorio que la impudicia. No te entiendo, hijo –insiste aún don Federico intentando la conciliación–. ¿Es que para ti la vida consiste únicamente en vagabundear de la mañana a la noche sin hacer nada de provecho? ¿Cuándo vas a hacerte un hombre?

—Perdone padre, pero yo creo que ser hombre no consiste únicamente en hacer cosas de provecho; los seres humanos no solo tenemos capacidad para realizaciones prácticas, materiales... incluso puede que algunos no tengan precisamente esa capacidad. A veces existen en nosotros tendencias y hasta necesidades de otro tipo y es preciso satisfacerlas si queremos ser felices.

—¡Felices, felices! Tú lo has sido siempre, Federico; al menos nosotros hemos procurado darte siempre lo mejor y no te hemos negado nada que pudiera ayudarte a ser un hombre de bien ¿y qué pones tú en todo esto? ¡Nada! Apenas debes hacer el primer esfuerzo serio te niegas con mil excusas.

—Quizá porque sé lo que me conviene.

—¡Tú no sabes nada!

Escenas semejantes debieron alterar la paz familiar de aquella casa en muchas ocasiones durante los meses siguientes. Don Federico no está dispuesto a cejar en el empeño de que Federico estudie; le preocupa seriamente su porvenir y considera que está en lo justo. Federico por su parte está convencido de que él es quien tiene razón y casi se siente un mártir de su causa.

—En definitiva, madre, solo diferimos en el sistema y en los contenidos. Yo estudio; estoy aprendiendo intensamente solo que otras cosas y de otra manera.

—No divagues, hijo –replica doña Vicenta con su habitual dulzura–. Yo te entiendo pero no te justifico. Quieres ser un artista y lo serás porque naciste siéndolo, pero también desde el orden, incluso desde la rutina, pueden acometerse grandes empresas, más heroicas quizá, al ser el ambiente menos propio y, sobre todo, menos egoístas.

—No diga usted esa palabra, madre; me da escalofríos. Yo solo quiero ser generoso, en especial con usted –y ronroneando seductor a su oído–. ¿Acaso no estaría más orgullosa de un compositor de fama que de un aburrido picapleitos? ¿No sería su mayor alegría escuchar mi música en un gran teatro abarrotado de público o leer mi nombre en la portada de un libro que diera la vuelta al mundo?

—¡Deja, deja, taimado! –exclama la madre riendo al fin y esquivando de mala gana las caricias del hijo–. Todo eso puedes hacerlo aquí.

Porque no quiere privarse de su compañía, nada le duele tanto como oírle decir que Granada se le ha quedado pequeña.

De nada van a servirle sus miedos maternales. Don Fernando de los Ríos, buen conocedor de Federico, expone convincentemente al señor García Rodríguez todos los argumentos que en su opinión existen favorables a que el poeta en ciernes se traslade a Madrid. El ascendiente que ejercía sobre su buen amigo y su autorizado juicio sobre la juventud hacen que don Federico confíe una vez más en sus consejos y otorgue el correspondiente permiso.

Aquel es un día de fiesta mayor para Federico.

Inmediatamente don Fernando de los Ríos inicia las gestiones oportunas para que su protegido tenga plaza en la Residencia de Estudiantes, sita al final de la Castellana, justamente detrás del Museo de Arte Natural. La «Resi» como familiarmente la apodaban sus habitantes, era un lugar delicioso por sus justas proporciones arquitectónicas, sus patios interiores, su luminosidad y el sobrio confort que se disfrutaba en ella. «Hija predilecta de la Institución Libre de Enseñanza» –como alguien acertadamente la calificó–, había albergado desde su creación, por más o menos tiempo, a los más célebres talentos del país. De todos eran conocidas «las cuatro adelfas: tres rojas y una blanca, plantadas por Juan Ramón Jiménez».

No era fácil dar cabida al nuevo huésped, estando el curso tan avanzado; sin embargo don Alberto Jiménez, su director, prometió a su buen amigo Fernando hacer, lo antes posible, un hueco a su recomendado, habida cuenta de los elogios que de su talento le hacía.

Pero como la paciencia no es virtud de poetas, Federico se niega a esperar la vacante en Granada y se las ingenia para que, en tanto se produce, él pueda ya estar en la capital familiarizándose con ella y conociendo sus lugares más típicos en compañía de viejos amigos.

Su primer domicilio en el n.º 36 de la calle de San Marcos se lo proporcionó José Mora Guarnido, después de hablar con la patrona de su pensión. Poco después, Federico se trasladó a una fonda de la calle del Espejo, en la que se hospedaba Ángel Barrios. Sin duda tenía ahora más cosas en común con el guitarrista hijo del Polinario que con la grave responsabilidad que Mora Guarnido había adoptado respecto a su carrera de filósofo.

Su segunda carta –la primera fue rápida y de puro trámite–, se hace esperar en Granada. Nada decisivo tiene que contar a su familia, al menos, nada que pueda tranquilizarlos en cuanto a sus estudios, pues, a pesar de haberse matriculado en la facultad de Filosofía, sigue sin aparecer por las clases.

Sin embargo, él considera que se encuentra en una etapa muy importante de su vida, ya que no solo está adaptándose satisfactoriamente al nuevo ambiente, sino que la inspiración poética que siempre tuvo, pero que hasta entonces solo había conseguido plasmar con dificultad, se le vuelve dócil a la pluma. Puede que las largas sesiones en la biblioteca del Ateneo hayan contribuido notablemente a su enriquecimiento literario, pero también le ayudó en ello la intensa relación que mantiene con artistas de todo género.

Su personalidad de poeta se consolida; se perfila su estilo y su preocupación temática después de leer a románticos y modernistas hasta no dejar resquicio de su poesía por analizar y, al mismo tiempo, comienza a percibir su evolución humana. Hasta entonces parece como si los años solo hubieran alterado su aspecto físico pero, desde ahora, Federico comienza a darse cuenta de que el niño que fue se quedó algún día por el camino. Tal vez por eso, porque aún no se siente cómodo en esta nueva piel, escribe:

Se ha llenado de luces
mi corazón de seda,
de campanas perdidas,
de lirios y de abejas,
y yo me iré muy lejos,
más allá de las sierras,
más allá de los mares,
cerca de las estrellas,
para pedirle a Cristo
Señor que me devuelva
mi alma antigua de niño,
madura de leyendas,
con el gorro de plumas
y el sable de madera.

Y como en aquellos lejanos días en Asquerosa presiente lo difícil que es ser hombre. ¡Qué difícil, sobre todo, para aquellos que tienen conciencia de lo que el concepto implica... de tanta responsabilidad insoslayable... de tanto sostenido esfuerzo sin más compensación que el sostenerlo. Existir o soñar. Federico, como tantos, presiente la disyuntiva; hay que ser criatura o creador y toma como muchos, aunque los más no lo sepan, la segunda opción. «Quiero ser poeta por los cuatro costados, amanecido de poesía y muerto de poesía» –escribirá años después, consciente de lo que ha elegido y de lo que quiere seguir siendo.

Unamuno decía que todo poeta conserva su infancia, y es que resulta difícil conjugar la alternativa de ser hombre y ser poeta porque el poeta crea la vida, la sueña, y el hombre la vive: el poeta es su mundo y el hombre existe en el mundo de todos. Solo raramente se puede vivir y recrear la existencia. Federico, pleno de sensualismo por sus cuatro costados poéticos, «se deja vivir» como diría Concha Zardoya y es por eso por lo que se siente indefenso ante la vida. «El abismo y el sueño los temo en la realidad de mi vida –confesará el poeta a Sebastián Gasch en 1923– en el amor, en el encuentro cotidiano con los demás. Eso sí que es terrible y fantástico». Mucho más fantástico, en ocasiones, que esa poesía que empieza a dominar.

Por eso Federico, va en busca de su alma de niño y, antes de que se le vaya muy lejos, consigue recuperarla definitivamente. Indudablemente Madrid, ese Madrid que Unamuno calificaba de «indecoroso y huero», le aporta un caudal de vivencias, de contrastes y de impresiones que difícilmente hubiera experimentado de no haber salido de Granada. Desde aquí ama su tierra andaluza más entrañablemente que antes; la perspectiva de la distancia le hace entenderla mejor. En Madrid convive, en intercambio constante, con jóvenes valores de las letras españolas que, quiérase o no, de alguna manera han de influir en su obra. Puede que si no el estilo tan genuino de García Lorca, al menos sí deba el poeta a sus compañeros de entonces y al ambiente general que le rodea el haber persistido en su quehacer literario.

Mientras estuvo en Granada, Federico fue más músico que escritor –poeta lo fue siempre–, pero al llegar a Madrid, aquella incipiente afición a escribir versos se le desarrolla hasta el punto de sofocar su primitiva inclinación musical. La moda de la literatura proliferaba tan desmesuradamente en la capital, que se tenía en poca estima a quien no utilizara la pluma. La juventud literaria –que era la más– se veía obligada a rivalizar en ingenio si quería ocupar un lugar de cierta consideración en el panorama cultural de la ciudad.

Este afán por competir en busca de unos resultados que no estaban al alcance de todos los talentos, por brillantes que muchos fueran, había convertido el uso de la lengua en abuso retórico muchas veces, hasta el punto de que el propio Unamuno, con estar tan lejos de Madrid, acusara a los jóvenes literatos aquí congregados de «cultivar esa repulsiva quisicosa que llaman estilo y andar a la caza de voquibles».

Afortunadamente, ni la «superficialidad ni la sicalipsis», de las que el vasco los critica, ejercen decisiva influencia en Federico, porque si en algún momento se dejó arrastrar por semejantes vicios pronto habrá de evitarlos como tales.

Y es que Lorca posee no solo la sensibilidad precisa para concebir poéticamente el mundo que le rodea, sino el talento suficiente y la técnica adecuada para plasmarlo con la palabra, para engarzarla como una pieza de orfebrería. Él conoce los peligros que se ciernen sobre el poeta antes de elaborar su poema y sabe eludirlos. De ello dan fe las palabras que pronuncia en su disertación sobre *«La imagen poética de Góngora»*: «El poeta que va a hacer un poema (lo sé por experiencia propia) tiene la sensación vaga de que va a una cacería nocturna en un bosque lejanísimo. Un miedo inexplicable rumorea en el corazón. Para serenarse, siempre es conveniente beber un vaso de agua fresca y hacer con la pluma negros rasgos sin sentido. Va el poeta a una cacería. Delicados aires enfrían el cristal de sus ojos. La luna, redonda como una cuerna de blando metal, suena en el silencio de las ramas últimas. Ciervos blancos aparecen en los claros de los troncos. La noche entera se recoge bajo una pantalla de rumor. Aguas profundas y quietas cabrillean entre los juncos... Hay que salir. Y ese es el momento peligroso para el poeta. El poeta debe llevar un plano de los sitios que va a recorrer y debe estar sereno frente a las mil bellezas y mil fealdades disfrazadas de belleza que han de pasar ante sus ojos. Debe tapar sus oídos como Ulises frente a las sirenas, y debe lanzar sus flechas sobre las metáforas vivas, no figuradas o falsas, que le van acompañando. Momento peligroso si el poeta se entrega, porque, como lo haga, no podrá nunca levantar su obra. El poeta debe ir a su cacería limpio y sereno, hasta disfrazado. Se mantendrá firme contra los espejismos y acechará cautelosamente las carnes palpitantes y reales que armonicen con el plano del poema que lleva entrevisto. Hay a veces que dar grandes gritos en la soledad poética para ahuyentar los malos espíritus fáciles que quieren llevarnos a los halagos populares sin sentido estético y sin orden ni belleza».

¿Podía esperarse que un poeta hablara con otro lenguaje? «Amanecido de poesía y muerto de poesía» ¿dónde estaba el músico? Allí mismo, dentro y fuera del poeta; en el mismo artista. Solo que ahora se manifiesta en palabras con más frecuencia que en notas. Tampoco tiene muchas ocasiones para tocar: en la calle del Espejo no hay pianos y hasta que no vaya a la Residencia no conseguirá tener uno, casi enteramente a su disposición.

Es de suponer que aquel verano visitase a su madre e incluso pasara en su casa de Granada una buena temporada. El tiempo suficiente para aventurarse en el terreno del teatro, iniciando su producción dramática con una obra banal que, a pesar de serle estrenada, no alcanzó ningún éxito. Pero de ella se hablará más adelante.

Al iniciarse el nuevo curso, Federico ya tiene habitación en la Residencia de Estudiantes y el escritor puede acceder a Madrid desde otra perspectiva.

No le alegra tanto la acogida cordial, aunque un tanto grave, que el director le dispensa –haciéndole partícipe de la circunspección británica que impera en la casa–, como conocer al genial Pepín Bello, su compañero de cuarto y humorista oficial de la «Resi». Después de estrechar amigablemente la mano de Federico, el desconcertante joven le sorprende recitándole uno de aquello breves y absurdos poemitas que estaban de moda entre los estudiantes y a los que se daba el nombre de «anaglifos». José Luis Cano que conoció personalmente al poeta nos ofrece un ejemplo de ellos después de que su autor, Federico, se hubiese familiarizado con este tipo de composición humorística.

«La tonta/la tonta/la gallina/. Y por ahí debe andar alguna mosca». Aunque desde aquí esta especie de caligrama resulte absurdo y sin gracia, creo que contribuye, de alguna manera, a dar idea aproximada del desenfadado mundo estudiantil, no menos alegre a pesar de la disciplina del centro. ¿Quién no ha improvisado juegos verbales semejantes en sus años de escolar, causando la hilaridad de sus compañeros y hasta la propia?

Federico viviría en la Residencia casi diez años, prueba irrefutable de que se encontraba muy a gusto en ella. Quizá contribuyó a su felicidad, al menos en los primeros tiempos de su permanencia, la excelente habitación que le tocó en suerte. Amplia y soleada, su inmenso ventanal se abría al patio de las adelfas que plantara el poeta de Moguer, lo cual tenía necesariamente que inspirarle por las sendas de la poesía desnuda, tan cultivada en su teatro. Esta habitación, tan próxima al «rincón del piano» le permitía verlo a todas horas y sucumbir a la tentación, siempre poderosa, de arrancarle sus sonoros secretos.

Cuando todos abandonan la Residencia para acudir a sus clases, él se sienta ante el «Pleyel» y comienza a tocar música de Chopin o de Mozart, de Ravel o de Debussy, antes de atacar, con gracioso brío, alegres compases españoles. Luego pasa a las tonadillas españolas del siglo XVIII y del XIX. Lo que más le gusta es acompañarse de su propia voz, «su voz cálida, mojada y algo bronca» –como la describe José Luis Cano–. Pero «no pocas veces –sigue diciendo el mencionado autor– visitantes ilustres de la Residencia, sabios o artistas, escucharon extasiados aquella fuente de poesía y música populares, aquel riquísimo tesoro del más puro folclore español».

Música, canto, poesía; Federico está soñando España a partir de su más primitivo latido: el folclore. Con esta palabra de tan compleja delimitación resuelve él la esencia de su patria, recogiendo del propio cancionero su existencia histórica. Su mejor patriotismo consiste en haber sido fiel y amante del concepto de España que se había forjado, haciéndolo perdurar en sus versos.

Algunos de sus amigos y biógrafos han especulado con la idea de que, si García Lorca no hubiera muerto en 1936, se habría dedicado a la música, postergando la literatura, pero en ningún sitio se han encontrado argumentos que acrediten esta suposición, y sus últimas obras plenas de plasticidad, cromatismo y luminosidad, tampoco permiten confirmarla. A nuestro juicio, si la vocación musical de García Lorca no cristalizó en realizaciones más concretas, a pesar de tener condiciones para ello, se debió precisamente a su propio temperamento sensual y fuertemente imaginativo. Su extremada sensibilidad le predispuso a comunicar sus impresiones a través de imágenes poéticas: «Un poeta tiene que ser profesor en los cinco sentidos corporales –manifiesta el mismo Federico».

Y él lo era. Poseía asimismo una imaginación poderosa, capaz de alumbrar ricas metáforas, más que suficientes en calidad y cantidad para elaborar sin esfuerzo el sutil tejido de su lírica. Si a estas condiciones óptimas unimos su natural indolencia e indisciplina –insobornables enemigos del músico– encontraremos no solo una de las causas por las que Federico fue poeta, sino también uno de los obstáculos para suponer que en el futuro habría cambiado la pluma por el piano. Ni siquiera la preocupación musical que se advierte en su teatro puede abogar en favor de esta causa.

Federico hizo buenos amigos en la Residencia, como Salvador Dalí, Rafael Alberti y Luis Buñuel, y tuvo ocasión de conocer a Pedro Salinas, Jorge Guillén y Eugenio d'Ors durante las frecuentes visitas que estos hacían al «Oxford madrileño» para solazarse en la compañía de sus alegres huéspedes o, escuchar a algún conferenciante famoso, de los muchos que se dejaron oír en aquella casa. El poeta acude también a muchas de esas conferencias ¡Bueno habría de ponerse don Alberto de lo contrario!, pero él mismo confiesa el terrible aburrimiento que le producen. «Con ganas de aire y de sol –dice– me he aburrido tanto, que al salir me he sentido cubierto por una leve ceniza, casi a punto de convertirse en pimienta de irritación».

Lo cierto es que siempre le horrorizó cualquier lección magistral, por mucho que lo fuera, estimando que todas se hallaban en franca desventaja, si se las comparaba con el espectáculo rico, variado y multicolor de la vida misma. Una disertación, por interesante que fuera, no tenía para él mayores atractivos, porque poder presumir de erudición le tenía sin cuidado; para pensar prefería la soledad de su almohada y la tertulia de amigos a la hora de relacionarse, el placer de emitir críticas lo satisfacía él juzgando obras literarias y no oratorias más o menos afortunadas; y en cuanto a llenar un tiempo vacío, más prefería hacerlo con una función de teatro o jaleando una juerga flamenca.

Tiene 21 años, alegría, dinero, imaginación y amigos. No le agobian preocupaciones. No está ansioso por llegar a ningún lado, sino que puede deleitarse aspirando el perfume del camino, deteniendo la mirada en los mil movimientos que lo pueblan, enamorándose de todos y de ninguno. ¿Cómo no habría de ser contagiosa aquella risa que brotaba de su boca? Y, no obstante, Vicente Aleixandre, buen amigo suyo, dice de él: «Su corazón no era ciertamente alegre. Era capaz de toda la alegría del universo; pero su sima profunda, como la de todo gran poeta, no era la de la alegría».

¿Qué nostalgia yace en él? ¿Qué aspiración insatisfecha? ¿Qué impotencia? ¿No será *Yerma* la respuesta más veraz de su vida y de su obra? ¿Por qué cuando está en la flor de la edad, no se habla de las mujeres que amó? Su aspecto físico, a juzgar por las descripciones de sus biógrafos y las múltiples fotografías que se conservan, más bien debía ser un acicate, un billete de primera para el amor. ¿Cómo podía mujer alguna resistirse al encanto de aquel rostro moreno «color oliva profundo» –como dice Ángel del Río– «murillesco», como el de esos niños vendedores de naranjas, que sonríen con sus ojos oscuros, a veces velados de tristeza? ¿cómo le verá el poeta Louis Parrot? ¿Qué no tendría de misteriosa y tierna la mirada de aquel que Juan Ramón Jiménez concibió de cinco razas «cobre, aceituno, blanco, amarillo, negro, como los anillos de cinco metales para el rayo?».

Es la soledad. Federico tiene debilidad por los espejos, imaginarios o reales, en los que admira el reflejo del mundo, el reflejo de sí mismo. El fenómeno de la reflexión se describe, y se busca, y se encuentra a lo largo de toda su obra. El poeta lo experimenta en el color, en el sonido, en el agua, en el amor, en el hombre... en la poesía. ¿Cómo no habría de buscarlo en sí mismo? ¿Cómo podría sustraerse entonces al narcisismo? El narcisismo es el peor enemigo del amor. Federico, sobre el espejo de su vida, se refleja en sí mismo y su amor revierte en él con una esterilidad angustiosa.

Puede que los versos del *«Diván de Tamarit»* nos revelen que cuando el poeta estaba, sin él saberlo, al borde de su muerte, llegaba a ser consciente de la causa de esta angustia. Y es que, necesariamente, la tragedia inminente de su patria había de conmocionar hasta lo más profundo los cimientos de su personalidad, haciendo añicos aquel espejo frío y maldito que le había impedido encontrar a los demás. «Hay que dejar el ramo de azucenas –escribirá– y meterse en el fango hasta la cintura para ayudar a los que buscan las azucenas».

Ahora sí, Federico; ahora ya eres el hombre verdadero que quisiste ser. Pero ahora ya es tarde.

En estos momentos lo único realmente importante para este muchacho de 21 años es concluir su primera pieza teatral y encontrar a alguien interesado en estrenársela.

Un amigo de Salvador Dalí, el escritor Eduardo Marquina, le presenta un día a Gregorio Martínez Sierra, que ostentaba la dirección del madrileño teatro Eslava y cuya influencia en el panorama de las letras era muy importante. Federico no tarda en enseñarle su obra *El maleficio de la mariposa,* rogándole encarecidamente que la lea y le dé una sincera opinión sobre ella.

El argumento de aquella comedia –en dos actos y un prólogo– consistía en la fugaz aventura de una mariposa que al romperse las alas va a caer sobre un nido de cucarachas. Un «cucaracho» se enamora de ella pero, apenas curada, la mariposa levanta el vuelo, abandonando despiadada a su enamorado.

Se ignoran los motivos que indujeron a un hombre de la experiencia de Martínez Sierra a la decisión de estrenar aquella fábula infantil, completamente apartada de la línea dramática a la que el público del Eslava estaba acostumbrado, pero lo cierto es que lo hizo. El 22 de marzo de 1920, con Catalina Bárcena en el papel de protagonista y la Argentinita en el de la Mariposa, la primera pieza teatral de Federico García Lorca se ofrece al público madrileño.

Federico espera nervioso a que se descorra el telón. Tiene miedo, aunque lo supera con la esperanza de triunfar. Puede que la obra sea un poco ingenua, pero la puesta en escena es un auténtico alarde artístico. A pesar de todo, la comedia fracasa. El público no ha reparado en los deliciosos decorados de Mignani, ni en la escogida música de Debussy y de Grieg. Tampoco ha valorado las dificultades que el pintor Barradas hubo de vencer para diseñar el vestuario de los actores; el público solo estaba atento al contenido argumental y, desde principio a fin, la comedia le había decepcionado. «Al final la gente pateó y silbó a su gusto, sin que los aplausos de los muchos amigos de Federico que asistían al estreno pudieran contrarrestar el desastre».

Ninguno de los críticas que reseñó el estreno pudo presentir al excelente autor dramático que, apenas unos años más tarde, asombraría al público del mundo entero con su *Mariana Pineda.*

El amor propio del poeta, nunca excesivo aunque sí sensible, soporta la humillación de esta derrota a duras penas y aunque de «puertas afuera» intenta demostrar que la opinión ajena le importa un bledo, en su interior rumia el desquite.

De ahora en adelante, todo lo que escriba será valioso y valorado.

CAPÍTULO CUARTO

Mariana Pineda

Aquel verano Federico vuelve a Granada y, desoyendo una vez más los consejos paternos referentes al estudio, dedica la mayor parte de su tiempo a escribir. Sus poemas de ahora son más nítidamente lorquianos; en ellos refleja su personalidad y su gusto estético. Apenas se los dé a leer a su buen amigo el impresor García Maroto, recibirá la primera satisfacción.

—Esto es muy prometedor, Federico, y merecen mejor suerte que la de quedar encerrados en un cajón de tu escritorio. Te los voy a publicar.

—¿No será un fracaso?

—Todavía existe gente a la que le interesa la poesía pura y refrescante que tú sabes hacer.

Federico no se hizo rogar mucho –a fin de cuentas es editar lo que persigue cualquier escritor– y el fruto de sus desvelos sale a la luz bajo el título de *Libro de poemas.* Además de sus últimos trabajos, este volumen recoge buena parte de sus composiciones juveniles, de clara influencia modernista, y en las que el poeta evoca su infancia en la vega granadina. El contraste entre los dos estilos aporta una valiosa información sobre la evolución poética de García Lorca.

Pero quizá este libro tampoco le hubiera alcanzado un pasaporte hacia la fama de no mediar la clarividente y vigilante crítica de Adolfo Salazar que se apresta, desde la revista *El Sol,* a dedicarle un amplio artículo. La calidad de aquella poesía nueva no debía pasar inadvertida ni diluirse en el anonimato y el avezado crítico así lo hace constar, saludando con una entusiasta y elogiosa bienvenida al joven autor que tan exquisitamente irrumpía en el mundo de la lírica.

Este artículo hace que Juan Ramón Jiménez se interese inmediatamente por Federico y le proponga colaborar en la revista *Índice,* que acaba de fundar. A partir del segundo número los poemas de García Lorca, apadrinados por tan prestigioso nombre, son acogidos calurosamente por gran parte de los aficionados a la poesía. Su nombre empieza a sonar en el ambiente literario español.

Es así como Federico empieza a sentirse estrechamente vinculado a la literatura. Ya no se trata de traducir a palabras determinadas impresiones cuando su ánimo se lo exige, sino de trabajar de una manera más sistemática, estar al día en cuanto a nuevas publicaciones y mantener más comprometida relación con la vida intelectual de la época. Ya no podrá ser la suya una poesía caprichosa e intemporal sino que, precisamente porque sabe que es leída, habrá de imprimirle una determinada orientación en los temas y hasta una continuidad en el estilo. La espontaneidad habrá de ceder terreno a la elaboración y esto le obligará a mantener una laboriosidad más escrupulosa y disciplinada, de la que ya no habrá de apartarse y que cristalizará en más brillantes realizaciones.

Escribe mucho, es cierto, mas no por ello abandona su interés por la música. Los frecuentes contactos que ha mantenido con don Manuel de Falla durante su estancia en Granada y el gusto unánime que los dos artistas comparten por la música popular andaluza, les hacen concebir el feliz proyecto de celebrar una Fiesta del Cante Jondo que permita revelar, fomentar y divulgar la génesis y cualidades del primitivo canto andaluz.

Con gran entusiasmo y sin regatear medios ni esfuerzos, acometen los dos hombres la tarea de organizar esta celebración. Lo primero es concienciar a la gente de su importancia y necesidad y comprometer al mayor número posible de personas en su realización. Codo a codo, Falla y García Lorca inician su labor publicitaria y no tardan en solicitar ayuda a las figuras más representativas del momento para financiar la Fiesta. Sus gestiones tienen éxito y consiguen que las guitarras de Andrés

Segovia y del Niño de Baza participen en el festival que se ofrece en el hotel Alhambra Palace, a fin de recaudar fondos.

El propio Federico, que tan escasamente había ponderado las excelencias de las disertaciones en público, acepta de buen grado dar una confeferencia en torno al tema en cuestión, en el Centro Artístico de Granada.

En aquella ocasión y refiriéndose al cante jondo dice Federico: «Viene de razas lejanas, atravesando el cementerio de los años y las frondas de los vientos marchitos. Viene del primer llanto y el primer beso... Una de las maravillas del cante jondo, aparte de la esencia melódica, consiste en los poemas... Las más infinitas gradaciones de Dolor y la Pena, puestas al servicio de la expresión más pura y exacta, laten en los tercetos y cuartetos de la "seguiriya" y sus derivados...».

Esta charla del 19 de febrero de 1922, reproducida días después por el *Noticiero granadino,* y el ensayo que bajo el título de *El cante jondo, sus orígenes, sus valores musicales, su influencia en el arte musical europeo* acababa de publicar don Manuel de Falla fueron pregones más que suficientes para alertar y engolosinar a entendidos y profanos acerca del magno festival que iba a tener lugar en los Aljibes de la Alhambra.

Innumerables candidatos se presentaron, procedentes de los más diversos rincones de Andalucía, a exhibir su arte. Entre los participantes se recuerda al gran Manolo Caracol, un muchacho todavía, que tuvo oportunidad allí de dar a conocer su genio flamenco por primera vez. Pero, el triunfador indiscutible del festival fue Diego Bermúdez, un viejo cantaor de Puente Genil, medio ciego, que consiguió el primer premio dotado con la cantidad de mil pesetas.

«Aunque no faltaron críticas cicateras y envidiosas –dice José Luis Cano– la Fiesta del Cante Jondo fue un éxito completo, y se habló de ella mucho tiempo en Granada y en toda Andalucía. Falla y Federico pudieron sentirse orgullosos de haberla organizado».

El año siguiente, 1923, Federico hace un esfuerzo inusual en él y consigue aprobar, en la convocatoria de febrero, la última asignatura pendiente para concluir su carrera de Derecho.

Su padre debió respirar hondo al saberlo.

—Ahora se le pasará esa fiebre de los versos y se hará un hombre de provecho; ya lo verás Vicenta.

—Dios te oiga, Federico –respondería la madre, sin duda poco convencida, aunque con la esperanza de tenerle pronto a su lado.

Pero Federico, no solo no vuelve a Granada, sino que ni siquiera abandona la Residencia de Estudiantes. Quiere continuar llevando la vida que llevaba y no se ha planteado tampoco la conveniencia de buscar un trabajo. Ser abogado no significa nada para él; tampoco tiene urgencia por ganarse la vida, sino por paladearla con calma y así lo hace. Además, se debe a su impulso creador, ese que le lleva de los títeres guiñolescos a las canciones de cuna, despertándole insospechadas ternuras hacia los niños –esos niños que de alguna manera representan su paraíso de inocencia perdida–. ¡Crear! Crear mundo y crear vida. Soñarlo todo a su antojo y complacencia; a su imagen y semejanza. El afán de crear es para él como una mala calentura que ahora le obliga a simultanear la pluma y los pinceles.

Y es que no podía esperarse otra cosa. El cromatismo de sus metáforas es tan intenso que parece escaparse de las propias palabras que lo contienen. Cada uno de sus versos está impregnado de color. Necesariamente había de intentar el poeta encontrar la forma de materializarlo. Tiene buenos amigos que le ayudarán en su intento y Gregorio Prieto, un excelente pintor que acaba de exponer en Madrid, será el primero en interesarse por sus dibujos. Es una virgen ingenua que Federico tiene colgada a la cabecera de su cama de la Residencia la que llama la atención del pintor y Federico no vacila en regalársela. Así comenzará la amistad entre ellos; una amistad que habría de durar toda la vida, pues no en vano coinciden en gustos y sensibilidad. Son dos temperamentos plenos de misticismo estético que buscan realizarse exclusivamente en el arte.

«Gregorio –le diría un día Federico– la poesía de tu pintura y la pintura de mi poesía nacen de la entraña del mismo manantial».

Gracias a él, Lorca conoce a Rafael Alberti que como poeta y pintor hace de vértice común en aquel ángulo de color y poesía.

Federico no deja de escribir pero se toma muy en serio el dibujo. Algunos años más tarde llegará a exponer en la galería Dalmau de Barcelona y hasta se le ocurre la idea de publicar un libro. «En cuanto a editar mis dibujos –escribe en una carta a Sebastián Gasch– estoy muy decidido... Publicaría casi todos los que te envié y algunos más. Pondría poemas intercalados y Dalí, además, pondría dibujos suyos y algunos poemas también».

Son esperanzas locas que alimentan los que le quieren. Federico hace pintura con la palabra y eso es mucho hacer. Pero es que no puede sustraerse a ese torrente de inspiración que brota de él y necesita darle diversos cauces. Músico, dibujante o poeta son diferentes expresiones del artista que yace en él. Es un diluirse constantemente, una incesante búsqueda de su propio ser cambiante e inestable; de esa personalidad titilante, imprecisa y soñadora de hombre refractario a la realidad. Soñar un mundo ingenuo que no existe, un mundo de payasos, de naturalezas muertas, de besos en los espejos... Hay que dibujar vírgenes: poblar de vírgenes una tierra sin varones.

Es un niño todavía. Todavía está difuminado su perfil; es fluida su obra y discurren sus imágenes oníricas como caudal incontenible de caliente y cegadora lava, pero ya vendrá el tiempo de solidificarse y cristalizar en dura roca. Solo hay que esperar que su poesía se haga teatro; que las imágenes de sus espejos se revistan de carne y de sangre, para que la materia inasible de ese mundo de pétalos de rosa y claros de luna se haga fuerza viva.

Y ya está en el camino. Acaba de encontrar el resorte mágico en la actividad incansable de esta etapa creadora en la que pasa sin cesar del pincel a la pluma, del poema al teatro. Su *Mariana Pineda,* paladín y mártir de la libertad, ya se perfila como heroína de su nueva pieza teatral. Y es que el escenario le atrae con tanto magnetismo como el espectáculo de la vida. Ahora que ya tiene creado el mundo, empieza a poblarlo de criaturas; de irreales criaturas hechas de amor y de poesía.

Claude Couffon dice que Lorca comenzó a escribir esta obra en 1923 «año que el general Primo de Rivera impuso al débil Alfonso XIII su dictadura militar», apunta el escritor francés, relacionando la elección del tema con la situación política de aquellos momentos. «Resulta coherente que un poeta liberal en busca de personajes haya escogido por heroína de una nueva obra a la joven de su ciudad natal que un siglo antes se había distinguido en la lucha contra el absolutismo y la arbitrariedad de Fernando VII, hasta el punto de ofrendar su vida. A cien años de distancia, España volvía a encontrar el mismo clima de angustia, de un orden impuesto a cualquier costo, bajo la doble férula del ejército y la policía».

Sin embargo, esta relación no parece ser cierta. Los críticas que han hablado de la obra omiten este detalle y el propio Federico no se declaró influido por sucesos contemporáneos a la hora de escribirla. Por si estos argumentos no bastaran, ahí está la imagen lorquiana de Mariana Pineda, mujer, antes que revolucionaria, transformada su entidad histórica para cumplir los fines poéticos de su autor. Federico extrajo su imagen de la leyenda popular, de las coplas infantiles y la vistió de romanticismo, dejándose guiar por Zorrilla, como apuntan Guerrero Zamora y Guillermo Díaz Plaja, a la hora de ponerla sobre la escena.

La Mariana Pineda histórica había nacido en Granada en 1804. A la muerte de su padre, el matrimonio formado por José Mesa y Úrsula de la Presa se hace cargo de su crianza. A los quince años se casa con Manuel Peralta, de ideas liberales, que después de darle dos hijos, muere en 1822. La joven y hermosa viuda se refugia entonces con sus dos hijos en la casa de don José Mesa que también fallece al poco tiempo dejando sin protección a las dos mujeres, las cuales se retiran a una humilde vivienda de la calle del Águila número 19, último domicilio de la heroína. Durante el año 1829 la represión absolutista contra los liberales se recrudece. Las denuncias entre vecinos son el pan nuestro de cada día y, entre muchos otros, es detenido un tío de Mariana, un presbítero llamado Pedro de la Serrana. Las ideas constitucionalistas de aquel, tan acordes a las que había alimentado su esposo, hacen a Mariana interesarse por la suerte del presbítero y va a visitarlo con frecuencia. Durante una de estas visitas conoce el infortunio de uno de los compañeros de celda de su tío, don Fernando Álvarez de Sotomayor, también padre de dos hijos, que está condenado a muerte. Las circunstancias de este hombre, tan semejantes a las de su fallecido esposo, así como la triste situación en que habrá de quedar su familia, enternecen el corazón de Mariana Pineda que se ofrece a colaborar en la tarea de su fuga. El buen resultado de la misma estimula a la valerosa mujer a seguir colaborando con la causa liberal haciendo de intermediaria entre los presos y sus familiares o amigos. Pero la vigilancia exhaustiva de los sicarios de Ramón Pedrosa, jefe de policía en Granada, no tarda en encontrar sospechoso el comportamiento de la hermosa viuda y, tras un primer registro de su domicilio, se abre proceso contra ella.

En 1831 se prevé en la ciudad un inminente levantamiento contra los poderes realistas y se intensifica la acción policial. Una denuncia permite a Pedrosa encontrar en la casa de dos bordadoras una bandera de color morado con un triángulo en verde sobre el que pueden leerse las siguientes palabras: «Ley, Libertad, Igualdad». Bajo promesa de libertad, las aterrorizadas mujeres dan el nombre de la persona que les ha encargado bordar el trozo de tela: Mariana Pineda, viuda de Peralta. Pedrosa les ordena entregar la bandera a Mariana y guardar absoluto silencio en torno a lo sucedido. Apenas llevado esto a efecto dispone un registro en la casa de Águila 19 y el hallazgo de la enseña subversiva le permite arrestar a todos sus moradores. Mariana intenta la huida pero es capturada y el juez dicta orden de prisión contra ella. No obstante, una repentina enfermedad le permite volver a su casa y permanecer en ella bajo fuerte custodia hasta que se resuelve su traslado al Beaterio de Santa María Egipciaca. Sus dos intentos de fuga serán inútiles. A la vista del sumario, el fiscal Aguilar pide pena de muerte y la sentencia dictada pocos días después la condena a garrote vil.

En vano Pedrosa insiste en ofrecer el indulto a cambio de una lista de conspiradores; la valerosa mujer opta por guardar silencio y aceptar la muerte antes que el deshonor. El 26 de mayo de aquel 1831 es públicamente ajusticiada.

Los documentos que contenían la vista de la causa seguida contra Mariana Pineda acabaron por desaparecer misteriosamente de los Archivos de la Antigua Chancillería de Granada y algunos de sus muchos biógrafos opinan que el motivo de esta desaparición no es otro sino el de que «la causa adolecía de gravísimos efectos de forma y fondo... Aquellos pliegos destilaban –dice Ortiz de Villajos– el odio refinado y la pasión insana, tan lejos de la serena aplicación de las leyes, que inspiraba este asunto al juez Pedrosa». Sin duda esta acusación viene a confirmar el sentimiento que Lorca asigna al más cruel de los personajes de su drama.

No obstante, Federico García Lorca no intentó en su obra –como fácilmente puede advertirse– hacer historia rigurosa y científica sino plasmar, poéticamente, los ideales de amor y de libertad, en aras de los cuales la heroína acepta el martirio. Existen argumentos suficientes para poner en duda la realidad histórica de los cantados amores de Mariana con Álvarez de Sotomayor –don Pedro, en la obra de Lorca–, pero no es preciso justificar –aunque ya él lo hiciera– la actitud del poeta que, animado de una visión romántica de la heroína, quiere enriquecerla aún más dotándola también de este sentimiento inspirado tal vez, en la admiración que, desde niño, le produce esta «maravilla de mujer» como él mismo la describe.

«Yo he intentado –dice el poeta– que Mariana Pineda, mujer de profunda raigambre española, cante al amor y a la libertad la estrofa de su vida en forma que adquiera el concepto de universalidad de aquellos dos grandes sentimientos...».

Cuántas veces debió Federico detenerse enamorado ante aquella estatua que el Ayuntamiento Constitucional de Granada le había erigido en 1841. Cuántas veces buscaría en sus ojos de piedra el misterio de su vida y el sacrificio de su muerte. «Todos los héroes del siglo XIX español que tienen estatua –declararía Lorca después de la primera representación de esta obra– han tenido también su dramaturgo. La única que no lo tenía era Mariana Pineda, quizá porque esta necesitaba su poeta. Yo tenía en Granada su estatua frente a mi ventana, que miraba continuamente; ¿cómo no habría de creerme obligado, como homenaje a ella y a Granada, a cantar su gallardía?

Algunos críticos han intentado desvirtuar la calidad de esta obra acusándola, entre otras cosas más fácilmente rebatibles, de «inconsistencia dramática», pero lo cierto es que reúne otros muchos valores –Concha Zardoya los estudia muy acertadamente en su tratado sobre la poesía española del siglo XX– a todas luces suficientes como para atribuirle un relevante lugar dentro del teatro histórico contemporáneo. Desde la perspectiva del biógrafo, la *Mariana Pineda* lorquiana aporta además un interesante hallazgo que es la prueba irrefutable de su evolución, más bien de su progresión como autor teatral. Desde aquel *Maleficio de la mariposa,* poética fábula infantil hasta el drama histórico recién terminado, el poeta ha sabido perfilar inteligentemente su faceta de dramaturgo, adquiriendo una auténtica concepción del teatro y una técnica eficaz para lograr los efectos escénicos que toda pieza dramática debe perseguir.

Federico concluye esta obra en enero de 1925; para entonces ya tiene empezado su *Romancero gitano* y escritas algunas de las canciones que compondrán su libro posterior. El año que queda atrás ha sido muy fecundo para él y se siente satisfecho de sí mismo. ¡Bien puede permitirse unas vacaciones en la Costa Brava! ¡Insiste tanto Salvador en llevarle a Cadaqués!

Aquella primavera la familia Dalí le dispensa una gran acogida. Federico puede disfrutar ampliamente del paisaje en la compañía deliciosa de los dos hermanos y conocer los más encantadores lugares de la costa. El mar no tiene para él el atractivo irresistible que ejerce sobre el pintor –le causa respeto la dureza de la roca y miedo la profundidad del agua porque no sabe nadar–, pero le gusta contemplarlo desde la orilla mientras pasea por la playa de la mano de Ana María Dalí. La amistad que existe entre los dos artistas envuelve con un halo cálido la fragancia de esta muchacha inteligente y sensible que disfruta escuchando a Federico recitar sus poemas. Varias cartas se cruzarán después entre ellos, refrendando esta amistad con la dulzura del recuerdo y la alegría de nuevos encuentros.

Federico se siente muy a gusto en Cadaqués. Todos le agasajan y le admiran. Una noche, el poeta saca unas cuartillas de su maleta y se aventura con ellas en el comedor.

—¿Están dispuestos a asistir a una función de teatro? –pregunta con la ingenuidad de un niño disponiéndose a recitar su *Mariana Pineda.*

—Adelante, joven; a mí me gusta el teatro –responde el padre de Salvador Dalí, arrellanándose gustosamente en su butaca.

Federico, que ya había recibido felicitaciones de sus más íntimos al conocer su obra, puede esa noche recibir los aplausos de la familia Dalí. El padre de Salvador está tan entusiasmado que sugiere la idea de ir a pasar unos días a su casa de Figueras para que el poeta granadino pueda leerla ante sus amigos. El pintor se siente muy orgulloso de su compañero.

Así se da a conocer García Lorca a la alta sociedad catalana y empieza a germinar en los dos artistas la idea de acometer juntos el montaje de la obra y representarla en el teatro.

Pero aún están lejos de poder poner en práctica esta idea y entretanto les llega el tiempo de volver a Madrid.

Con los primeros calores de julio, Federico se despide de sus amigos de la Residencia y toma el tren para Granada. Lleva el alma rebosante de alegría y la imaginación ansiosa por volver a nutrirse de sensaciones viejas solo percibidas en su ciudad inefable. Le está esperando allá arriba el Sacromonte, blanco y rojo, atravesado de alegría y de pena. cuna y vergel de una raza universal cuyo secreto el poeta desvela, trecho a trecho, en cada uno de los versos de su *Romancero gitano.*

Pero este verano hay que hablar de cosas más serias. Don Federico se siente incómodo ante la palabra «poesía». Se le enciende el rostro cada vez que la escucha y algo se le endurece inflexible en su blanda paternidad.

—Que eso no es serio, hijo mío. Admítelo. Tienes que pensar en tu porvenir.

—Tengo que vivir mi presente.

La misma canción siempre, la misma incomprensión; parece como si Federico presintiera que él no tendrá nunca futuro, que su muerte está ahí acechándole ávida y que no le dará tiempo para tener que lamentar nunca su imprevisión de hoy.

Desde el cortijo de Daimuz, Federico escribe a su compañero de cuarto de la Residencia: «¡Si vieras cómo está Andalucía! Para andar hay que hacer galerías en la luz de oro como los topos en un medio oscuro. Las sedas brillantes miguelangelizan los culos de las mujeres opulentas. Los gallos clavan banderillas de lujo en el testuz del amanecer».

¡Nadie podrá arrancarle su poesía!

No puede ser sin ella. Por esto, más que reflexionar sobre las inquietudes de don Federico, comprensibles en cualquier padre, el poeta continúa escribiendo canciones ligeras para sus amigos, alusivas a momentos que vivieron juntos, o poemas bien cuajados para su *Romancero.*

Al final del verano retorna a Madrid, ansioso por encontrar el estímulo de sus compañeros.

El traqueteo del tren le hace repetir mentalmente aquel bello *«Romance de la luna nueva»* con el que comienza ese homenaje, ya universal, que rindió a la raza gitana.

La luna vino a la fragua
con su polisón de nardos.
El niño la mira mira,
el niño la está mirando.
En el aire conmovido
mueve la luna sus brazos
y enseña, lúbrica y pura,
sus senos de duro estaño.

CAPÍTULO QUINTO

Universal por «El Romancero»

Un proyecto bastante generalizado empieza a perfilarse entre los escritores que frecuentan los círculos intelectuales madrileños: hay que desenterrar la poesía clásica española para recuperar toda la riqueza idiomática contenida en ella y perdida por la falta de uso. Este afán obedece a la gran importancia que los poetas del momento confieren a la palabra. Influidos por la poesía pura de Juan Ramón Jiménez y por el lema de que un «poema no debe significar sino ser», la palabra se ha convertido para ellos en cuerpo y alma de la poesía y por consiguiente es preciso revivificarla y enaltecerla agotando todas sus posibilidades estéticas y evocadoras.

Posibilidades que se revelarán en los clásicos y que van a dotar a la lírica española en las primeras décadas del siglo del necesario vigor para competir con las nuevas tendencias impuestas por las literaturas europeas. Bien está considerar la profusión de «ismos» (dadaísmo, ultraísmo, surrealismo, etc.) que rigen más allá de nuestras fronteras, pero solo como matiz renovador de una genuina literatura española. No perder la identidad desdeñando lo propio, sino reforzarla, aunque sin perder de vista el presente, con los aportes de la lírica del pasado.

Aunque distintos en sus peculiaridades individuales, los poetas que componen este grupo que ha dado en ser llamado Generación del 27 contemplan su labor creadora desde la misma perspectiva y, adoptando unos mismos parámetros, imprimen a su poesía unas características bien definidas, que habrán de mantenerse hasta la renovación ideológica que desencadena la Guerra Civil.

Su preocupación por la belleza de la palabra en detrimento del significado –para ellos es antes la forma que el fondo–, su revalorización de la metáfora, su afán por redescubrir, purificar y ennoblecer el idioma, no solo los aparta de la Generación del 98, gestada en muy distintos condicionamientos políticosociales, sino que los hace desembocar, en su visión retrospectiva de la literatura, en escritores que han cultivado preferentemente la belleza formal. A partir de Lope y topando inevitablemente con Quevedo y Gracián, van a detenerse en Soto de Rojas y, cómo no, en el culterano por excelencia, Luis de Góngora.

Está próximo a cumplirse el tercer centenario de su muerte y nada más oportuno ni deseable para estos jóvenes escritores que celebrar su conmemoración rescatando del olvido al incomprendido y maltratado poeta cordobés.

Estudiarlo, analizarlo y descubrírselo a España. Como Quijotes románticos acometen la empresa de su rehabilitación. Hay que trabajar arduamente. Organizar charlas y dedicar largas horas a la investigación de su vida y de su obra para poder ofrecer con nitidez la imagen del ilustre preciosista, oponente de Quevedo, que conocía la lengua castellana o la inventaba mejor que nadie.

Federico García Lorca se apasiona con este proyecto. Hace frente a la capacidad metafórica de Góngora en un acto de humildad y el 13 de febrero ofrece una conferencia en el Ateneo de Granada glosando «la imagen poética de don Luis de Góngora».

El texto de la misma, que fue reproducido por el diario granadino *El defensor,* decía entre otras cosas:

«El Góngora culterano ha sido considerado en España y lo sigue siendo por un extenso núcleo de opinión, como un monstruo de vicios gramaticales cuya poesía carece de todos los elementos fundamentales para ser bella. *Las soledades* han sido consideradas por los gramáticos y retóricos más eminentes como una lacra que hay que tapar y se han levantado voces oscuras y torpes, voces sin luz ni espíritu para anatematizar lo que ellos llaman oscuro y vacío... Se nos ha estado repitiendo: «no acercarse porque no se entiende...». Es un problema de comprensión. A Góngora no hay que leerlo, sino estudiarlo.

»...La necesidad de una belleza nueva y el aburrimiento que le causaba la producción poética de su época desarrolló en él una aguda y casi insoportable sensibilidad crítica... Vio el idioma castellano lleno de cojeras y de claros y con su instinto estético fragante empezó a construir una nueva torre de gemas y piedras inventadas que irritó el orgullo de los castellanos en sus palacios de adobe. Se dio cuenta de la fugacidad del sentimiento humano y de lo débiles que son las expresiones espontáneas que solo conmueven en algunos momentos, y quiso que la belleza de su obra radicara en la metáfora limpia de realidades que mueren, metáfora construida con espíritu escultórico y situada en un ambiente extraatmosférico... Amaba la belleza pura e inútil, exenta de congojas comunicables».

Ese mismo es el credo estético de García Lorca y por eso empieza a trabajar en una *Soledad* siguiendo el estilo del autor cordobés.

Sigue manteniendo una fervorosa actividad y empieza a recoger los primeros frutos: se le conoce ya en los ambientes culturales de España y su nombre empieza a sonar también en Francia identificándose, a través de algunos poemas que hasta allí de mano en mano han llegado, con el pueblo gitano de Andalucía.

En el mes de abril de aquel 1926 la *Revista de Occidente* le publica su *«Oda a Salvador Dalí»*.

> «...no alabo tu imperfecto final adolescente
> Pero canto la firme dirección de tus flechas.
> ...canto el ansia de estatua que persigues sin tregua
> El miedo a la emoción que te aguarda en la calle».

Le conoce bien y le quiere entrañablemente. Aquel verano volverá a Cadaqués y recorrerá de la mano de Ana María los mismos deliciosos rincones que el año anterior. Gracias a la familia Dalí es también muy conocido en Cataluña.

Y no tardará en serlo igualmente en Valladolid, gracias a la invitación de Jorge Guillén y Guillermo de Torre, para que acuda al Ateneo. Federico presenta sus credenciales leyendo poemas de su *Romancero,* aún sin concluir, y dando a conocer algunos otros correspondientes a *Canciones* o *Poema del cante jondo*. A la hora de abandonar el Ateneo vallisoletano, Federico y sus presentadores pueden comprobar satisfechos la buena acogida que ha tenido su poesía.

El aplauso y los primeros laureles son para Federico un valioso estímulo. Se siente como pez en el agua en los ambientes culturales, plenamente identificado con sus inquietudes y seguro del camino emprendido. Su personalidad se reafirma entre las gentes que comprenden su hacer y esto le produce una alegría que no intenta disimular.

Más difíciles son para él las cosas cuando regresa en el verano al ambiente familiar. Es un calvario continuar escuchando los reproches más o menos directos que su ociosidad provoca. Su familia habla un lenguaje que él no comprende y a duras penas puede participar de los intereses que la mueven. Se siente como un extraño y, sin embargo necesita volver una y otra vez. Y ya no solo porque es preciso mantener un vínculo que justifique la dependencia económica en la que se encuentra, sino porque allí están sus raíces, el amor de su madre, sus hermanos... ¡Granada!

Desde Sierra Nevada escribe a Jorge Guillén para agradecerle una vez más la cariñosa acogida que tuvo en su casa, la valiosa ayuda que él le prestó y las demostraciones de afecto y de comprensión que en todo momento recibe de él. También le habla, cómo no, de los progresos que ha hecho en su *Romancero,* próximo a concluir y no deja de cantar, por último, el inspirador influjo que sobre su poesía ejercen los encantos inefables de su ciudad. De esa Granada que con cada jazmín pretende endulzarle la acritud de don Federico y la, por primera vez, dura exhortación de doña Vicenta a que busque una colocación seria y se deje de escribir versos. Pero «es que yo no como, ni bebo, ni entiendo más que en la poesía» –se quejará, doliente como un niño, a su buen amigo, queriendo encontrar en él la benevolente paternidad que en su casa han dejado de ofrecerle.

Que le encuentre algo, le pide, para ganarse la vida, como un puesto de profesor en algún sitio, que «yo seré discípulo tuyo o de Salinas y hago voto de obediencia y de fervor académico». Federico tiene 28 años y un título de abogado.

Guillén le conoce bien. Sabe que solo un niño le prometería obediencia, que solo un «acérrimo» poeta ofrecería fervor académico como garantía y aún así inicia gestiones para conseguirle un puesto de lector de francés en el sur de Francia. El trabajo sería compatible con su anárquico espíritu y beneficioso para combatir ese «dolor lírico de cabeza» que producen al poeta los perfumes de su jardín. Además, salir al extranjero aliviaría «esa comezón y esa aguda gana de alejarme de España» que Federico confiesa empezar a padecer.

Sin embargo, todos estos proyectos se quedan sobre el papel de las cartas.

—¿Qué culpa tengo yo de que las gestiones no hayan dado fruto?

Y como después de la tempestad viene la calma, los padres suavizan su actitud, un tanto arrepentidos de los sinsabores causados a aquel hijo que les ha salido artista. Federico no desprecia la oportunidad de seguir haciendo lo que le gusta. De reunirse con los que le comprenden y de acometer nuevas y desinteresadas empresas. Ahora se trata de preparar un homenaje a Soto de Rodas, resaltando los valores de su barroquismo, y entre tanto, veamos a qué viene tanto interés de Emilio Prados por la finalidad que ha pensado dar a su libro de canciones.

Federico quiere publicarlo, por supuesto, pero no se resuelve a hacerlo hasta estar seguro de que aquel trabajo va a ser acogido con regocijo por alguien más que por sus amigos.

—Te digo que es buen momento, hombre; se te conoce lo suficiente como para tener asegurada una venta sustanciosa. Además, mi colección Litoral es el marco perfecto.

—¿Perfecto? ¿Después de lo que hicisteis con mis poemas gitanos? Ni yo mismo era capaz de reconocerlos.

—Erratas de principiantes, hombre, compréndelo; te aseguro que esta vez será distinto, por la cuenta que me tiene. Si quieres yo mismo lo compondré a mano. ¿Necesitas más garantías?

—¿Me lo prometes?

El 14 de febrero escribiría a Jorge Guillén: «Ya están gimiendo las prensas con mi libro *Canciones*. Libro de sorpresa para muchos y de alegría para pocos. A Teresita le dedico la canción del lagarto y la lagarta, porque se reirá bastante de verlos llorar. Yo sé que tú tendrás ese libro en tu casa con cariño. Por eso lo publico. Mis amigos lo recibirán de una manera que me conmueve verdaderamente... en el fondo creo que no reciben mi poesía: me reciben a mí».

En esta misma carta le pide colaboración para un nuevo proyecto literario que tiene bastante avanzado: la creación de una revista que irá ilustrada por Salvador Dalí y que ha de llamarse *El Gallo*. Su finalidad no será otra que la de despertar la anquilosada vida cultural de la ciudad que negaba, con sus prejuicios reaccionarios y mediocres, el pan y la sal a sus auténticos artistas mientras celebraba, torpemente, la mediocridad de «sus pintores y escritores oficiales». Los meses que lleva en Granada le han permitido comprobar las abismales diferencias que existen entre la anticuada sociedad cultural de su amada ciudad y refractaria a las nuevas corrientes artísticas, y el espíritu acogedor y abierto que había conocido en Madrid.

Es preciso que Granada y Andalucía toda conozcan y admiren a los nuevos talentos españoles y para eso, García Lorca, en colaboración con algunos jóvenes amigos –«algunos son niños todavía»– se propone editar esta revista.

La ingente correspondencia que, para ponerla en marcha, despacha hacia todos los puntos de la Península, retrasan su aparición. Además, acaba de ocurrir algo fantástico: Margarita Xirgu ha aceptado al fin representar la obra de García Lorca.

Federico apenas cabe en sí de la alegría cuando Salvador le comunica la buena noticia.

—¿Qué es lo mejor que pensábamos hacer juntos? ¿Qué es lo que más hemos soñado durante estos dos últimos años? ¿Qué es lo que, después de sudar sangre para conseguir los medios, no podía realizarse por falta de instrumentos?

—¿Estrenar Mariana Pineda? ¿Me estás diciendo eso, Salvador?

—¡Sí! La compañía de la Xirgu, en Barcelona, para junio.

—¡Oh Salvador, me he puesto a temblar!

—Pues más te vale ponerte a trabajar. Escucha, ya tengo los decorados. ¡Los tengo aquí todos! y te juro que son la maravilla de las maravillas –explica Salvador en el colmo de su peculiar entusiasmo.

—Me pregunto si gustará la obra –balbucea el poeta pensativo e inquieto–. Tendré que repasarla. Ha pasado demasiado tiempo desde que la escribí y me temo que ya no sea tan mía como entonces. Es... es...

—¡Fabulosa! –exclama sin vacilar el pintor.

—Demasiado romántica, quizá. ¿No crees?

—Es divina y va a ser más divina cuando Dalí le pinte los decorados –dice convencido–. Casi podría asegurarte que el público no resistirá tanta belleza –concluye con su proverbial gracia, haciendo reír a Federico.

—¡Eres grande, Salvador!

Durante una semana, del 24 de junio al 2 de julio de aquel 1927, se representa el drama histórico de *Mariana Pineda* en el teatro Goya de Barcelona. La puesta en escena es impecable. Nada ha escapado a la perspicacia ni sensibilidad del autor presentes en cada uno de los gestos y movimientos hasta completar una unidad armónica y bien depurada. «La escenografía que le sirve de fondo –estima Concha Zardoya– tiene siempre el aire de una acuarela romántica, bellamente desvaída como conviene a estas tres estampas de una época amada por el poeta. Tres dibujos hechos por él –que aparecen en sus *Obras completas*– son proyectos de decoración que evidencien su preocupación por los detalles escenográficos».

A pesar de la cuidada ejecución, la representación no obtiene el éxito que cabía esperar. El público, decepcionado tal vez porque el tratamiento poético del tema ha desvirtuado la fuerza política del sujeto, apenas sabe apreciar la dimensión artística de ese teatro, «vivo» y «total» con el que Federico anticipa su concepción dramática como una perfecta síntesis de todos los fenómenos que concurren sobre la escena.

Federico no se desalienta, sin embargo; está satisfecho de la vida que ha sabido imprimir a su heroína, cuya exaltación era la única causa de la obra. Su Mariana Pineda se provee de existencia real aún sin abandonar la simbología poética e ideal a la que sirve. Tan perceptible es en ella su carne femenina y tierna, como su bravo espíritu heroico y universal.

> Ahora sé lo que dicen el ruiseñor y el árbol
> el hombre es un cautivo y no puede librarse.
> ¡Libertad de lo alto! Libertad verdadera,
> enciende para mí tus estrellas distantes.

Cantar a la libertad y cantar al amor y llorar por la vida que le arrebatan, estimándola menos que a su honor, ese honor que deja como patrimonio único –sus bienes son confiscados– a sus tiernos hijos.

Ninguna faceta humana ha sido descuidada en el tratamiento de la legendaria heroína de Granada que ha encontrado al fin su poeta; un poeta amante como ella de la libertad, que lo único que reclamará siempre será el derecho universal a vivir, a cambio de la también universal condición de dejar vivir.

El 12 de octubre, la obra se estrena en el teatro Fontalba de Madrid, siendo mucho más aplaudida que en Barcelona. Vicente Aleixandre, que acudió a la representación, inicia con Federico una entrañable amistad.

Amistad que viene a enriquecer el importante caudal que García Lorca posee y que, a lo largo de toda su vida, no hará sino incrementarse. En cada sitio que estuviera, con cada persona que le fuera presentada se provocaba en el poeta esta entrañable relación humana de la amistad.

Unos dicen que ejercía sobre la gente un atractivo especial, otros que su alegría era tan contagiosa que necesariamente había de sucumbirse a ella, pero lo cierto es que su temperamento infantil despertaba en cuantos le conocían un súbito deseo de protección, consiguiendo con su desinterés y espontaneidad fomentar una corriente de simpatía.

Federico quiere disfrutar de la vida y de las personas y ninguna ocasión más propicia que este viaje a Sevilla en el mes de diciembre, invitado por el Ateneo para acudir a las jornadas culturales que se celebrarán en homenaje a Luis de Góngora. Aquí se darán cita los más prestigiosos representantes de la poesía española del momento para desarrollar la personalidad literaria y humana del autor cordobés. La conmemoración de este tercer centenario de su muerte del que se hizo eco la *Revista de Occidente* editando sus *Obras Completas* y la Residencia de Estudiantes, organizando una serie de charlas, ha sido acometida en la capital sevillana bajo el patrocinio del torero Ignacio Sánchez Mejías, afamado mecenas de las letras y buen amigo de Federico.

Ningún autor ha cuestionado, sin embargo, que el motivo por el que García Lorca se encontrara entre los invitados del Ateneo, entre los que se contaban Dámaso Alonso, Gerardo Diego, Rafael Alberti, Jorge Guillén y otras prestigiosas plumas, fuese el de la significación que como escritor tenía en el mundo de las letras. Su presencia era pues inevitable, y su intervención esperada. Cuando al final de su conferencia lee –como habían hecho sus compañeros– algunos de sus versos, una ovación unánime estalla en la sala. El público asistente ha sabido reconocer su talento y le entrega, en aplausos, el máximo galardón de aquel singular certamen.

Durante estas memorables jornadas Federico conoce a Luis Cernuda y la amistad surgida entre ellos no se romperá durante el resto de su breve vida. El poeta sevillano, licenciado en derecho como él y autor de esa extraordinaria obra que es *La realidad y el deseo,* dejará testimonio del éxito obtenido por Federico en Sevilla con una frase no exenta de cierta reticencia: «Se le jaleaba como a un torero y había ciertamente algo de matador presumido en su actitud».

Presunción natural en un joven de 29 años halagado por la fortuna, pero que no le impide reconocer el talento ajeno, ni aparta de él a sus incontables amigos.

Aquella estancia en Sevilla será memorable para todos ellos. Cuando terminan sus gestiones en el Ateneo y abandonan el lujoso hotel que les ha servido de alojamiento, ninguno de ellos tiene deseos de volver a su ciudad de procedencia y se las ingenian para estirar su presupuesto de tal forma que puedan prolongar unos días más su estancia en Sevilla. No ha sido la causa de aquel viaje lo más agradable de él, sino las deliciosas experiencias que han vivido juntos. Tanto como el feliz intercambio de ideas o la inefable compañía supondrán en su recuerdo las alegres noches sevillanas. En constante banquete de sensaciones voluptuosas, aquellos fervientes adoradores de la belleza de las palabras, trocan la pluma por el corazón para emitir un ininterrumpido canto a la vida más similar en espíritu a los versos dionisíacos de Rubén que al rigor científico con el que habían tratado de exponer el arte de Góngora.

Pero, al iniciarse el nuevo año, Federico vuelve a comenzar una actividad más seria y sistemática. Hay que lanzar de una vez el primer número de la revista *El Gallo*. Su hermano Paco, apasionado con este proyecto se ocupa de aguijonearle y hasta de dirigirlo mientras el poeta escapa a Guadix para deslumbrar a sus amigos con una original visión de la nueva hora andaluza, o se deja arrebatar por oleadas de ferviente inspiración en las que compone las *Odas* a Sesostris y al Santísimo Sacramento.

Por fin está lista la cacareada publicación subtitulada *Revista literaria y artística de la vanguardia granadina* y en la que se pretende, según Marcelle Auclair «hacer penetrar la luz hasta el fondo de los armarios en que se esconde a los monstruos». Sus responsables están satisfechos. Ya era buena hora de cosechar un fruto que llevaba madurando un año, si no querían verlo tan fermentado y putrefacto como las propias actitudes que deseaban combatir.

Mañana, 9 de marzo de 1928, verá la luz el primer número de El *Gallo* pero antes, esta noche, hay que celebrarlo como mandan los cánones en la Venta de la Eritaña. Y es que, cualquier ocasión es buena para festejar y más vale hacerlo ahora que alimentan la esperanza del éxito que esperar a que este se produzca corriendo el riesgo de que no lo haga.

Se produce ciertamente; al menos, por éxito debe entenderse la conmoción que *El Gallo* origina en el mundillo intelectual de Granada provocando auténticos debates entre partidistas y adversarios. La edición de este primer número que contenía artículos de Gómez Arboleya, Fernández Almagro, Francisco Ayala o Luis Cienfuegos entre otros, se agotó en 48 horas. «*El Gallo* en Granada ha sido un verdadero escandalazo –escribe ufano Federico a Sebastián Gasch–, en la Universidad hubo ayer una gran pelea entre gallistas y no gallistas y en las peñas y cafés no se habla de otra cosa».

Al mes siguiente, cuando desdichadamente ya se han calmado las escoceduras del primer número, aparece el segundo. Federico publica en él dos farsas breves: *La doncella, el marinero y el estudiante* y *El paseo de Buster Keaton* pertenecientes a su teatrillo burlesco y cuyo desenfado subido de color no deja de causar estupor. Sin embargo, lo más polémico de la revista hubiera sido el *Manifiesto antiartístico catalán* firmado por Dalí, Muntanya y Gasch, que también colaboraba con un extenso artículo sobre la significación de Picasso en la pintura moderna. Y decimos que «hubiera sido» porque apenas sí se vendieron un centenar de ejemplares.

Aquel segundo número de *El Gallo* sería el último que viese la luz y, a pesar de preparar con el mismo esmero el siguiente, la revista moriría con él. Vázquez Ocaña dijo que «el sino de todas las revistas de vanguardia ha sido y seguirá siendo el de ser flores de un día o, a lo sumo, de una estación», en cuanto a la causa de ese sino bien puede estar, en el caso que nos ocupa, en la falta de fondos para financiarlo. Federico no se sonroja al admitir que solo puede pagar con «cariño, gratitud y buena voluntad», débil moneda para cualquier época. Habían confiado excesivamente en la respuesta de un auditorio que no estaba, en su mayor parte, preparado para aceptar una publicación tan audaz y esta confianza la pagan con el fracaso.

No por ello se arredra Federico; él jamás se entrega a un solo proyecto y ahora también tiene otras cosas que reclaman su atención. Además, como si el destino quisiera resarcirle del golpe, *Revista de Occidente* le edita, ese mismo mes, su *Romancero.* Desde finales de 1926 lo tenía terminado pero, a pesar de haberlo publicado parcialmente, no se atrevía a darlo totalmente a la luz, temeroso de no poder combatir con alguna otra obra de tanto mérito, pero de diferente temática, el atributo de «gitanería» que le habían colgado cuantos conocían sus romances inéditos. Quizá esta circunstancia, es decir el que la mayor parte de sus romances fuesen no solo conocidos y admirados en los círculos literarios, sino incluso recitados de memoria, contribuyó decisivamente al éxito rotundo de su publicación. La edición se agotó en unos pocos meses, lo cual es sumamente insólito tratándose de un libro de poesía; pero lo cierto es el que el *Romancero gitano* es una obra insigne que ha conseguido aunar en elogios al público y a la crítica. Como generalmente ocurre cuando la calidad artística es diáfana, nadie osa regateársela. «En este caso –dice José Luis Cano– mayoría y minoría coincidían en admirar unos romances en los que la maravillosa fantasía del poeta, sus palabras sabias y misteriosas habían logrado calar y conmover el alma del pueblo, del suyo, el andaluz, y del de toda España». Y es que, sobre cualquier verso en que los ojos se detengan, salen a nuestro encuentro la inspiración y el duende de los que Federico tanto habló, removiéndonos el espíritu para estimular en él nuestra más recóndita capacidad de sentir y de soñar.

Los caballos negros son.
Las herraduras son negras.
Sobre las capas relucen
manchas de tinta y de cera.
Tienen, por eso no lloran,
de plomo las calaveras.
Con el alma de charol

vienen por la carretera.
Jorobados y nocturnos,
por donde animan ordenan
silencios de goma oscura
y miedos de fina arena.
Pasan, si quieren pasar,
y ocultan en la cabeza
una vaga astronomía
de pistolas inconcretas.

Sin duda este poeta no es el mismo que escribió *Mariana Pineda.* Ha dejado en su andadura de niño grande una buena parte de su romanticismo, consiguiendo, sin embargo, mantenerse cerca del pueblo, de lo sensible y de lo emotivo sin abusar de ello, sin revestirse de ello; desenmarañando su realidad de la complicada hojarasca sentimental y romántica que la oculta. Es la mesura del buen poeta. Del poeta que transmuta la realidad, no en elevadas ideas o conceptos metafísicos, sino en experiencias de los sentidos; en expresiones de belleza. Es el ideal estético de los poetas del 27 que sienten horror a la tentación de hacer un poema a cualquier sentimiento individual o íntimo.

Estos, los personales, el yo, se queda para los íntimos. Federico que consigue evitar a su poesía el reflejo de su intimidad, la descubre sin embargo ante amigos tan fieles como Jorge Guillén, hombre de admirable serenidad de espíritu que puede brindarle el consuelo que necesita. «Mi estado espiritual no es muy bueno que digamos –le escribe en el mes de mayo–. Estoy atravesando una gran crisis sentimental, de la que espero salir curado». O, la que en septiembre dirige al escritor colombiano Jorge Zalamea: «Has debido pasar un mal verano. Ya, afortunadamente, entra el otoño, que me da la vida. Yo también lo he pasado muy mal. Se necesita tener la cantidad de alegría que Dios me ha dado para no sucumbir ante la cantidad de conflictos que me han asaltado últimamente...».

A pesar del éxito de su libro está deprimido. Se siente vacío, lejano de las muchas cosas queridas... «a mí ya no me interesa nada o casi nada», escribirá a Gasch presa de un misterioso desengaño. ¿Amor? Cuesta imaginarlo. Esta palabra no tiene en el poeta el significado habitual. No se le conoce enamorado más que de la perfección sensitiva o de la perfección estética y no es descabellado suponer que la primera de ellas, si no ambas, le hubiese decepcionado. «... Todo el día tengo una actividad poética de fábrica –escribe a Zalamea–. Y luego me lanzo a lo del hombre, a lo del andaluz puro, a la bacanal de carne y de risa. Andalucía es increíble. Oriente sin veneno. Occidente sin acción. Todos los días llevo sorpresas nuevas. La bella carne del Sur te da las gracias después de haberla pisoteado».

Demasiadas experiencias de los sentidos, quizá; demasiado ejercicio de la sensibilidad bajo la inexorable observación de poeta. Mirarse vivir. Debe estar un poco estragado de provocar su sensualismo y alimentarse solo de él.

Aun así tiene ánimos para leer en el Ateneo de Granada una conferencia sobre la génesis poética que titula: *«Imaginación, inspiración, evasión»*. Sus palabras finales son estas: «Como poeta auténtico que soy y seré hasta mi muerte, no cesaré de darme golpes con las disciplinas en espera del chorro de sangre verde o amarillo que necesariamente y por fe habrá de manar mi cuerpo algún día. Todo menos quedarme quieto en la ventana mirando el mismo paisaje. La luz del poeta es la contradicción».

Puede que esta última frase ayude a comprender mejor su personalidad. Ya que sin duda fue la contradicción la que, haciéndole evadirse de esa tristeza que inesperadamente le ha abatido, le conduce por los festivos derroteros de su nueva pieza teatral: *El amor de don Perlimplín con Belisa en su jardín.*

¡Claro que desde Madrid, las cosas tienen diferente color!

CAPÍTULO SEXTO

POETA EN NUEVA YORK

La visión que Carlos Morla, diplomático chileno que conoció a Federico a principios de 1929, guarda del poeta es la siguiente: «Era un muchacho joven (tenía ya treinta años), de regular estatura, exento de esbeltez sin ser espeso, de cabeza grande, potente, de rostro amplio constelado de estrellas brunas que son lunares. Ojos sombríos pero risueños... Cabellera abundante, que no empaña una frente ligeramente abombada. Ninguna serenidad en la mirada ni ceño austero».

¿Impenetrable? Debajo de su sonrisa cordial, de su alegría contagiosa, Federico oculta celosamente un interior solo descifrado a los más íntimos. «Ninguna serenidad»: ¿cómo iba a haberla cuando tenía el espíritu en desorden, alterada la paz de tanto no reconocerse? Busca en sí mismo algo sólido a qué aferrarse, algo sobre lo que agrupar de nuevo sus partículas humanas dispersas, ahora que ya se le ha escapado para siempre su alma de niño, rompiendo la armonía en su desbandada. Un átomo sobre el que cristalizar. Su última poesía agoniza; tiene la inspiración quebrada por no sé qué reflejo húmedo y caliente que enturbia su pureza diáfana e ideal. El olor de la rosa se percibe rancio; ajada la tersura del pétalo y algo extraño enronquece la canción del agua. Es la pasión del sentimiento que, súbitamente, rebasando las barreras del pensamiento, irrumpe en su poesía anegándola de esbozos románticos. ¡No quiere! ¡No quiere sentimiento!

Suerte de esas horas pasadas en la amena tertulia que alberga en su casa Carlos Morla, agasajando bajo su techo a poetas y amantes de las letras tan insignes como Manuel Altolaguirre, Cernuda o Rafael Martínez Nadal. En ellas se olvida Federico de su drama interior y hasta consigue divertir a sus amigos con sus festivas bromas.

Pero ellas tampoco le devuelven la alegría. Sigue sintiéndose extraño. «Estaba triste –dice Martínez Nadal– buscaba la soledad, no hablaba de proyectos y, lo que era más grave aún, no leía a nadie sus nuevos poemas». Pero, ¿es que realmente escribe nuevos poemas, o solo vuelve sobre los antiguos intentando depurarlos una y otra vez hasta arrancar de ellos todo vestigio de sentimiento? Deshumanizarlos ahora que él se humaniza; ahora que él se presiente más nítidamente que nunca, descubriendo el vacío y la futilidad de su esfuerzo anterior. ¿Quién no ha dudado en la mitad de su obra? ¿Quién no se ha preguntado si no ha sido todo inútil? ¿Quién no ha querido sentarse en el camino y dejar pasar el tiempo y la vida esquivando su contacto con hermetismo? «Poeta por los cuatro costados»; poeta antes incluso que hombre. ¡Qué difícil cuando el torrente de la vida le arrastra, concienciándole de su debilidad y de su imperfección, sentarse impávido a mirar pasar el agua! Por primera vez siente una responsabilidad que le agobia: la fama recién conquistada; esa «fama estúpida», como él la llama, que se cierne sobre él como amenazadora espada. Muchos ojos en derredor le observan ansiosos de verle caer; muchas lenguas se humedecen ávidas a la espera de lanzar sus críticas. «El hombre famoso –escribe– tiene la amargura de llevar el pecho frío y traspasado por sordas linternas que dirigen sobre él los otros». Por temor a ellas oculta celosamente su intimidad y es que no soportaría ver en juicios ajenos, lo propio e íntimo que aún no había logrado asumir.

La aureola del *Romancero* le ha perdido. Es la fatiga súbita del que ha llegado a la cumbre. ¿Ahora qué? No puedes evitar el aire limpio y la diáfana luz de la altura. Eres de cristal y tus limitaciones no pueden escondérsete. ¿Hay que bajar? ¿Qué me espera en el valle? Tengo el camino jalonado de cuerpos «putrefactos» que nunca lograrán llegar y que no pueden perdonarme el éxito. Tengo, arrastrándose por el polvo, alimañas primitivas acosando la complicidad de mi carne, aullando contra la belleza, prestos a devorarla, a mancillarla con sus pasiones torpes. No puedo bajar y no puedo quedarme. Ya no puedo, porque todo en mí rueda hacia la pendiente; porque aquella virtud inmaculada y aquel afán de pureza ya no son parte de mí, al menos no son mi carne, sino mi razón y ahora me siento más cuerpo que nunca.

Los otros y él. El surrealismo que llega de Francia y el que, contra todo lo que se diga, cunde en España. Es la evolución lógica que marca el paso del tiempo. Eterno ciclo que vuelve al romanticismo, a la exaltación de todo lo humano, del «yo», de lo impuro. Federico se siente vulnerable a esta nueva corriente y no quiere serlo. Le falta trascendencia. Le falla la propia inconsciencia de esa vida a la que precisamente ha rendido un culto pagano. Y según pierde identidad, según se le desmoronan los antiguos valores a los que había dedicado su ingenio, se le debilita también la capacidad de crear. Se siente estéril y no lo soporta. Sabe que es preciso acometer cosas, pero ¿cuáles? ¿cómo?

Su poesía atraviesa una aguda crisis. Está cambiando profundamente. Difícilmente volverá a conseguir los versos puros, refrescantes y cristalinos de los años pasados. Difícilmente podrá defender con la misma fe, el dogma de Juan Ramón Jiménez. Ahora precisa de algo más consistente pero más auténtico y más humano que el color perfecto de la rosa, su tersura o su perfume. Ahora alguien le ha dicho que la rosa no es nunca perfecta porque desde que nace empieza a marchitarse.

Siempre había mirado el mundo con sus ojos. Su poesía partía, pues, de la percepción de la realidad, pero la sometía a tan intensa elaboración que conseguía despersonalizarla y transmutarla hasta el punto de no poder casi reconocer el mundo ideal que surgía de su pluma.

Espejos en su poesía: pero espejos cóncavos, convexos y ultramundanos que ofrecen una imagen exaltada, fantástica; pura sensación. Incluso él mismo se había deshumanizado en su poesía y ahora difícilmente se resignaba a aceptar su yo verdadero. Pero hay que aceptarlo. Impuesta desde fuera y desde dentro crece la dolorosa necesidad de recuperarlo;

de reconstruirlo. No, de reconstruirlo no, porque tal vez no pudiera resistir la tentación de seguir un proceso tan fantástico como el anterior. Hay que dejarle ser, hay que dejarle gritar y conmoverse en virtud de esa libertad embrutecida que el surrealismo propugna.

Es difícil despojarse de la preceptiva literaria del 27 y tal vez por eso su poesía inmediata no consiga ser netamente clasificable, porque si bien trata de abandonar la estética de su generación, incluso antes que otros compañeros, haciendo una poesía de concepción surrealista difícilmente persistirá en ello, prefiriendo encauzar sus esfuerzos hacia la creación dramática, con la que puede identificarse más plenamente.

Se hace largo y penoso aquel invierno en el que la profunda crisis política española amenaza con la revolución para sacudirse el pesado yugo de la dictadura. Pero, en la primavera renace su esperanza. Fernando de los Ríos, su antiguo maestro y amigo de siempre le brinda el remedio para esta prolongada agonía sentimental, invitándole a compartir con él un viaje a Estados Unidos.

Para Federico el principal atractivo del viaje es la compañía de don Fernando porque ni conocer París o Londres –primeras escalas de su viaje– o la propia Nueva York le apetece particularmente.

Antes de marcharse vuelve a Granada para despedirse de su familia y ¡cómo no! para conseguir dinero para el viaje. Él es poco listo en cosas prácticas, pero allí está don Federico queriendo, a pesar de todos los pesares, lo mejor para su hijo.

Ninguna de las dos grandes ciudades europeas le conmueven. Ni siquiera se muestra impresionado por sus maravillas arquitectónicas. Le interesa más lo que está vivo, el movimiento y por eso admira más su cosmopolitismo, incesante tráfago de gentes de todas las razas que le aturde gozosamente con su abigarrado color.

Una breve escapada a Oxford, les permite permanecer durante unas horas en compañía de un ilustre compatriota, Salvador de Madariaga, buen amigo de don Fernando, que imparte sus clases de literatura en la universidad de dicha ciudad. Hasta más de la medianoche escuchan los dos viajeros la amena charla del prestigioso hispanista, heredero de las ideas de Giner de los Ríos. Sin duda su tesis sobre la europeización española no sería demasiado bien acogida por Federico, siendo como era un enamorado de lo genuinamente español, pero ya entonces había aprendido el poeta granadino a estimar a las personas por sus virtudes intrínsecas, al margen de que fueran de un país o de otro y por supuesto por encima de sus teorías, consecuencia muchas veces de sus circunstancias determinadas. Don Salvador era un delicioso anfitrión y un docto literato, al que aprovechaba escuchar. Su cordialidad no podía pasar inadvertida para Federico.

Por la mañana tomaron el tren hasta Southampton para embarcarse en el *Olimpic* que les llevaría a Nueva York.

La travesía no fue extremadamente feliz para Federico, pero la solicitud de su compañero contribuyó a hacerla menos penosa. Es esta inmensidad que le sobrecoge la que a duras penas logra superar. Siente mareos y náuseas pero apenas los advierte dominado por esa otra angustia interior que le domina. Es como si hubiera desertado de España. Añora su tierra, sus amigos, su jardín; añora lo íntimo y lo cotidiano. «No sé por qué he partido» –se repite–. «Me miro en el espejo del camarote y no me reconozco... Parezco otro Federico». Anda a tientas sobre sí mismo, sin encontrarse del todo, sin delimitar su contorno; sin poder casi definir su contenido. La estancia en Estados Unidos producirá la catálisis final.

Apenas llegado a Nueva York, Federico se instala en una de las residencias estudiantiles de la Universidad de Columbia con la sana intención de aprender inglés. Allí está, para recibirle con los brazos abiertos, el entrañable Ángel del Río, profesor en la universidad, dispuesto a introducirle en el ambiente y hacer no pocas veces de paciente guía a través de la inextricable selva de la gran ciudad.

Federico se propone estudiar inglés; mejor dicho, acaba de matricularse en algunos cursos intensivos de inglés. Es preciso aprovechar al máximo. Pero, apenas pasada la euforia de los primeros momentos, deja de asistir a las clases. Es demasiado fuerte para él y no le cuesta rubor alguno admitir que carece de aptitudes para el idioma. La verdad es que no pone interés alguno en aprenderlo y consentirá en marcharse de Nueva York sin haber llegado a formar una sola frase en inglés. Su indisciplina mental es invulnerable, su andalucismo refractario a toda penetración; más prefiere derramarlo a manos llenas, a garganta plena entre esos muchachotes de piel rosada que estudian español. Entabla con ellos una buena amistad y siempre encuentra la manera de congregárselos alrededor para cantarles populares tonadillas andaluzas.

A principios de agosto se desplaza a Vermont aceptando la invitación de un amigo canadiense que conoció en la Residencia madrileña. Será en su casa, inmerso en aquel paisaje prodigioso que le produce intensa melancolía donde escriba dos poemas, junto al lago Eden, uno de los cuales refleja esa evolución que apuntábamos anteriormente; esa instrospección del poeta puro hacia el hombre imperfecto, queriendo fundirse con él. Es toda la carga sentimental de un romanticismo nuevo y eterno, más viejo y humano que su propio nombre; es el topar con su «yo» en libertad, sin métrica ni norma fija. En sus versos expresa la contradicción que lleva dentro y hasta el deliberado ordenamiento de las estrofas evidencia el cambio que se está operando en su poesía; esa poesía de «abrirse las venas» que había anunciado tiempo atrás pero menos «evadida de la realidad» de lo que entonces podía suponer. Dice así:

¡Ay voz antigua de mi amor,
ay voz de mi verdad,
ay voz de mi abierto costado
cuando todas las rosas manaban de mi lengua
y el césped no conocía la impasible dentadura del caballo!

Yo sé el uso más secreto
que tiene un viejo alfiler oxidado
y sé del horror de unos ojos despiertos
sobre la superficie concreta del plato.

Pero no quiero mundo ni sueño, voz divina,
quiero mi libertad, mi amor humano
en el rincón más oscuro de la brisa que nadie quiera.
¡Mi amor humano!

Quiero llorar porque me da la gana
como lloran los niños del último banco,
porque yo no soy un hombre, ni un poeta, ni una hoja,
pero sí un pulso herido que sonda las cosas del otro lado.

A partir de aquí sus poemas se harán más oscuros, más surrealistas más categóricos. Es como si al fin hubiera dejado de correr tras de sí mismo y asentándose de nuevo pudiera volver a contemplar con sus ojos –ojos que habían viajado solos largamente– el mundo y la conciencia a un tiempo.

El resto de aquellas vacaciones lo reparte Federico entre la granja que Ángel del Río tiene en las montañas de Catskills –varios de los poemas de su libro *Poeta en Nueva York* son de esta época– y la que el profesor Onís pone a su disposición en Newburgh. Cuando vuelve a Nueva York en el mes de septiembre comienza a degustar realmente el mundo americano.

Igual que siempre había hecho en Granada, en Madrid o en Sevilla, comenzó a recorrer de noche los barrios más típicos de la ciudad, acompañado de un grupo de amigos, españoles los más y americanos los suficientes como para garantizar algunos elementos exóticos, siempre precisos para amenizar las veladas. Unos y otros le invitan a sus casas para agasajarle y él corresponde divirtiéndoles. Vuelve a ser el Federico alegre del piano y de las canciones españolas que, aunque muchos de los presentes ni siquiera entienden, no pueden por menos de jalear alborozados. La simpatía que se desprende de Federico vuelve a conquistar todas las voluntades. A su lado se huele lo español; se llenan los odas de ese pintoresquismo acalorado y radiante de una tarde de toros. Él irradia folclore de su cuerpo y amistad y frescor de su risa:

Pero, por si acaso podía hacérsele monótono aquel diálogo de sordos entre amigos que apenas entendían otra cosa que sus gestos o su música, allí estaban la Argentinita y el torero Sánchez Mejías, por una buena temporada en Nueva York, para amenizarle la vida. Así vuelve a tomar con gusto la tarea de armonizar para la cantante algunas melodías populares y ampliar su pieza teatral *La zapatera prodigiosa,* escrita tiempo atrás.

Aparentemente sigue siendo el mismo de siempre; solo su poesía, nueva y diferente le traiciona, delatando esa conciencia de sí mismo que antes no tenía.

> No nos salvan las solitarias en los vidrios,
> ni los herbolarios donde el metafísico
> encuentra las otras vertientes del cielo.
> Son mentiras las formas. Solo existe
> el círculo de bocas del oxígeno.

La inmensidad de aquella ciudad le hace comprender su importancia humana. Insignificante, sí, frente a la masificación casi apocalíptica de la gran urbe pero, precisamente por esa insignificancia, es más importante tomar conciencia de la propia individualidad, de las posibilidades de cada cual y desarrollar, hasta el grado máximo, su potencia creadora. Un hombre solo en aquel macromundo puede llegar a sentirse hormiga y dejarse devorar por un sentimiento cómodo de contingencia y de enajenación. Un simple tornillo en el espectacular y gigantesco engranaje, del cual lo único que cuenta es la rentabilidad del producto resultante. Todo está concebido en función de su utilidad y lo que no es rentable se excluye sin más. Pero es precisamente esta deshumanización este menosprecio hacia el ente humano lo que despierta en Federico un poderoso afán por reafirmar su importancia y su trascendencia. El hombre es el auténtico motor de la tierra. Todo debe subordinarse a él. Todo está concebido para proporcionarle una existencia más feliz y cada hombre es acreedor a esta vida mejor. No debe el hombre quedar oscurecido por sus propios logros; no puede dejarse aniquilar por la técnica que él mismo ha creado; no deberá conformarse con ser un mero productor, un consumidor más, una cifra insignificante en las estadísticas.

Al menos, no deberá conformarse sin antes dejarse oír.

Hay que gritar a las piedras, a los árboles raquíticos y prefabricados, al asfalto de la estereotipada Quinta Avenida, a las complicadas estructuras de los rascacielos desafiantes, a los estercoleros inmundos de los suburbios, a la miseria devoradora y vergonzante de esa universal ciudad, la más poderosa del mundo, que oculta bajo su sonrisa opulenta y saludable las más hediondas y dolorosas llagas. Hay que gritarle que la pequeñez de una sola vida humana es más maravillosa y más auténtica que todo su poderío.

Y este grito lo hará Federico García Lorca con su teatro rescatando al ser humano hasta de la más grande de sus limitaciones, la esterilidad, para convertirlo en héroe universal.

Dicen que Nueva York le oprimió y no me cuesta admitirlo en absoluto, pero no se puede afirmar que fuese el desconocimiento del idioma una de las causas, ya que tal vez este desconocimiento le libró de profundizar aún más en lo absurdo, en lo incontrolable y desbordado de su progresión. Me atrevo a asegurar que precisamente este desconocimiento de la lengua permitió a Federico sufrir menos en aquel mundo extraño e inasequible. Aislado en una pequeña comunidad, el poeta pudo tomar de él lo que le interesaba y desechar aquello que no tenía comprensión posible para un temperamento como el suyo.

Durante aquellos diez meses empleará sus energías para reafirmarse como entidad humana potenciando al máximo sus facultades sensitivas y su talento creador. Tal vez si no hubiera vivido esta experiencia no habría sido capaz de dar a sus personajes dramáticos la fuerza y la autenticidad que poseen. Algo que también es justo atribuir a su estancia en los Estados Unidos es el conocimiento de nuevas técnicas teatrales que le permitió iniciar en España la renovación dramática que tanto precisaban nuestros escenarios y solo podía lograrlo a partir de lo popular, «encarnando ideas y sentimientos comunes a todos» –como dice el crítico Enrique de Mesa–. El García Lorca que ha descendido del Parnaso gongorino será capaz, como pocos, de hablar al pueblo no solo en su idioma, sino en un idioma más bello y genuino, pero a la vez poético y universal que hará conmoverse a las multitudes.

Hay que hacer un teatro para todos y pasearlo por todo el mundo, por toda España, por los más apartados rincones de su geografía. Que nadie, aunque habite lejos de la ciudad, se quede sin la oportunidad de asistir a la gran representación de la tragedia humana. No se trata solo de llevar la cultura en andas por nuestra geografía para que todos hinquen la rodilla ante ella, adorándola como bien supremo y privativo de unos pocos sino de hacer comprender a los hombres, a cada hombre, lo que él es y lo que puede llegar a ser.

Todo esto lo intuyó en América y lo podría poner en práctica a su regreso a España, pero antes, como si las circunstancias redundaran en provecho de esta idea, le dan oportunidad de conocer al pueblo cubano. Una invitación cursada por el Instituto hispanocubano de Cultura para que dé una serie de conferencias en La Habana, le permite pasar dos meses, de fecunda actividad, en esta isla que tanto le recuerda a su Andalucía.

Tiene grandes deseos de volver a España, pero no vacila en aceptar aquella invitación y se embarca para La Habana. Atrás deja la angustia y la soledad de Nueva York que han conseguido enjugar la «penumbra sentimental» en que se encontraba al llegar a América. Lleva consigo un buen bagaje de composiciones poéticas, pero lo que no podrá menos de evocar mientras se aleja de las gigantescas construcciones de la isla de Manhattan será la mansa y triste humanidad de los negros de Harlem; «lo más espíritual y lo más delicado de aquel mundo». Porque, es «ese negro que se saca música hasta de los bolsillos» el más genuino representante de la naturaleza humana en esta «selva mecanizada» que es Nueva York. «Fuera del arte negro –dirá sin poder contener su impetuosa admiración por todo lo puro y elemental– no queda en Estados Unidos sino mecánica y automatismo». Y no podrá sustraerse a la tentación de recitar una vez más aquellos versos que escribió como homenaje al hombre negro:

> ¡Ay Harlem! ¡Ay Harlem! ¡Ay Harlem!
> ¡No hay angustia comparable a tus ojos oprimidos,
> a tu sangre estremecida dentro del eclipse oscuro,
> a tu violencia granate sordomuda en la penumbra,
> a tu gran rey prisionero con un traje de conserje!

CAPÍTULO SÉPTIMO

La Barraca

En septiembre de 1930 ya está Federico de regreso en Granada. Trae el ánimo contento y tiene muchas cosas que contar. La experiencia ha sido positiva y en su mente bullen de nuevo los proyectos. Lo mejor de todo es que se ha encontrado a sí mismo. Ya no volverá a dejarse engañar por el espejo de su fantasía y aunque vuelve a contemplarse en él buscando, por divertirse, al niño que tan largamente le acompañó, lo hará consciente de su nuevo destino de hombre.

Lo que con más placer relata es su estancia en Cuba, breve pero espléndida. Ha dejado allí muy buenos amigos, como aquella deliciosa mujer y culta poetisa que es Dulce María Loynaz, siempre evocada en el marco espléndido de su jardín inmenso y asilvestrado y con la que en tantas ocasiones había discutido sobre poesía. Tampoco podría olvidar fácilmente el cariño y la admiración que recibió de los poetas de La Habana, principalmente de aquellos que tenían sobre sí la responsabilidad de sacar adelante la revista *Avance* y que más de cerca pudo conocer. Con ellos hizo algunas cosas y sintió como nunca «la responsabilidad tremenda de ser español», de poder representar con dignidad la imagen entrañable de su patria. Años más tarde, sin querer renunciar a su personalidad abierta y a su filosofía universalista diría: «canto a España y la siento hasta la médula; pero antes que esto soy hombre del mundo y hermano de todos».

Por eso le quieren en todas partes y, apenas vuelve a Madrid, sus contertulios en la casa de Carlos Morla le preparan una recepción de bienvenida. Antes de terminar el otoño ya está preparando el estreno de *La zapatera prodigiosa* en el Español y en versión de cámara.

La crítica no regatea halagos a esta farsa graciosa correspondiente a su teatro burlesco, pero en la que también están presentes las calidades poéticas que contienen sus plazas mayores. A pesar de ello y de que la Xirgu consigue una extraordinaria interpretación de la protagonista, la obra no permanece mucho tiempo en cartel. El clima no es propicio para esta clase de entretenimientos. La verdad es que la tensión política que se detecta en todos los sectores sociales a raíz del fusilamiento de los capitanes Galán y García Hernández, y que hace prever la inminente llegada de la República, no permite relajamiento de ningún tipo.

El centro de interés está construido por la fecha de las elecciones municipales y ningún acontecimiento artístico ni intelectual consigue captar como ellas el interés nacional.

Por fin el 12 de abril de 1931 y después de todos los acontecimientos que pertenecen ya a la historia, el escrutinio de las votaciones refleja el mayoritario sentir de los españoles que han depositado su confianza en los candidatos republicanos. Cunde el júbilo por las calles de todas las ciudades españolas. El pueblo se deja arrebatar por el diáfano resplandor de la libertad y la soberanía popular que vuelve a incidir sobre su porvenir histórico, tanto más prometedor cuanto menos observado, y los políticos y pensadores acometen con entusiasmo la ardua tarea de programar el futuro sobre las endebles bases de su maltrecho presente.

Ahora es cuando va a cristalizar aquel apenas esbozado afán de un poeta que se propuso en Nueva York arremeter contra todos los molinos de viento que privaban al hombre de su humanidad al impedirle tomar conciencia de su propia grandeza. Molinos de viento, también, aquellos que levantaban la ignorancia haciéndolos girar al antojo de demagogos oscuros y que él, como voluntario apóstol de la causa de la naturaleza, iba a derribar. En contraposición a aquel singular Ángel Ganivet, granadino como él y que buscaba la muerte voluntariamente el mismo año que Lorca recibía la vida, Federico no rogaría al cielo que enviase una purificadora legión de bárbaros a exterminar la cruel y corrompida civilización, sino que él mismo se erigiría en redentor de la ignorancia de su pueblo. Hay que llevar la cultura a todos los rincones para que el pueblo sepa y aprenda a pensar por sí mismo; a ser dueño de su destino.

Federico García Lorca va a ir con su teatro universitario de pueblo en pueblo como un pregonero de farándula, pero no queda su intención en ofrecer obras clásicas del teatro popular, sino en servirse de ellas para cultivar al pueblo. Largamente ha hablado de estos proyectos con su buen amigo don Fernando de los Ríos, ahora ministro de Instrucción Pública, recibiendo de él no solo estímulo, sino todo el apoyo que desde su puesto en la administración tiene poder para darle y, al fin, una noche el poeta puede anunciar en casa de los Morla que La Barraca es ya un hecho.

Le ha bastado dirigirse a un grupo de universitarios para comprometerlos rápidamente en la empresa: Ya tiene los actores. Manuel Ángeles Ortiz, Benjamín Palencia y José Caballero han aceptado colaborar: ya tiene los decorados. Eduardo Ugarte no se ha mostrado celoso por la sombra que el nombre de García Lorca puede hacerle: ya tiene un director técnico. Puede comenzar los ensayos.

Y lo hace en la calle de Miguel Ángel en los locales de la Residencia de Señoritas, que ya le brindó entusiasta audiencia el año anterior, cuando Federico les leyó los poemas de su libro *Poeta en Nueva York.*

A finales de julio de 1932 La Barraca comienza su itinerario por los pueblos de España, con un elegido repertorio y un gran entusiasmo. La primera representación se dará en Burgo de Osma, en la plaza del pueblo, y todo el mundo tendrá oportunidad de conocer aquellos dos olvidados entremeses cervantinos *La guarda cuidadosa* y *La cueva de Salamanca.* Después irán a Galicia, Zamora, Levante, Extremadura, Santander, Andalucía... toda España aplaudiendo su arte de dramaturgo, despertando a la cultura y al arte popular que Federico tan diestramente sabía amalgamar, consiguiendo interesar a chicos y grandes, a intelectuales y analfabetos. Dice José Luis Cano que «Unamuno se entusiasmó con la representación de *El Burlador*». Y es que Federico pone toda su alma en el trabajo; su aliento creador está pendiente de los menores detalles; ningún matiz escapa a su observadora previsión. «La Barraca –declaró posteriormente– es para mí toda mi obra, la obra que me interesa, que me ilusiona, más todavía que mi obra literaria».

No era siquiera necesario proclamarlo. Los esfuerzos y los sacrificios por sacarla adelante bien denotaban que aquella obra era más producto del entusiasmo y de la generosidad de los que la dirigían que de sus intereses crematísticos.

Pero su incansable actividad en La Barraca no le impide seguir trabajando en la literatura. Su puesta parece haber dejado paso a la producción dramática, ya que desde *Poeta en Nueva York* no ha vuelto a escribir nada definitivo. Es como si aquellos poemas que rompían definitivamente con la concepción estética del 27, dejándose inspirar por las tendencias surrealistas vigentes en Europa, hubieran sido la despedida y la renuncia de un poeta que, tras demostrar su capacidad para crear en el nuevo estilo, quiera seguir siendo fiel al anterior. Su evolución personal está de acuerdo con la renovación lírica que propugnan las corrientes vanguardistas pero él prefiere expresarlas en forma dramática. Y así, entre pueblo y pueblo, incomprensión o éxito, ocio y fatiga, Federico va componiendo una nueva obra teatral, la primera tragedia de su trilogía anunciadora de la madurez de su nueva concepción dramática. Cuando en septiembre regresa a Madrid en un breve descanso de su arduo peregrinaje por las tierras de España, lo primero que hace es presentarse en casa de Morla con esta obra bajo el brazo, dispuesto a leérsela a todos los presentes.

—¡El título es, señores... –anuncia con su peculiar gracia innata de pregonero– *¡Bodas de Sangre!*

El tema arranca de un suceso que aconteció en un pueblo de Almería y que la prensa había recogido en su momento, pero García Lorca consiguió elevar su crudo realismo a un plano altamente poético, trascendiendo de simbología su significación.

En tres actos y siete cuadros desarrolla Federico la tragedia de dos hombres que aman a la misma mujer. Una mujer que quiere ser honesta pero que en el último momento sucumbe a la llamada de la sangre. Sucumbe fatalmente, absurdamente, porque ni siquiera satisface su pasión. Durante toda la vida ha rechazado aquella fuerza irracional que la domina y se desprecia en el momento del drama por sentirla; incluso busca un brazo fuerte que la retenga, pero la madre no puede ni quiere entender la llamada, a pesar de que desde el principio un oscuro presagio aletea en su corazón. Es como si una voz oculta le hubiera dictado lo que iba a suceder, pero ella no se opone al destino: hace su papel y deja que los demás hagan el suyo hasta el final del segundo acto en que se erige en juez y en capitán: «Salid todos de aquí. Limpiarse el polvo de los zapatos. Vamos a ayudar a mi hijo».

Solo por un momento su maternidad vacila en retener a su hijo... «no vayas, esa gente mata pronto y bien»; pero al punto le estimula: «¡Sí, corre, y yo detrás!», acompañándole con el deseo en la persecución para satisfacer al fin un oscuro deseo de venganza. Está ciega de odio cuando grita: «¿Quién tiene un caballo ahora mismo, quién tiene un caballo? que le daré todo lo que tengo, mis ojos y hasta mi lengua...». Durante mucho tiempo ha querido acallar su odio, por preservar al único hijo que le queda, ha querido confiar en la vida renaciendo (los nietos), pero este suceso ha sido la gota que ha hecho rebosar el vaso y ya no piensa con serenidad ni con raciocinio. No le importa la honra de la novia; no le importa que Leonardo no sea siquiera su enemigo sino la representación de su enemigo y hasta deja de importarle el peligro para su hijo, convirtiéndole en instrumento de su odio.

El desencadenante de la tragedia no es por tanto el amor, ese amor de niño virgen, sin cuajar, puro, fresco y natural como el agua, ni siquiera la pasión insana que atormenta a los dos fugitivos, sino el odio. Ese odio rumiado durante años, sustancial, maduro y justificado que el novio recibe inesperadamente con las manos abiertas, como una herencia de su madre. Es el odio de los suyos el que le guía por el bosque durante la noche, sin dejarle pensar en su propia honra mancillada a los ojos del pueblo. «¿Ves este brazo? Pues no es mi brazo. Es el brazo de mi hermano y el de mi padre, y el de toda mi familia que está muerta». Es decir, no soy yo el que castigo mi agravio, sino ellos el suyo por mi mano.

Toda la obra respira un ambiente misterioso, casi mágico, como si Federico intentase manifestar que hay algo por encima de los hombres, algo incierto y poderoso que nos somete y juega despiadadamente con nosotros. Todos los personajes son movidos por una fuerza superior a ellos mismos y sus movimientos no son razonados, sino pasionales. En esta obra sufren por igual inocentes que culpables –estos ni siquiera han llegado a pecar– de lo que parece desprenderse que el ser humano no puede alcanzar la felicidad ni la paz a pesar de ser honrado o de haber dejado de serlo por un imperativo irracional.

El estreno oficial se hace en el teatro Beatriz de Madrid el 8 de marzo de 1933 por la compañía de Josefina Díaz Artigas y a la representación asiste todo el mundillo intelectual madrileño, incluidos Unamuno y Ortega.

El éxito obtenido por *Bodas de Sangre* lo confirmarían los casi cuatro meses que la obra permaneció en cartel. Por fin Federico había sabido encontrar la fórmula dramática que inmortalizaría su teatro, consagrándole como uno de los más grandes dramaturgos de todos los tiempos. La experiencia conseguida con La Barraca no había sido baldía.

Indudablemente sus obras serán continuadoras de aquella renovación teatral ya iniciada por Valle-Inclán –al que Lorca tanto admira– y también acometida por Alejandro Casona. Pero, en Lorca esa renovación es doblemente eficaz ya que él consigue no solo revivificar la escena española sino llenar de público los teatros de todo el mundo.

Consciente de la importancia de este cometido y de la admiración que su aptitud para cumplirlo recibe, Federico se entregará a él de lleno, sin arredrarse ante ningún obstáculo por insalvable que se presente. Tiene amigos en todas partes y no vacila en recurrir a ellos. Así aquella primavera colaborará activamente con Pura Ucelay en la creación de los clubs teatrales de cultura cuya principal misión es la de hacer un arte asequible para todos los entendimientos y al alcance de todos los bolsillos. El debut de uno de estos clubs, el de Madrid, se realiza representando en el Español dos obras de Federico: *La zapatera prodigiosa,* ya estrenada dos años antes sin demasiada fortuna, y *El amor de don Perlimplín con Belisa en su jardín,* obra erótica concluida en 1928 y en la que trata de desagraviar desenfadadamente a todas las coronadas testas masculinas.

Por fin empieza a ganar dinero con su trabajo. La fortuna y el éxito le sonríen ya plenamente, sin reservas. Su talento de escritor es unánimemente reconocido y nadie osa detractar su obra. Puede olvidar definitivamente la angustia o la incertidumbre que en algún momento padeció. Ahora jamás está solo. Todos los círculos culturales y artísticos se disputan su asistencia. Fiestas, tertulias, banquetes, francachelas nocturnas; Federico se divierte más que nunca también con el doble atractivo de saberse observado. Su presencia es inevitable en todos los estrenos, ya sean de cine, teatro o zarzuela. Asiste a los conciertos y a las salas de conferencias. Se deja ver en todos los cafés. Si alguien quiere encontrarle a determinada hora de la tarde no tiene más que hacerse invitar por Carlos Morla, cuya casa visita el escritor diariamente. Su actividad social es tan incansable que parece imposible que tenga tiempo de escribir. Aún así lo hace, está trabajando en la segunda obra de su trilogía dramática *Yerma* y retocando esa otra, *El público,* que quiere publicar algún día porque sabe que no es posible representar.

En medio de tanto trajín parece humano, aunque haya quien no le justifique, ese deliberado desinterés por los nuevos talentos de la poesía que arriban a su prestigiosa influencia en demanda de ayuda. Hace algún tiempo que Miguel Hernández, ese pastor de Orihuela, que escribe versos con plumín de nervios entintado en sangre, se dirige a él para que le franquee la entrada en el acaparado coto artístico madrileño.

Ya al conocerlo meses antes, durante la estancia de Hernández en Madrid, Federico se había mostrado remiso en concederle su atención, quizá por la simple razón de no encontrar un hueco en su febril actividad, pero es que ahora le apremia con sus cartas y, sin embargo, él sigue mostrándose sordo a la demanda impaciente y angustiada de un compañero que no consigue interesar a la crítica con su primer libro *Perito en lunas.* Pensaba Miguel Hernández, sin duda estando en lo cierto, que a poco que García Lorca hiciera por él, las murallas de Jericó se derrumbarían ante sus ojos, pero Federico no hace sonar sus trompetas, limitándose únicamente a consolarle de esta manera:

«Mi querido poeta: No te he olvidado. Pero vivo mucho y la pluma de las cartas se me va de las manos. Me acuerdo mucho de ti, porque sé que sufres con esas gentes puercas que te rodean y me apeno de ver tu fuerza vital y luminosa encerrada en el corral y dándose topetazos por las paredes. Pero así aprendes. Así aprendes a superarte, en ese terrible aprendizaje que te está dando la vida. Tu libro está en el silencio como todos los primeros libros, como mi primer libro, que tanto encanto y tanta fuerza tenía. Escribe, lee, estudia ¡lucha! No seas vanidoso de tu obra. Tu libro es fuerte, tiene muchas cosas de interés y revela a los buenos ojos pasión de hombre; pero no tiene más cojones, como tú dices, que los de casi todos los poetas consagrados. Cálmate. Hoy se hace en España la más hermosa poesía de Europa. Pero, por otra parte, la gente es injusta. No se merece *Perito en lunas* ese silencio estúpido, no. Merece la atención y el estímulo y el amor de los buenos. Ese lo tienes y lo tendrás, porque tienes la sangre de poeta y hasta cuando en tu carta protestas tienes en medio de cosas brutales –que me gustan– la ternura de tu luminoso y atormentado corazón. Yo quisiera que pudieras superarte de la obsesión, de esa obsesión de poeta incomprendido, por otra obsesión más generosa política y poética –no sabe hasta qué punto lo hará–. Escríbeme. Yo quiero hablar con algunos amigos para ver si se ocupan de *Perito en lunas.* Los libros de versos, querido Miguel, caminan muy lentamente. Yo te comprendo perfectamente y te mando un abrazo...».

Puede que cumpliera su promesa, aunque cabe dudarlo. Su carta un buen ejemplar de la literatura epistolar que merecería por sí sola un amplio análisis, no carece, a pesar de su tono afectivo, de un cierto matiz soberbio y paternalista que no logra disimular el escaso interés que las amarguras de este incomprendido poeta levantino despiertan en el encumbrado andaluz. Un desinterés reprochable, sí, pero también comprensible. ¿Cuántos escritores de continuidad incierta no acudirían a él en busca de padrinazgo? No era este el caso de Hernández, ciertamente y hasta puede que su vanidad de artista se resintiera al tener que admitir el talento de aquel joven en el que ya se perfilaba el vigor de la nueva poesía.

Cuesta no sucumbir a la tentación de mitificar, más todavía de lo que se ha hecho, la figura de García Lorca añadiendo a su personalidad un matiz de pedagogo y profeta. Para ello bastaría atribuir el aparente desinterés con que acoge los ruegos de Hernández, al afán de fomentar con su abandono el desarrollo de «esa pasión de hombre» y «esas muchas cosas de interés» que dice detectar en los versos del murciano. Pero, aprovecharemos este pasaje de su vida para mostrar su humanidad, esa humanidad que implica imperfección y egoísmo en ocasiones, aunque no sean estos los rasgos predominantes de una determinada personalidad, aunque honradamente creamos que en esta ocasión Federico no hizo gala de la generosidad que siempre se le ha atribuido, generosidad un tanto caprichosa e incompleta, ciertamente, pues solo a gusto propio servía causas ajenas, pero ennoblecedora al fin. García Lorca sabía reconocer el arte allí donde se encontrara y puede que en esta ocasión su amor propio le traicionase al presentir en el poeta de Orihuela la hondura y el calor de ese humanismo más auténtico, que late en él y del que luego supo dar fe puntualmente. Puede que precisamente por descubrir en él esa aptitud favorable para hacer poesía con la espontaneidad que propugna el surrealismo y a la que Federico no accederá, no porque no sea capaz de ella, sino porque no quiere renunciar a la elaboración y a la preceptiva, sea por lo que no mueve un solo dedo para ayudarle a salir de las sombras. Puede que el nombre de Miguel Hernández no diga todavía nada en parte alguna, pero él sabe que hay mucho talento tras aquel nombre y no le apesadumbra dejarle relucir por su propio esfuerzo.

No obstante, tocado de este nuevo romanticismo que impone la poesía vanguardista, Federico opta por estudiar a Espronceda y escribir un entusiasta alegato a su favor meses después, pues será uno de los firmes admiradores de la poesía sentimental que Neruda trae a España y que, oponiéndose a la estética de Juan Ramón Jiménez, aglutina a los nuevos poetas como Miguel Hernández y tantos otros.

Entretanto continúa su actividad y sus viajes por las tierras de España con su teatro ambulante La Barraca. Ese mismo verano van al Norte y se detienen en Santander para ofrecer una serie de representaciones en el palacio de la Magdalena, habilitado como Universidad internacional de verano y de la que es secretario el poeta Pedro Salinas.

En el mes de septiembre Federico está de nuevo en Madrid preparando un viaje a la Argentina para dar unas conferencias en la Sociedad de Amigos del Arte del citado país y disfrutar, al paso, del fabuloso éxito que está cosechando Lola Membrives con su *Bodas de sangre.*

El 13 de octubre desembarca en Buenos Aires con un amigo, en cuya compañía viaja, llamado Manuel Fontanals y apenas unos días más tarde ofrece en los salones de la prestigiosa asociación artística que le ha invitado, la primera de sus charlas sobre *«Teoría y juego del duende»*.

En toda Andalucía, roca de Jaén y caracola de Cádiz –dice el poeta evocando una vez más a su querida patria chica– la gente habla constantemente del duende y lo descubre en cuanto sale con instinto eficaz... «El duende» es un poder y no un obrar, es un luchar y no un pensar. Yo he oído decir a un viejo maestro guitarrista: «El duende no está en la garganta; el duende sube por dentro desde la planta de los pies». «...el duende hiere, y en la curación de esta herida que no cierra nunca está lo insólito, lo inventado de la obra de un hombre. La virtud mágica del poema consiste en estar siempre enduendado para bautizar con agua oscura a todos los que lo miran, porque con duende es más fácil amar, comprender y es seguro ser amado, ser comprendido...».

No cabe duda de que García Lorca posee ese «duende» que tan magistralmente describe porque dijera lo que dijera siempre el auditorio se quedaba absorto escuchándole, más admirado y crédulo que si estuviera escuchando dogmas de fe. En Buenos Aires se gana al pueblo en el teatro y a los intelectuales en los ateneos. En Montevideo –donde hace una breve escapada– recibe tan buena acogida que concibe el proyecto de viajar en un próximo futuro a Sudamérica con La Barraca. Su popularidad es indiscutible y todo cuanto sale de sus manos es antes celebrado que analizado, como esa versión suya de *La dama boba* de Lope de Vega que se estrena en el teatro de la Comedia y arranca al público una de las mayores ovaciones que en aquel local se recordaban.

No obstante, lo que más valoró el poeta de aquel viaje fue la amistad que inició con Pablo Neruda. La personalidad ardiente y agresiva del chileno le fascina y no puede menos de inclinarse ante su excepcional talento y su gran espíritu crítico, que le permite ostentar una seguridad difícilmente alcanzable en un diplomático que escribe versos, rompiendo con todos los moldes establecidos.

A finales de aquel año del 34 cuando Neruda llegue a Madrid como cónsul de Chile en nuestro país, Federico tendrá ocasión de estrechar su amistad con él y facilitar la revolución poética que la obra del chileno comporta para la lírica española de los años 30.

CAPÍTULO OCTAVO

YERMA

Cuando Federico regresa a Madrid después de su estancia en Argentina encuentra un panorama bastante distinto del que dejó al marchar. Es cierto que ya entonces se bosquejaba una revolución en la literatura, pero más en el aspecto formal que conceptual. La complejidad de los acontecimientos político-sociales está marcando vivamente el ambiente literario del país con una incontenible eclosión de alternativas revolucionarias en todos los sentidos de la vida. Ya no se trata únicamente de defender la primacía de un determinado estilo, sino de hacer un arte literario vital pleno de contenidos éticos y fiel reflejo de las inquietudes de la época.

Los pareceres de los distintos pensadores, o mejor, escritores, se hayan escindidos; mientras unos quieren preservar el arte de toda ingerencia cotidiana y de toda circunstancia histórica, otros propugnan una poesía comprometida con su tiempo, llena de sentido humanista y orientadora hacia un orden constructivo. El propio Antonio Machado, a pesar de ser un obstinado defensor y propulsor de hacer llegar la cultura al pueblo y de colaborar en una revista editada por un grupo de jóvenes revolucionarios, opina en este momento que hay «que aconsejar a los artistas y a los intelectuales que se ocupen menos de política y más de su arte».

Así planteada la controversia que moviliza todas las plumas parece no ofrecer ninguna dificultad para Federico. Él nunca intentó hacer política y sí arte; seguir haciéndolo es su máxima aspiración. Pero el artista no puede volverse de espaldas a su época porque necesita el reconocimiento de su arte; así pues, es preciso conjugar armónicamente lo intemporal y objetivo del arte con lo subjetivo y circunstancial de los hombres que lo contemplan. Durante los últimos tiempos esto se había resuelto acudiendo al estilo: se trataba de hacer bien poesía pura o bien poesía impura. Poesía a lo Valery, a lo Juan Ramón o a lo Guillén a despecho de que la corriente esteticista fuera decayendo, o poesía a lo Bretón, Supervielle o Cernuda, también a despecho de que el surrealismo o el neorromanticismo no fuesen bien aceptados como tales. Se trataba de transmutar la realidad en conceptos puros y deshumanizados o imperfectos y sentimentales.

Ahora, sin embargo, la cuestión se ha hecho más profunda. Ya no se trata de la vigencia de una determinada corriente sino de dirimir si el arte de la poesía y el arte en general está por encima del hombre, o bien, si es solo un producto y consecuencia de su realidad existencial. Si es así, el arte ha de estar comprometido con la historia y con la política.

Federico vislumbra la encrucijada pero no elige ni se define por ninguno de los dos caminos. Ambas posturas tienen puntos que comparte y puntos en los que disiente; de cualquier manera él no es un teórico sino un escritor; un poeta y solo se siente obligado a plasmar su inspiración, sin más imperativos que los de una técnica adquirida.

La consecuencia será que su obra aparezca exenta de ese compromiso social que el momento político parece imponer. Su teatro contempla más al hombre universal de cualquier tiempo que al español concreto de su época.

Aún así, su obra interesa más que nunca al público y eso significa que tiene vigencia; que es arte puro, a pesar de no responder fielmente a ninguna de las posturas que en torno al concepto de arte se mantienen en este momento en España.

Realmente, toda su obra había sido siempre más definitivamente lorquiana que correspondiente a algún determinado estilo.

Su mejor poesía estuvo ciertamente inspirada por el perfeccionismo y la pureza estética deshumanizadora del 27, pero en ella subsisten elementos claramente humanos. Aunque no fuera consciente de ello, su sensualismo exacerbado no podía sustraerse a la emoción de vivir, al dramatismo y, en definitiva, al sentimiento. Un sentimiento abstracto, conceptual, universalista y hasta aséptico pero sentimiento al fin. Esta contradicción es la que le hace en todo momento diferente a los poetas de su época porque, a pesar de haber empezado imitando al modernismo, debido a su admiración por Rubén Darío, pronto descarta su influencia a pesar de reconocer unos meses antes en Buenos Aires durante una conferencia que dio con Neruda, que él era «el agua y salitre en el surco del venerable idioma». A pesar de compartir la preceptiva poética de la Generación del 27, su *Romancero* contiene gran parte de folclorismo. A pesar de escribir poemas de corte «surrealista» como *Poeta en Nueva York,* rechaza espontaneidad y el «no control» que Bretón propugna –o que, dicho sea de paso, origina su distanciamiento con Dalí–. Y, a pesar de detectar ahora ese generalizado afán de comprometer la puesta con la realidad que él, de alguna manera, ya venía haciendo en su teatro tampoco se decidirá nítidamente a secundarlo y llevarlo hasta sus últimas consecuencias, prefiriendo mantener el arte por encima de la vida.

Por todo esto es acertado mantener que la obra de Lorca es, ante todo, subjetiva y profundamente original. La evolución que se observa en ella es mucho más producto de la evolución humana de su autor que de las modas de su tiempo.

En este momento Federico es ya consciente de su propia contradicción entre tendencias e intelecto, entre creatividad y trabajo. Ya no se plantea qué clase de arte tiene que hacer. Su temperamento es esencialmente dramático y él se somete, sin temor a dejar de ser lo que siempre quiso ser: «poeta por los cuatro costados», «amanecido de poesía y muerto de poesía», poeta en el teatro. No puede ser de otra manera. Ya no le importa o, al menos, no se deja sensibilizar por las circunstancias, ni se acoge a la oportunidad. Es poeta fuera de su tiempo; por encima de su historia. Se deja ser y no «tiende a ser» –al menos esta licencia si que ha aceptado del surrealismo–, pero consigue imponer una orientación a su obra, una orientación que no va a ser, al menos por ahora, política ni social sino esencialmente humana; elemental y primitivamente humana hasta rayar en una auténtica mitología del hombre.

Del hombre no, de la mujer será más acertado decir, ya que García Lorca recurre a ella para expresar cuanto tiene que decir en su teatro. Hay en esta deliberada elección un reconocimiento de la mujer como la más genuina representante de todo lo elemental y perdurable del género humano; del instinto, de la naturaleza. Pero, también recurrirá a la mujer en su última obra cuando ya no sea lo primitivo o instintivo el principal ni único motivo de la tragedia sino precisamente la aposición con su contrario, es decir, los prejuicios morales y sociales de una determinada cultura, que obstaculizan y sacrifican el penoso camino de la mujer a través de la historia.

Y es que Lorca posee un especial sentido de captación para interpretar la significación y problemática de lo femenino. Todo su teatro es teatro de mujeres y no cabe albergar dudas acerca de la fundamentación de esta elección. Sus razones no son más que mínimamente estéticas Federico admira a la mujer, la convierte en centro del universo y hace que todo gire en torno a ella. Mas no lo hace con una repetición monótona sino que, concibiendo el mundo como un gran gineceo multiforme consigue poblarlo de una gran variedad de entes femeninos, dotando a cada cual de luz y autonomía propias. Desde la ensoñación irreal y romántica de Mariana Pineda hasta la plena y autocrática figura de Bernarda Alba, revestida de prejuicios morales y sociales mucho más complejos que la primitiva y maravillosa Yerma, Federico consigue una gradación armónica y natural, algo semejante a una composición pictórica monocolor cuyo único tema fuese la variación de tonalidades. A pesar de ponernos siempre frente a situaciones límite, auténticas tragedias griegas marcadas por el fatalismo, Lorca alcanza unidad en el conjunto de su obra. Una unidad natural, y escalonada sin brusquedades ni rupturas que constituye el más acabado monumento al concepto que de la mujer tiene. Concepto que, como escribe Pérez

Minik, le hace verla como un ser no solo distinto, sino opuesto al hombre «siendo sus mundos intransferibles e inentrecruzables».

Mujeres. Mujeres fatalmente esclavizadas por ancestrales represiones, que él va conociendo por los pueblos de España a través de los cuales viaja con La Barraca.

La temporada de verano la inicia en Santiago de Compostela, representando teatro clásico en la plaza de la Quintana. Porque hay que dar al pueblo lo que es del pueblo. «Hay millones de hombres que nunca han visto el teatro» –dirá– «¡ah, pero qué bien saben verlo cuando lo ven!» Claro que hay que dárselo con arte y con sentido didáctico, educándoles aun a pesar suyo. «Yo he visto patear a Debussy y a Ravel hace años, y he asistido después a las clamorosas ovaciones que un público popular hacía a las obras antes rechazadas». Por eso insiste en que «el teatro se debe imponer al público y no el público al teatro. Para eso, autores y actores deben revestirse, a costa de sangre, de gran autoridad, porque el público de teatro es como los niños en las escuelas: adoran al maestro grave y austero, que exige y hace justicia, y llenan de crueles agujas los sillones donde se sientan los maestros tímidos y adulones, que ni enseñan ni dejan enseñar».

Federico sabe que puede hacer mucho bien con su teatro «un teatro sensible y bien orientado –dice– en todas sus ramas, desde la tragedia al vodevil, puede cambiar en pocos años la sensibilidad del pueblo; y un teatro destrozado, donde las pezuñas sustituyen a las alas, puede achabacanar y adormecer a una nación entera».

Entre representación y representación recibe la triste noticia de la muerte de su buen amigo el torero Ignacio Sánchez Mejías. Un toro ha puesto fin a su vida en la plaza de Manzanares. Federico evoca con dolor la figura del ilustre sevillano debatiéndose con la muerte durante dos días. Recuerda aquella generosidad suya que hizo posible, siete años atrás, la inefable reunión de los poetas del momento para homenajear a Góngora. Recuerda su viva afición por la literatura que le impulsó a trocar por algún tiempo el capote por la pluma para escribir su *Sinrazón* o su *Zaya,* llevando al escenario el mundo de los toros. Y, después de recordar, lo inmortaliza en un soberbio poema que titula: *Llanto por Ignacio Sánchez Mejías,* que consta de cuatro momentos del luctuoso suceso. Recogemos algunos de sus versos para dejar constancia de la profunda emoción que la pérdida de este amigo provoca en el poeta; emoción que Federico trastoca en puro arte, latente de magia y de fatalismo, con esa inspiración trágica de la «sangre derramada» y esas «cinco de la tarde» plenas de inexorables augurios.

Un ataúd con ruedas es la cama
a las cinco de la tarde.
Huesos y flautas suenan en su oído
a las cinco de la tarde.
El toro ya mugía por su frente
a las cinco de la tarde.
El cuarto se irisaba de agonía
a las cinco de la tarde.
A lo lejos ya viene la gangrena
a las cinco de la tarde.
Trompa de lirio por las verdes ingles
a las cinco de la tarde.

La cogida y la muerte.

Como un río de leones
su maravillosa fuerza,
y como un torso de mármol
su dibujada prudencia.
Aire de Roma andaluza
le doraba la cabeza
donde su risa era un nardo
de sal y de inteligencia

¡Qué gran torero en la plaza!
¡Qué gran serrano en la sierra!
¡Qué blando con las espigas!
¡Qué duro con las espuelas!
¡Qué tierno con el rocío!
¡Qué deslumbrante en la feria!
¡Qué tremendo con las últimas
banderillas de tiniebla!

La sangre derramada.

Esta composición la da a conocer a sus amigos en casa de Carlos Morla, después de dar lectura a su segunda tragedia, *Yerma,* que acaba de terminar y va a estrenarle Margarita Xirgu en Madrid. Los elogios que recibe son precursores del éxito que le deparará esta obra y Federico inicia con entusiasmo los ensayos.

Su actividad no le impide preparar la introducción de Pablo Neruda en el mundo cultural madrileño. Seguramente la entusiasta presentación que de él hizo García Lorca en la Universidad fue la que le consiguió a Neruda –como apunta Cano Ballesta– «una consagración definitiva en ambos continentes».

La poesía de Neruda anega el género lírico de todos aquellos elementos románticos que intentó introducir el superrealismo francés sin demasiada fortuna. Es una poesía «impura» cuajada de sentimientos y de imperfecciones; tan real como la vida misma, con todas sus miserias... «con manchas de nutrición y actitudes vergonzosas, con arrugas, observaciones, sueños vigilias, profecías declaraciones de amor y de odio, bestias, sacudidas, idilios, creencias políticas, negaciones, dudas, afirmaciones, impuestos» –como hace constar el propio Neruda en su primer manifiesto–. Es el concepto de poesía que tienen las nuevas generaciones; lo que estaban esperando Miguel Hernández, Rosales, Panero y tantos otros jóvenes de tendencias revolucionarias. Es el concepto que combatirá Juan Ramón

Jiménez con todas sus fuerzas, el que secunda Alberti hasta sus últimas consecuencias y el que García Lorca, a pesar de aprobar y elogiar solo cultivó escasamente. A la hora de escribir versos él prefiere hacer poesía a la vieja usanza; es decir, preocupándose por la forma y por la métrica y no «abandonándose sin orden ni medida» al fluir de los sentimientos.

Sobriedad, pureza, desnudez; su arte no necesita apoyaturas barrocas y la crítica así lo reconoce al presenciar *Yerma* en el teatro Español, el 26 de diciembre.

Yerma es el símbolo más exquisito del instinto maternal. Ella ansía la fecundidad por sí misma, sin atender a ninguna de sus implicaciones. Su afán de concebir es neto «el primer día que me puse de novia con él (el marido) ya pensé en... los hijos». «...Yo me entregué a mi marido por él y me sigo entregando para ver si llega, pero nunca por divertirme». No le interesa su placer; no es eso lo que persigue ni con el marido ni con Víctor, que sin ella saberlo es quien la hace vibrar, ni con mozo alguno por bien dispuesto que esté. «¿Te figuras que puedo conocer otro hombre? ¿Dónde pones mi honra?».

Es verdad que el amor conyugal no ha representado nada para ella. «¿Es preciso buscar en el hombre al hombre nada más? Entonces ¿qué vas a pensar cuando te deja en la cama con los ojos tristes mirando al techo y se da media vuelta y se duerme?». No sabe lo que es gozar pero tampoco le interesa experimentar el placer. Lo que pretende es servir; ser una mujer casada; una madre. La mujer de esa época no tiene acceso al mundo exterior; no puede realizarse mediante el trabajo. «Los hombres tienen otra vida: los ganados, los árboles, las conversaciones, y las mujeres no tenemos más que esta de la cría y el cuidado de la cría». Eso le dice a su marido para no despertar sus celos ni avivar su resentimiento pero su deseo de maternidad es mucho más profundo y arraigado: «la mujer del campo que no da hijos es inútil como un manojo de espinos...», porque en ella radica el servir, el ser definitivamente algo; en la fertilidad.

Y ella no puede ni quiere resignarse a su esterilidad y a su frustración. No se resigna a estar seca; a no poder ser nunca lo que entiende que esencialmente debe ser. «Yo he venido a estas cuatro paredes para no resignarme. Cuando tenga la cabeza atada con un pañuelo para que no se me abra la boca, y las manos bien amarradas dentro del ataúd, en esa hora me habré resignado». Pero antes, una larga vida de lucha y de dolor.

«Quiero beber agua –dice– y no hay vaso ni agua, quiero subir al monte y no tengo pies, quiero bordar mis enaguas y no encuentro los hilos».

Esterilidad. Impotencia universal del hombre que aspira a un destino de gloria y no es capaz de alcanzarlo. ¿Por qué el hombre conoce la sed si jamás podrá saciarla? ¿Quién la puso en él? ¿Por qué es preciso vivir resignado?

Las criaturas de *Yerma* siguen dependiendo de una voluntad superior a ellas, pero no en la medida que las de *Bodas de Sangre.* No quieren resignarse. Y si necesariamente han de someterse, será en las condiciones más óptimas, voluntariamente elegidas por ellas. *Yerma* no es libre para dejar de ser como es, pero sí para asumir su esencialidad; un terreno baldío no precisa riegos estériles; es un desierto.

Un libro entero podría escribirse intentando analizar esta obra de incomparable belleza pero, al menos, no hay que dejar pasar por alto esa filosofía elemental, natural y profunda que irradia. Cada cosa tiene que ser lo que por naturaleza es y a todas hay que dar el uso para el que fueron hechas sin convencionalismos ni prejuicios nacionalistas. Solo en esta realización y en este uso está la serenidad. Pero es muy difícil para el hombre consciente lograr la serenidad, porque él posee la facultad de desnaturalizarse y recurre a ella con más afición a cada momento de su historia. Esta civilización propende al control de todas las cosas, al dominio supremo de esas causas primeras que García Lorca intenta ocultar repetidamente en todas sus obras rodeándolas de un aire misterioso. «Ha llegado el último minuto de resistir este continuo lamento por cosas oscuras, fuera de la vida –dice Juan–, por cosas que están en el aire». «Por cosas que no han pasado y ni tú ni yo dirigimos».

Ese es el hombre natural, genuino; el hombre que ha olvidado y sofocado el profanador de tabúes que habita este siglo. Claridad, control absoluto; tal parece que el hombre de hoy estuviera permanentemente en la fase bíblica de ir a comerse la manzana. Desvelando todos los misterios, derrumbando todos los templos, dominando todas las ciencias el hombre alcanzará su plena libertad porque será tanto como Dios... Asusta pensar que el día que el hombre se coma al fin la manzana, dejará de ser hombre.

Es como si Lorca pretendiera remover los cimientos de la antropología, como si quisiera que nos fijáramos especialmente en el significado de su primera ley y a partir de ella intentáramos una ciencia nueva y más satisfactoria. El hombre es animal racional y tanto pesa en su humanidad una característica como otra; solo la equilibrada conjunción de ambas puede lograr un hombre dichoso. Mente sana en cuerpo sano. Mente cultivada en cuerpo vigoroso y apto. Lástima que el hombre haya olvidado su naturaleza desenrollando la razón en detrimento de los instintos de su especie, originando una nueva especie de entes fracasados y estériles. El marido de Yerma es bueno, racional, práctico y resignado «...él va con sus ovejas por sus caminos y cuenta el dinero por las noches. Cuando me cubre, cumple con su deber, pero yo le noto la cintura fría, como si tuviera el cuerpo muerto...».

Yerma es un recreo para la sensibilidad y una fuente de inspiración para los sentidos, tanto más fecunda cuando más se acude a ella; quizá más inefable para el profano que aún conserva la ilusión del hallazgo que para el crítico experimentado que busca la pureza o el fallo de un determinado matiz literario. *Yerma* es una obra de arte sin discusión porque, como alguien dijo, misión del arte es conmover y esta obra aún sin necesidad de verla en el teatro es capaz de conmover hasta lo más profundo. Cualquier parte de ella, aún sin mirar al todo, despierta la fantasía, estimula la creatividad y regenera la conciencia vital. Ese anhelo exacerbado de fecundidad que Yerma padece aniquila, por contraste, ese sentimiento de la frustración que ella siente doler en sus entrañas secas y despierta, por afinidad, un noble afán de servir, de florecer, de recrearnos en la naturaleza.

Hasta aquí hemos hablado de lo que el fondo de la obra puede aportar, pero respecto a la forma hay que decir que resulta tan armónica que se diría perfecta. No solo la progresión en el clima de la obra sino las palabras elegidas para cada diálogo y la duración de cada periodo oral están impecablemente medidas para originar en el auditorio la emoción subsiguiente, sin menoscabar la evocación particular que esta emoción conlleva. Es poesía desnuda; teatro puro. Solo con haber escrito esta obra.y a pesar de que *La casa de Bernarda Alba* la supere en matices y complejidad argumental, Federico García Lorca habría conseguido proclamarse como un gran dramaturgo.

Pero Federico sigue escribiendo. Y no precisamente la tercera obra de su trilogía *La destrucción de Sodoma,* de la cual no se ha encontrado manuscrito alguno, a pesar de que el poeta anunciara en repetidas ocasiones que ya la tenía prácticamente concebida. Esta tercera tragedia no llegó a escribirse al parecer, aunque se ha dicho que *La casa de Bernarda Alba* bien pudiera ser la última parte de esa trilogía, solo que con diferente título que el anunciado por Federico.

Tampoco sería extraño que hubiera postergado el proyecto de concluir su serie dramática; en él los proyectos afluían y se desvanecían con la misma rapidez que el agua en una corriente. De todos modos, lo que ahora escribe es una pieza teatral más ligera; una comedia que concibió diez años atrás al escuchar de labios de su amigo Moreno Vila la conmovedora historia de una flor particular, una rosa que cambia de color antes de marchitarse, recogida de un libro sobre rosas del siglo XVIII. Esta obra, *Doña Rosita la Soltera o el lenguaje de las flores,* trata el drama de la soltería en la mujer, esa mujer que envejece con la esperanza de un novio que no llega y que padece la doble tortura de su ilusión marchita y la burla de las gentes que la rodean. Doña Rosita no quiere salir de casa más que de noche, hasta el farol encendido de la calle la conturba. Ella es la «rosa mutábile» que se vuelve blanca en el momento de morir; en ese momento en que comprende que los demás conocen su tragedia y que ya es inútil fingir: «...si no lo hubiera sabido nadie más que yo, sus cartas y su mentira hubieran alimentado mi ilusión como el primer año de su ausencia. Pero lo sabían todos y yo me encontraba señalada por un dedo que hacía ridícula mi modestia de prometida y daba un aire grotesco a mi abanico de soltera».

La sensibilidad de Federico para captar el mundo femenino es extraordinaria. La riqueza y variedad de matices que emplea en esculpir a todas sus mujeres permiten concederle unas dotes de observación, de investigación psicológica y hasta de transmutación, fuera de lo habitual. El teatro de Federico contempla el mundo desde una perspectiva totalmente femenina y hay escenas en algunas de sus obras que dejan perplejo al estudioso, como la del hijo de la Manola en *Doña Rosita* o los tres amigos en *Así que pasen cinco años.*

En el mes de junio ya tiene su comedia terminada y puede leerla en casa de Morla. Es una especie de despedida feliz antes de volver a viajar con La Barraca para la temporada de verano. Parece como si quisiera aligerar a sus admiradores de la carga emocional de sus tragedias, recurriendo a ese otro estilo de su poesía, agridulce, refrescante, tierno y ligero a un tiempo, que delata su andalucismo y su temperamento soñador y festivo. Tal vez ha querido despojarse con esta obra del pesado ambiente revolucionario que envuelve la poesía del momento, o de las tensiones político-sociales que laceran el país. Él es hombre de paz y de buena voluntad que ama más la vida real que las ideas abstractas, que no quiere el mal para nadie y que solo busca vivir haciendo lo que sabe hacer.

Pero ¿no es una frivolidad estrenar una comedia como *Doña Rosita* en estos tiempos? ¿Es que este hombre no tiene sentido crítico ni conciencia de la realidad? ¡Claro que le inquieta lo que sucede! A quién no en estos momentos. Pero él no puede detener la estampida que todo y todos provocan, ni ablandar el corazón de los hombres o cegar sus torpes pasiones con la auténtica luz. No consigue, a pesar de intentarlo, convertir su pluma en piedra filosofal para la incultura y la injusticia, males de los que España no habría de librarse llenando de justos las cárceles y de inocentes los cementerios, pero que muchos se aprestaron a remediar elaborando emplastos en su recocina para convencer al pueblo de que sus pócimas tenían más poder medicinal que las hierbas que había pisado Rocinante.

No hay que echar leña al fuego creando dioses, sino enseñar a los hombres las limitaciones de su condición humana, por eso García Lorca anuncia: «Voy a hacer la tragedia de los "soldados que no quieren ir a la guerra" y también quiero dar al teatro español una Santa Teresa mística y humana... Pero antes está la otra obra, la de la paz. En ella, un corro de madres de hombres de todas las naciones, dirigirán a los representantes de las grandes potencias sus apóstrofes y sus gemidos».

Pero ya no hay tiempo para la paz, no hay tiempo para las «casidas» de su *Diván del Tamarit* aunque

> He cerrado mi balcón
> porque no quiero oír el llanto
> pero por detrás de los grises muros
> no se oye otra cosa que el llanto.

y dentro de poco, Federico

> La sangre sonará por las alcobas
> y vendrá con espada fulgurante,
> pero tú no sabrás donde se ocultan
> el corazón de sapo o la violeta.

CAPÍTULO NOVENO

VIZNAR

Comienza 1936, ese año trágico para España y trágico también para Federico García Lorca. Su actividad dramática, impulsada considerablemente a partir de la República, sigue siendo notable. Está en pleno éxito y también en franca maduración crítica. Meses antes decía en una charla sobre teatro: «Un pueblo que no ayuda y no fomenta su teatro, si no está muerto, está moribundo, como el teatro que no recoge el latido social, el latido histórico, el drama de sus gentes y el color genuino de su paisaje y de su espíritu, con risa o con lágrimas, no tiene derecho a llamarse teatro, sino sala de juego o sitio para hacer esa cosa horrible que se llama matar el tiempo».

Al fin ha tenido que comprometerse; le han impulsado los amigos, los acontecimientos sociales y las tensiones políticas. ¿Cómo mantenerse incoloro ante la gran concentración de la izquierda y los conflictos laborales? ¿Cómo asistir anónimamente al banquete-homenaje tributado a Rafael Alberti a su regreso de Rusia? Es preciso tomar posiciones y decir en qué lado está cada quien. Ya antes había manifestado abiertamente en una entrevista que Alardo Prats le hizo para *El Sol:* «Yo en este mundo siempre soy y seré partidario de los pobres. Yo siempre soy y seré partidario de los que no tienen nada y hasta la tranquilidad de la nada se les niega». (¿No está proclamando su pacifismo?) «Nosotros, me refiero a los hombres de significación intelectual y educados en el ambiente medio de las clases que podemos llamar acomodadas, estamos llamados al sacrificio. Aceptémoslo. En el mundo ya no luchan fuerzas humanas (por eso ha tenido que hacer concesiones en el terreno del arte) sino telúricas. A mí me ponen en una balanza el resultado de esta lucha: aquí tu dolor y tu sacrificio y aquí la justicia para todos, aún con la angustia del tránsito hacia un futuro que se presiente pero que se desconoce, y descargo el puño con toda mi fuerza en este último platillo».

Justicia, justicia es lo único, y no poco, que pide este hombre que no entiende ni quiere entender de política pero al que su popularidad y la presión ejercida por los constantes cambios de gobierno en aras de fortalecer sus respectivas posturas, obligarán a definirse más y más; a delimitarse y concentrar esa naturaleza en expansión que le caracterizó siempre. Ahora también está obligado a manifestarse respecto al papel que le corresponde al dramaturgo en el mundo contemporáneo y Federico, que no es ningún teórico del teatro, que solo ha pretendido hacerlo con arte, dice con gran humildad: «Como no me he preocupado de nacer, no me preocupo de morir. Escucho a la naturaleza y al hombre con asombro, y copio lo que me enseñan sin pedantería y sin dar a las cosas un sentido que no sé si tienen. Ni el poeta ni nadie tienen la clave y el secreto del mundo. Quiero ser bueno. Sé que la poesía eleva, y siendo bueno, con el asno y con el filósofo creo firmemente que si hay un más allá tendré la agradable sorpresa de encontrarme en él. Pero el dolor del hombre y la injusticia constante que mana del mundo, y mi propio cuerpo y mi propio pensamiento, me evitan trasladar mi casa a las estrellas».

A mi juicio, este es el Federico más auténtico: un hombre imperfecto que quiere ser bueno; un soñador que habita un mundo que no comprende, pero del que sabe evadirse con harta frecuencia: Un poeta nato que se alimenta de sensaciones bellas, de metáforas mágicas, de canciones diáfanas de niños jugando; un andaluz alegre que ríe y piensa sin repliegues y que «a veces, cuando veo lo que pasa en el mundo, me pregunto ¿para qué escribo? Pero hay que trabajar. Trabajar y ayudar al que lo merece. Trabajar aunque a veces piense uno que realiza un esfuerzo inútil. Trabajar como una forma de protesta. Porque el impulso de uno sería gritar todos los días al despertar en un mundo lleno de injusticias y miserias de todo orden: ¡Protesto!».

Como protesta, inútilmente porque el destino la puede, esa hija menor de Bernarda Alba, rebelándose contra el autoritarismo racionalista y frío que intenta sofocar su instinto de vida. «Esto hago yo con la vara de la dominadora –dice Adela arrebatando el bastón a su madre y partiéndolo en dos–. No dé usted un paso más. En mí no manda nadie más que él». El amor, la vida, la libertad. Eso es también lo que reclama Federico; lo que ha reclamado toda su vida respetándolo en los demás y dando por hecho que le fuera respetado a él.

Hay que luchar contra el fascismo.

Pero los tiempos se oscurecen. Esa política ambigua que quiere complacer a todos y no satisface a nadie, gesta en su seno enconada lucha de clases que no tardará en estallar. Una lucha que Federico intuye, que soterradamente discurre por este nuevo drama de mujeres que es *La casa de Bernarda Alba* y que tal vez hubiera aflorado al teatro lorquiano si la muerte no se lo hubiese impedido.

¿Qué más clara definición de su esquema social y político que el fustigar a la clase dominante criticando sus vicios y su hipocresía, condenando la represión que ejerce sobre las masas populares y desheredadas y el oscurantismo en que mantiene sus acciones de poder?

En esta obra, representada en Buenos Aires en 1945 y estrenada en España en 1964, Federico execra la dictadura de la protagonista, desarrollando paulatinamente algunas de sus graves consecuencias. Los derechos humanos más primitivos y naturales aparecen pisoteados en esas hijas que se odian y se envidian sin que ningún sentimiento de fraternidad aliente en su terrible convivencia. Son mujeres condenadas a la oscuridad, al silencio, a la esclavitud; mujeres consumiendo su aliento vital en la envidia y en la delación. En esa casa está prohibido pensar y sentir; está prohibido reír y llorar; solo se puede obedecer. En nombre de la moral y de la honra se cometen los mayores atropellos. El dictador es juez y verdugo; su autoridad es la única que cuenta: así lo proclama Bernarda al final del segundo acto cuando condena:

«¡Acabad con ella antes que lleguen los guardias! ¡Matadla! ¡Matadla!».

Con esta obra Federico demuestra un certero conocimiento del fascismo; es como si presagiara el futuro de España con ese poder profético que en ocasiones se le ha atribuido, pero en realidad no hacía sino denunciar una situación ya existente desde el pasado. ¿Será porque este país está abocado fatalmente al caciquismo por lo que la crítica de Lorca sigue conviniendo a otros momentos de su historia?

La verdad es que el poeta del *Romancero* está cambiado. No puede permanecer sordo y ciego a los acontecimientos y a las inquietudes que amenazan con resquebrajar ya no solo la tierra que a través de una nube contempla, sino hasta el cielo en el que con más frecuencia habita. Y con este nuevo espíritu, con esta dolorosa lucidez con que empieza a ser consciente de la carencia principal de ese pueblo al que ha intentado alimentar con arte y con cultura, Federico trata de dar una nueva proyección a su quehacer literario.

Sin abdicar de su estilo poético, todavía semanas antes acaba de aconsejar a Gabriel Celaya que no descuide la forma en sus poemas, pretende enriquecerlo de contenido, de humanismo auténtico y concreto. Por esto se apresura a refrendar con su presencia el movimiento iniciado por los Amigos de las Artes Nuevas, entre los que se encuentran Guillermo de Torre y Moreno Villa, asistiendo a la inauguración de la Exposición Picasso, organizada por esta asociación.

Por esto se ha propuesto conocer en profundidad a Quevedo y se empeña en defenderlo con el mismo entusiasmo que en el 27 alababa a Góngora. No basta la perfección y la riqueza formal para hacer un arte eficaz y pleno, sino que es preciso atender en la misma medida al fondo, a la consistencia argumental, pues, aunque los objetivos del arte no sean pedagógicos, no puede evitarse que el artista pretenda transferir algo más que la estética y la sensación; algo que es su propia filosofía de la vida y del mundo; algo puramente conceptual.

Así pues, Federico quiere desagraviar a Quevedo del menosprecio del que le hicieron objeto, una década atrás, todos los poetas que habían defendido a Góngora. Dice que piensa darlo a conocer por Sudamérica cuando viaje a Méjico a ver a la Xirgu representar sus obras, porque siente que Quevedo es «el poeta más interesante de España». «¡Qué gran injusticia se ha cometido con él!» declara, sin duda apesadumbrado por aquellas palabras suyas en su charla sobre la «imagen poética de Luis de Góngora» acusándole de «envidioso» y recitando un poema suyo «en el que se burla de las extrañas palabrotas de la jerigonza que usa don Luis». «Si Quevedo viera el gran elogio que hace de su enemigo, se retiraría con su espesa y ardiente melancolía a los desiertos castellanos de la Torre de Juan Abad». Ahora ha comprendido la oportunidad de Quevedo y así manifiesta: «...yo le había acompañado en una comitiva de polillas y golfainas. Hablaré en Méjico de Quevedo porque Quevedo es España».

Por esto también es por lo que no se sonroja al destruir la imagen y las ideas poéticas que ha mantenido durante toda su vida y reconoce: «Ese concepto del arte por el arte es una cosa que sería cruel si no fuera afortunadamente cursi. Ningún hombre verdadero cree ya en esa zarandaja del arte puro, arte por el arte mismo. En este momento dramático del mundo el artista debe llorar y reír con su pueblo. Hay que dejar el ramo de azucenas y meterse en el fango hasta la cintura para ayudar a los que buscan las azucenas».

Así pues confiesa que va a dejar su paz para comprometerse en la guerra ajena. Y se compromete ciertamente en la medida de sus posibilidades al declarar: «Ahora estoy trabajando en una nueva comedia. Ya no será como las anteriores. Ahora es una obra en la que no puedo escribir nada, ni una línea, porque se han desatado y andan por los aires la verdad y la mentira, el hambre y la injusticia. Se me han escapado de las páginas. La verdad de la comedia es un problema religioso y económico-social. El mundo está detenido ante el hambre que asola a los pueblos. Mientras haya desequilibrio económico el mundo no piensa. Yo lo tengo visto. Van dos hombres por la orilla de un río. Uno es rico, otro es pobre. Uno lleva la barriga llena y el otro pone sucio el aire con sus bostezos. Y el rico dice: ¡Oh que barca más linda se ve por el agua! Mire usted el lirio que florece en la orilla. Y el pobre reza: tengo hambre, no veo nada. Tengo hambre, mucha hambre. Natural. El día que el hambre desaparezca va a producirse en el mundo la explosión espiritual más grande que jamás conoció la Humanidad. Nunca jamás se podrán figurar los hombres la alegría que estallará el día de la Gran Revolución».[1]

Desdichadamente, lo que se avecinaban no eran alegrías.

El día 19 de junio pone la palabra fin a su última tragedia *La casa de Bernarda Alba,* comúnmente aceptada por su obra teatral más importante, y seguidamente la da a conocer a sus amigos mediante dos lecturas, una en casa de los condes de Yebes, a la que asisten los Morla y el doctor Marañón, entre otros, y la segunda, en el domicilio del doctor Eusebio Oliver, en la que están presentes Guillén, Salinas, Guillermo de Torre, Dámaso Alonso y hasta el propio Pepín Bello, según testimonio de José Luis Cano.

El 16 de julio toma el tren para Granada, sin saber que esta ciudad tan querida para él será su meta final.

Por las ramas del laurel
van dos palomas oscuras.
La una era el sol,
la otra la luna.
«Vecinitas», les dije,
«¿dónde está mi sepultura?».
«En mi cola», dijo el sol.
«En mi garganta», dijo la luna.

Y así, cuentan que fue una madrugada pálida, junto a un olivar, en un barranco maldito que los granadinos de bien recuerdan con vergüenza y con horror.

---

[1] *El Heraldo,* Madrid, 8 de abril de 1936.

Al llegar a Granada, Federico ya lleva consigo el presentimiento de la muerte. Los recientes crímenes políticos que habían alcanzado la más alta cota de significación con el asesinato de Calvo Sotelo y la atmósfera de odio que se respira en la capital, hacen prever graves enfrentamientos. No le alegra como en otras ocasiones la visión de la finca familiar de San Vicente y al abrazar a sus padres no puede menos de exteriorizar sus inquietudes.

—Tranquilo, hijo; ahora estás en casa.

Ningún miembro de la familia lo está. Su vinculación con dirigentes republicanos es demasiado estrecha y sus simpatías por el socialismo demasiado conocidas como para poder permanecer en la neutralidad.

Por la mañana se propaga la noticia de que el general Francisco Franco ha lanzado por Radio Canarias una llamada de levantamiento al ejército marroquí y la de que se han registrado motines en Sevilla, Barcelona y Burgos. Ya desde hace algún tiempo la República venía siendo amenazada por presiones derechistas, pero nunca con la gravedad de este momento. No obstante, el gobierno del Frente Popular no da muestras de excesiva inquietud, considerando que es capaz de afrontar con éxito la situación.

También en Granada se considera así. El jefe de guarnición, general Campins ha proclamado su adhesión a la república y los monárquicos y falangistas no parecen soliviantados con las recientes detenciones practicadas entre sus dirigentes. Por el momento no hay que temer, o, al menos, esas son las impresiones de don Federico García Rodríguez –según relata Claude Couffon[1] obtenidas de fuente fidedigna ya que su yerno, Manuel Montesinos, es alcalde de la ciudad.

Aquella misma noche se transmite por radio un comunicado gubernamental que dice entre otras cosas: «Ha fracasado una nueva tentativa criminal contra la República... Una parte del ejército que representa a España en Marruecos se ha levantado en armas contra la República... el gobierno declara que el movimiento se encuentra exclusivamente circunscrito a al-

[1] En su libro *Granada y García Lorca* en el que relata los últimos días del poeta.

gunas ciudades de la zona del protectorado y que nadie, absolutamente nadie, se le ha unido en la Península en una tentativa tan absurda... En estos momentos las fuerzas de tierra, mar y aire de la República, fuera de la triste excepción indicada, fieles al cumplimiento de su deber marchan contra los sediciosos... El gobierno es dueño de la situación...».

Demasiado optimismo para que el pueblo pueda dormir tranquilo esa noche. Él conoce demasiado bien las tensiones y la hostilidad agazapadas en su seno. No está solo el peligro al otro lado del mar, no, sino allí mismo, en la casa de al lado, sobre el techo y hasta ¡Dios nos valga! en la habitación contigua.

Los acontecimientos se precipitan en cuestión de horas. Sevilla amanece con los colores nacionales; Queipo de Llano se ha hecho con el control de la ciudad y la escuadra enviada contra los sublevados se pone a las órdenes de sus jefes, solidarizándose con la causa nacionalista. El gobierno tarda en reaccionar. No se resuelve a poner las armas en manos del pueblo; eso sería tanto como aceptar su incapacidad para dominar la situación. Y sin embargo esta se agrava por momentos. Cuando Madrid recibe el ultimátum de Franco, comprende que es inevitable la guerra civil y ordena la distribución de armas entre las masas populares.

Torres Martínez, el gobernador de Granada, no se resuelve a acatar esta orden, a pesar de la gravedad del momento y de las advertencias del alcalde Montesinos que acaba por desobedecerle y organizar piquetes móviles de vigilancia ciudadana, entre los miembros de su sindicato. Pero ya es tarde; al día siguiente Campins es detenido y su ejército, bajo las órdenes de Muñoz y León Maestre, abraza la causa nacionalista. Poco tienen que hacer los republicanos en la ciudad, pero la lucha se inicia entre los dos bandos ensangrentando las calles granadinas hasta que la faena se impone.

No se acaba, sin embargo, el sobresalto ciudadano. Una amenaza aterradora e incierta se cierne sobre sus habitantes y todos buscan angustiados en sus mentes el recuerdo de posibles culpas que los hagan acreedores de horrendas represalias. Pero la temible Escuadra Negra que se ha lanzado a la calle con afanes justicieros, no busca precisamente culpables políticos; su depuración responde a causas más ennoblecedoras, casi filosóficas, según parece afirmar Claude Couffon al decir: «Las víctimas de la Escuadra Negra no eran siquiera sospechosos, sino aquellas que jamás habían hecho política, y que por esto eran considerados culpables: los que no se adhirieron al "Movimiento" antes de la guerra, lo que significaba que estaban contra el "Movimiento". Y sobre todo eran los intelectuales... profesores, médicos, abogados, periodistas, ingenieros...».

¿Podrían estar incluidos también los artistas? Federico no debe sentirse muy seguro en Granada, a juzgar por el agresivo anónimo que acaba de recibir y una extraña visita que le hace comprobar el odio de que es objeto su persona en ciertos sectores de la ciudad. Piensa entonces en escapar, pero cómo, si están vigiladas todas las salidas. ¿Dónde esconderse si no? El terror, aquel sentimiento que raras veces debió experimentar en su vida, se le desata por dentro con incontenible fuerza. No quiere morir.

No quiere, pero siente tan cerca la muerte que todo su mundo se tambalea y no puede menos de gritar quejumbroso:

Quiero dormir el sueño de las manzanas,
alejarme del tumulto de los cementerios.
Quiero dormir el sueño de aquel niño
que quería cortarse el corazón en alta mar.

Para que alguien le proteja porque él es débil y teme al dolor y a la oscuridad.

No quiero que me repitan que los muertos no pierden la sangre
que la boca podrida sigue pidiendo agua.
No quiero enterarme de los martirios que da la hierba,
ni de la luna con boca de serpiente
que trabaja antes del amanecer.

No quiero morir y tiene que ponerse a salvo, lo antes posible ¡hoy! porque puede que mañana ya sea tarde. Siente que «los muertos gimen esperando turno» y no le importa pagar por su vida el precio que sea. Luis Rosales, ese joven poeta todo sentimiento, ese admirador de Neruda que conoció en Madrid y que ahora está en Granada, será su salvación. ¿Querrá? ¿Me ayudará a salir de aquí él, que no es objeto de ninguna sospecha?

—¡Si son falangistas!

—¡Si sus hermanos son fanáticos del Alzamiento!

—No tengo otra salida. Hablaré con Luis. Cuando un hombre se topa con la muerte en su camino no se pregunta quién le ofrece la soga salvadora.

Luis Rosales aceptó el compromiso. Su casa sería un buen escondite para Federico hasta el momento de poder hacerle pasar sin riesgo a la zona republicana.

Aquella misma noche, en el coche de Luis, García Lorca abandona la finca de San Vicente. Su madre debió quedarse llorando, presa de un oscuro presagio. Nunca más volvería.

Pero durante el trayecto, el poeta se tranquiliza un tanto. Tiene oportunidad, o al menos la busca, de comentar con su compañero la estética de su reciente libro de poesía *Abril,* gracias al cual Federico ha podido conocer más íntimamente a Rosales y atreverse a esperar de él el beneficio que ahora le hace. Un espíritu que es capaz de entonar tan largo himno de admiración y gratitud a la naturaleza no podía mostrarse insensible ante el peligro que le amenazaba. Pero, a pesar de la buena disposición de su amigo, Federico no puede ignorar la inquietud que le domina. Es grande la responsabilidad adquirida respecto a un hombre como él, teniendo en cuenta las escasas simpatías que despierta en sus hermanos.

Federico lo comprende todo pero un cuchillo helado le atraviesa el corazón. A cada ruido, a cada portal de sombra se estremece; ¡tantas calles! «Granada era una luna ahogada entre las yedras».

Cuando llegan a la casa, la tía de Luis le recibe, es solo un espectro pálido que tiembla.

Pero, con el paso de los días aprende a encauzar su terror. ¿Por qué no depurar alguna escena de Bernarda Alba, o algún poema de su Tamarit o incluso aprender de Tía Luisa esa puntilla en la que emplea sus ratos libres? «Esa cosa horrible que es matar el tiempo» empieza a tener sentido para él. Necesita matar los minutos, a veces cada segundo, para no sentir su cautiverio y su miedo. Está solo la mayor parte del día, pues Luis está en el frente, sus hermanos apenas le hablan cuando llegan y doña Luisa atiende sus quehaceres, pero no puede sucumbir a su soledad y a su tristeza. Es mejor reír por nada o cantar bajito por «seguidillas» para no advertir que cada hora transcurrida le arranca un suspiro de alivio y otro de inquietud. Para combatir esa inmovilidad que lo impacienta, paseando por su habitación sin olvidarse de rehuir la ventana. Para no estremecerse con los disparos lejanos o permanecer impasible cuando escucha de Miguel Rosales, el único de los tres hermanos que parece haberle tomado afecto, las escalofriantes historias que relata. Para dominar el temblor de todo su cuerpo cada vez que suena el timbre de la puerta.

Solo y amedrentado. ¡Qué larga espera poblada de fantasmas crueles en la que nunca abrevia el estertor final! ¡Qué doloroso, prolongado e inútil resistir precisando la muerte un solo instante para acabar! Desde su amor por la vida y con la fuerza de ese instinto natural, de conservación, Federico anula en sí mismo los restantes registros y vive menos y peor que nunca. Cuando no es posible vencer al enemigo hay que aliarse con él. ¿No será la repugnancia superior al instinto? ¿No anegará la náuseas de todo un ser vomitándose a sí mismo el placer incierto de seguir existiendo en el vacío? ¡Sospechas! Sospechas póstumas de alianzas inconfesadas para vender su arte ¡su alma! al verdugo de su pueblo. ¿Qué traición se le quiso atribuir con el infundio de que el autor de *Mariana Pineda* escribía versos exaltando las virtudes de sus enemigos.

Verdad o mentira, no puede decidirlo. Tampoco cuenta ya gran cosa el hecho de que esta incógnita se desvele algún día, como dice Couffon.

La grandeza y la significación de García Lorca está en su arte y es ilícito buscarla en ninguna de sus otras manifestaciones vitales. Es por ese arte, que nadie podrá arrebatarle aunque se llene de epítetos su nombre, por lo que García Lorca se ha estudiado y admirado más allá de nuestras fronteras y por lo que sigue ocupando un lugar en la historia de la literatura. Ahí está para siempre el testimonio de su poesía original y ahí está su teatro proclamando el genio dramático que lo animó. Es su contenido artístico lo que importa destacar y su concepción primitiva y nítida de la naturaleza sometida a fuerzas sobrenaturales, que él envolvía de misterio. ¿Por qué abrir todas las puertas cerradas –parece gritar–, por qué alumbrar todos los rincones oscuros dejando sin esperanza y sin ilusión la existencia, a costa de no tener siquiera la certeza de que el velo descorrido era el último? Mejor enseñar a los hombres a reconocerse como tales y a buscar las cosas que les corresponden con humildad: a buscarlas por sí mismos; sin necesidad de que otros les guíen.

En cuanto al continente, a la persona, no nos toca juzgar, pero, si lo hiciéramos, no podríamos decepcionarnos con posibles veleidades, sino que tendríamos la paz de comprobar que hasta los mitos son criaturas humanas[1]. Comprobar que el miedo pudo alterar y aniquilar los esquemas mentales de este hombre solo nos afianzaría en la idea de que en él no se había destruido la naturaleza, naturaleza un tanto arbitraria quizá en la delimitación de sus leyes, pero naturaleza al fin.

Naturaleza que la sociedad intenta obstinadamente sofocar endiosando al hombre, arrogándose un derecho de rigurosa y cruel selección y construyendo un lugar solo accesible para los normalmente dotados.

Federico tenía miedo y todos lo hubiésemos tenido. Puede que él no lo superase y que otros si lo hubieran superado, pero un momento o una

[1] Es decir, seres que lo son tanto por sus limitaciones y debilidades como por su capacidad de perfeccionarse.

situación no bastan para resumir toda una vida. De cualquier modo, este miedo era fundado: un día de agosto fueron por él a la casa y se lo llevaron. Inútiles fueron las gestiones de los Rosales ante el gobernador. Había urgencia en despachar. Aquella misma noche, sin que haya podido saberse cuáles fueron las acusaciones, lo condujeron al barranco de Viznar y allí lo fusilaron.

Era el 19 de agosto de 1936.

ÍNDICE

ANTONIO MACHADO

FEDERICO GARCÍA LORCA